Que sea amor del bueno

AF875397

Vivir Mejor

Marta Martínez Novoa

Que sea amor del bueno

Por qué la responsabilidad afectiva es clave en tus relaciones

Zenith/Planeta

PEFC Certificado

Este libro procede de bosques gestionados de forma sostenible

PEFC

PEFC/14-38-00305 www.pefc.es

La lectura abre horizontes, iguala oportunidades y construye una sociedad mejor.
La propiedad intelectual es clave en la creación de contenidos culturales porque sostiene el ecosistema de quienes escriben y de nuestras librerías.
Al comprar este libro estarás contribuyendo a mantener dicho ecosistema vivo y en crecimiento.
En Grupo Planeta agradecemos que nos ayudes a apoyar así la autonomía creativa de autoras y autores para que puedan seguir desempeñando su labor.
Dirígete a CEDRO (Centro Español de Derechos Reprográficos) si necesitas fotocopiar, escanear, distribuir o poner a disposición algún fragmento de esta obra (www.cedro.org; 91 702 19 70 / 93 272 04 45).

Algunos de los nombres y de los rasgos característicos de algunas personas se han modificado para proteger su privacidad

Zenith es un sello editorial de Editorial Planeta, S.A.
Avda. Diagonal, 662-664, 08034 Barcelona (España)
www.zenitheditorial.com
www.planetadelibros.com

Adaptación de la cubierta: Booket / Área Editorial Grupo Planeta
Ilustración de la cubierta: © Virinaflora / Shutterstock
Primera edición en Colección Booket: enero de 2024
Segunda impresión: agosto de 2024
Tercera impresión: marzo de 2026

Depósito legal: B. 19.230-2023
ISBN: 978-84-08-28285-3
Impreso en España

Biografía

Marta Martínez Novoa es graduada en Psicología por la Universidad de Santiago de Compostela, cursó el Máster en Psicología General Sanitaria en la Universidad Complutense de Madrid, y tiene una amplia formación en psicoterapia, trastornos de ansiedad, relaciones de pareja, violencia de género y autoestima. En octubre de 2020 abandonó Madrid para comenzar su propio proyecto como psicóloga autónoma en Sanxenxo (Pontevedra), su ciudad natal. Coincidiendo con este nuevo proyecto profesional, creó su exitosa cuenta de Instagram @martamnovoapsico, donde divulga sobre psicología desde una perspectiva científica y accesible para todos los públicos. Es autora de *Que sea amor del bueno* (2022), *El síndrome de la chica buena* (2024), un gran éxito editorial que se ha publicado en más de 15 países, y *Familias que duelen (sin querer)* (2026). En la actualidad, trabaja como psicóloga y psicoterapeuta en consulta, acompañando a adultos para mejorar su salud mental. Además, imparte talleres, charlas y participa habitualmente en medios para derribar estigmas y difundir el conocimiento responsable y real sobre salud mental a todos los ámbitos posibles.

A mi primer amor: mamá.

SUMARIO

¿POR QUÉ SIEMPRE ME PASA LO MISMO?: HABLEMOS DE RESPONSABILIDAD AFECTIVA

¿Te ha pasado alguna vez que la persona con la que estabas quedando, y con la que todo parecía ir genial, rompiera todo contacto contigo sin darte ninguna explicación? ¿O que tu mejor amiga se pasara días y días respondiéndote con monosílabos sin que tú supieras qué estaba pasando a pesar de preguntárselo? O quizás te suena esta situación: el típico exrollete que, sin saber cómo, aparece, te la lía, y vuelve a desaparecer con la misma facilidad. Puede que incluso hayas oído más de una vez la frase de «en familia hay confianza», pronunciada después de que algún familiar te haya hecho una faena que, de habértela hecho un colega, te habrías puesto hecha una furia, pero, como te la han hecho tu madre, tu hermano o tu tía segunda, te limitas a sonreír y reprimir tu rabia.

No me sorprendería que pensases que todas estas situaciones son desagradables pero normales, que la gente es como es y hay que asumirlo. Pues déjame decirte que yo no estoy de acuerdo: que hayamos normalizado según qué cosas no quiere decir que sean normales ni que tengamos que resignarnos y aguantar porque es lo que toca. En todos estos ejemplos hay algo muy importante que falla: la responsabilidad afectiva.

¿Y qué es la responsabilidad afectiva?, te estarás preguntando. La responsabilidad afectiva es, en primer lugar, la conciencia de que un vínculo siempre implica a otras personas aparte de a ti misma, personas que sienten y tienen necesidades concretas. Así, la responsabilidad afectiva es un concepto que engloba todos los comportamientos basados en el cuidado, el consenso y la comunicación fluida y directa sobre las distintas emociones, circunstancias o decisiones que surgen a lo largo de cualquier relación, ya sea de pareja, de carácter afectivo-sexual (aunque la relación no tenga «nombre»), de amistad o de familia. De hecho, para que una relación en la que surgen emociones de cualquier tipo sea justa, sana, equilibrada y satisfactoria, es muy importante tejerla con responsabilidad afectiva.

Pero esto no es más que el respeto y la empatía de toda la vida, ¿no? Pues no del todo porque, como te decía, la responsabilidad afectiva engloba otros elementos aparte de estos, aunque, por supuesto, la empatía y el respeto constituyen su base.

Cuando la persona con la que compartes cama te trata reiteradamente como si fueses la vecina del quinto no está siendo responsable afectivamente. Cuando tu amiga pretende que adivines lo que siente, pero cuando se lo preguntas abiertamente te contesta: «tú sabrás», no está siendo responsable afectivamente. Cuando quedas con alguien para mantener encuentros sexuales, pero tú quieres algo más y esa persona no te da espacio siquiera para hablar del tema, hasta que se convierte en una especie de tabú, no está siendo responsable afectivamente.

Es decir, la falta de responsabilidad afectiva responde a un patrón de comportamiento que muchas personas tienen muy interiorizado; no se trata de una falta de respeto puntual o de aquel día que tu pareja estaba muy cansada y te dijo que no le rayases con tus problemas. Se trata de algo que se repite, vínculo tras vínculo, sin que la persona haga nada cuando se le señala que su comportamiento afecta a quienes están a su lado.

Desde la irrupción del término «responsabilidad afectiva» hubo quien empezó a relacionarlo erróneamente con cosas como la dependencia emocional insana, la fragilidad, el no saber aceptar el rechazo, etcétera. Por ello, es igual de importante explicar qué significa ser responsables afectivamente, como concretar qué no lo es.

Y eso es precisamente lo que pretende este libro, que puedas identificar cuándo alguien no está siendo responsable afectivamente contigo y sepas cómo responder ante esa situación, sin culpa y sin miedos. La vida es muy corta para quedarse atrapada en vínculos donde no estás bien. A veces nos pasa, que nos desatendemos y nos empeñamos en luchar y luchar por determinadas relaciones sin tener en cuenta el objetivo principal de establecer vínculos: que sumen. Por eso quiero ayudarte a identificar qué te está empujando a relacionarte una y otra vez con personas con nula responsabilidad afectiva y por qué te quedas ahí, peleando. Porque en lo sano no hay lucha, hay un trabajo mutuo, codo con codo, y, sobre todo, hay disfrute. Por lo tanto, si sientes que te pasas la vida luchando para sacar tus relaciones adelante, este es tu libro.

Por otro lado, también vamos a hablar de qué es lo que mueve a las personas que no son responsables afectivamente. No se trata de juzgar ni de justificar a quienes tienen estos comportamientos, sino de indagar su origen porque, cuando se conocen las causas, es mucho más sencillo ir dos pasos por delante y saber cómo responder y trabajar de una manera sana en la relación. Mi intención es que tomes el control de tus decisiones, aunque a veces duela. Pero recuerda: no hay dolor comparable al de estar en un vínculo que te atrapa en arenas movedizas de modo que cuanto más quieres salir de él, menos sabes cómo hacerlo.

También te ayudaré a identificar las faltas de responsabilidad afectiva y a hacerles frente para construir relaciones sanas o, como mínimo, para obtener un mayor bienestar para ti. ¿Qué quiero decir con esto? Pues que, generalmente, todas las personas nos regimos por patrones mentales inconscientes que desconocemos, pero que afectan especialmente a la elección de nuestros vínculos. ¿Por qué te atrae siempre la típica persona que es de todo menos empática cuando, en realidad, lo que tú buscas es que te entiendan y te sostengan emocionalmente? ¿O por qué siempre llega un punto en tus relaciones en el que la otra persona se va y vuelve una y otra vez, y la relación nunca parece estabilizarse? ¿O por qué siempre sientes que tu relación se basa en «salvar» a la otra persona de un destino fatal, como si fueses una especie de madre-heroína, en lugar de una pareja, amiga o hermana pequeña?

Es probable que te hayas planteado estas preguntas y sus posibles respuestas más de una vez y, al menos por lo que veo en mi consulta, es muy probable que hayas pensado que hay algo malo en ti, que no eres suficiente, que eres tonta por fijarte siempre en las mismas personas sin poder evitarlo, etc. Pues en este libro no solo voy a decirte que ninguna de esas respuestas es correcta, sino que voy a demostrártelo. Somos seres que vivimos en sociedad y procedemos de una familia, más o menos grande, más o menos estructurada, que ha pasado más o menos tiempo con nosotras... Y todo eso influye notablemente en quiénes somos, qué deseamos, hacia dónde encaminamos nuestras vidas, etcétera. No somos islas, somos seres que se relacionan con otros seres y, por lo tanto, nos influimos mutuamente. Y de eso va precisamente la responsabilidad afectiva, pero también de esos patrones inconscientes de los que te hablaba antes y que están muy influidos por factores como la relación que establecieron con nosotras nuestros cuidadores principales de la infancia, lo socialmente valorado, lo que sabemos y creemos del amor como sociedad, etcétera. Es decir, que estamos totalmente filtradas por numerosos estímulos que nos persiguen desde que nacemos y que, sin darnos cuenta, crean un cóctel único en cada individuo, que determina en gran medida que nos atraigan determinadas personas, y no otras; que no sepamos cortar vínculos o que lo queramos hacer a la mínima; que sintamos que sin una pareja nuestra vida no tendrá sentido o que desconfiemos de todas nuestras relaciones. Conocer todo esto también es esencial tanto para no caer en relaciones tóxicas como para saber cómo salir de una.

En resumen, que si estás harta de encontrarte una y otra vez en relaciones donde la responsabilidad afectiva brilla por su ausencia, quédate conmigo y deja de culparte. Porque nunca ha sido culpa tuya. Y entender eso es el primer paso para responsabilizarte de lo que sí depende de ti: entenderte, conocerte, cuidarte y ayudarte. Y si, de paso, descubres que alguna vez también te faltó responsabilidad afectiva, pues mejor que mejor. Somos humanas, nos equivocamos continuamente y, como te decía, hay tantos factores que se nos escapan que no es raro que, a veces, no tengas ni idea de si tu relación es sana ni de si estás cuidando esa amistad adecuadamente o, incluso, de qué buscas cuando te vinculas a alguien.

Puede que esta idea de «buscar algo» a la hora de relacionarte te suene extraña, como si los vínculos tuvieran algún fin más allá de la simple relación. Pero es que ese es precisamente el quid de la cuestión: a menudo, y sin ser realmente conscientes de lo que eso implica, hay personas que se relacionan con la intención de cubrir una carencia muy profunda que nadie más puede llenar, excepto una misma; o utilizan a los demás como blanco fácil para vengarse de lo que otras personas les hicieron sufrir o, simplemente, no tienen conciencia de la importancia de tener en cuenta los sentimientos que puedan despertar.

Por eso es tan importante que sepas qué quieres tú, porque te cruzarás con mucha gente que no habrá hecho ese trabajo. Si sabes qué es esencial para ti en una relación en este momento de tu vida, qué esperas de la otra persona, en qué elementos de la relación estarías dispuesta a ceder y en cuáles no, tendrás todas las de ganar para establecer relaciones sanas y conscientes.

En cualquier vínculo, ya sea amoroso, de amistad o familiar, lo que tú quieres no tiene por qué coincidir con lo que puede aportar la otra persona, por eso es esencial saber qué esperas. Pero no te agobies si aún no sabes qué quieres, por algo estamos aquí. Mi intención con este libro es, sobre todo, hacerte reflexionar, que te permitas estar contigo misma, escucharte y practicar la introspección para descubrir qué necesitas y qué puedes hacer para relacionarte de una manera consciente, identificando comportamientos tóxicos. Quiero que aprendas qué puedes hacer tú para cuidarte, respetarte y priorizarte, sin que esto signifique que seas egoísta, sino que tienes tu amor propio bien presente y en forma.

Quiero que, a partir de ahora, tanto el amor que te des como el que te den sea amor del bueno.

CAPÍTULO 1

LO HACEMOS Y YA VEMOS: LOS VÍNCULOS HOY

Resulta curioso que, con lo importantes que son los vínculos en nuestras vidas, nos cueste tanto pararnos a pensar en cómo cuidarlos y cómo cuidarnos a nosotras en ellos. Aunque, en realidad, esto cobra sentido si pensamos que, en el colegio, nos enseñaron a sumar y a restar, pero no a ponerle nombre a nuestras emociones, ni a saber «leer» las de los demás, ni a entender que la persona que tenemos enfrente también es una caja de sentimientos y que los nuestros se agitan cuando empezamos a sostener la «caja ajena» y a moverla según nuestras necesidades, vivencias y visiones. Es decir, que nuestros actos tienen consecuencias en el mundo emocional de las personas que pasan por nuestra vida, ya lo hagan de puntillas o pisando fuerte. Y viceversa: que los actos de los demás tienen repercusiones en nuestro mundo emocional.

En general, no somos muy conscientes de esto, aún menos si nos pasamos el día haciendo *swipe* en Tinder, de persona a persona. Sin embargo, la responsabilidad afectiva empieza en el momento en que dos personas hacen *match.* ¿Por qué? Porque, aunque el vínculo aún no tenga nombre y quizás nunca llegue a tenerlo, ni sepamos si va a durar o a dónde nos va a llevar, los actos de uno empiezan a influir en el otro, para bien o para mal. Por eso es tan importante sentarte cara a cara con tu forma de relacionarte con los demás (sí, todos tenemos patrones), como quien se sienta con la persona más importante de su vida a escuchar qué le pasa. Da vértigo, da miedo y, muchas veces, ni siquiera le vemos el sentido o la utilidad a pensar sobre ello, pero lo cierto es que, si todos lo hiciésemos, nuestras relaciones no solo serían más sanas, sino también más equilibradas, satisfactorias y empáticas.

Si en el momento actual, en el que empezamos a hablar abiertamente de salud mental, aún no somos capaces de pensar en nuestros vínculos y cuidarlos, imagina lo poco o nada que se hacía esto cuando el objetivo principal del día era no morir en una guerra. Y todo aquello en lo que no pensamos va por libre, y lo que va por libre suele encaminarse hacia las necesidades individuales, que suelen ser egocentristas y a estar contaminadas de vivencias pasadas que quizás nunca pudimos integrar y sanar, y ni siquiera identificar. ¿Cuál es el principal peligro de esto? Que no pararnos a reflexionar sobre nuestros vínculos no nos deja ser libres a la hora de relacionarnos. ¿El resultado? Que encadenamos relaciones personales, sobre todo afectivo-sexuales, en las que siempre falla algo y nunca sabemos qué. Y que podemos ser víctimas de comportamientos tóxicos que terminan construyendo relaciones tóxicas, que pueden inundarlo y contaminarlo todo.

LA TOXICIDAD AYER Y HOY: ¿LO AGUANTO TODO O ME VOY POR NADA?

Seguro que has oído más de una vez aquello de que «en mis tiempos lo que se rompía se arreglaba» o que «se aguantaba por amor y así lo superábamos todo». Pero, ojo, que la ternura que sientes al oír decir esto a una pareja de viejecitos adorables puede nublarte la visión y hacer que no veas lo que suele esconder ese «aguantarlo todo» y «sacrificarlo todo por amor». ¿De verdad el amor lo puede todo? Y no estoy diciendo que todas las parejas que llevan cincuenta años juntas hayan tenido una relación tóxica donde el sacrificio maquillaba la manipulación o la sumisión. Lo que quiero decir es que quedarnos con la literalidad de estas frases puede ser peligroso por lo que pueden implicar: que aguantarlo todo es necesario para tener un «amor verdadero».

Ya hablaremos más adelante de esto del «amor verdadero», que también da para mucho, pero, para empezar a señalar al elefante rosa descomunal de la conciencia sobre nuestros vínculos, vale la pena reflexionar sobre cómo ese compromiso para toda la vida que antes se entendía como la mejor manera de amar, se percibe hoy como una simbiosis asfixiante, como un contrato eterno en la era del «hacemos y ya vemos».

Las relaciones sexoafectivas han ido cambiando a lo largo de los años. Estoy convencida de que a tu abuela nunca la dejaron en «visto», ni entiende que te despiertes un domingo por la mañana en la cama de una persona que viste por primera vez siete horas antes. Y, en cambio, seguro que a ti te parecería surrealista que esa persona a la que estás conociendo desde hace meses decidiera pedirle permiso a tu padre para salir contigo antes de mencionártelo a ti, o huirías si alguien a quien conociste hace dos semanas te hablara de tener hijos cuanto antes para asegurar la continuidad de su linaje. En resumen, que siempre ha habido patrones disfuncionales, pero vamos a fijarnos en los más habituales aquí y ahora:

- La sociedad va tan rápido que tú también tienes que correr: estamos acostumbradas a pulsar un botón y comprarnos una camisa, a deslizar el dedo sobre una pantalla y tener dinero en efectivo, a hacer doble clic sobre el viaje de nuestros sueños. Todo lo tenemos para antes de ayer y todo lo queremos para hace una semana. Y si todo se mercantiliza para poder satisfacer nuestras necesidades con un toque, no van a ser menos los vínculos afectivos. La diferencia es que, en este caso, los intercambios no son económicos, sino en gramos de autoestima y necesidades personales cubiertas.

  Sin embargo, hace cuarenta años, el proceso de vincularse era tan largo que, a veces, ni siquiera daba tiempo a vivirlo. Lo largo no era el camino hacia la primera mirada, sino hasta la primera necesidad emocional cubierta, si es que llegaba algún día. En la actualidad, es habitual conocer el cuerpo de la otra persona mucho antes de compartir cuál es tu palabra favorita, tu miedo más arraigado o lo que sientes cuando esa persona no está disponible emocionalmente para ti. Antes, acceder a la otra persona, tanto física como emocionalmente, llegaba mucho después de entrar en su casa, elegir un futuro en común y construir ese contrato implícito para toda la vida, sin saber si esa vida iba a ser mucho o poco tiempo.

Conclusión: siempre hemos empezado a construir la casa por el tejado. Antes porque se creía que el amor era para siempre y solo sucedía una vez y por eso había que luchar por él aunque doliera, aunque solo llenara la nevera, pero no el corazón. Y, ahora, porque mucha gente cree que quizás el amor no llegará nunca y ni siquiera será tan importante si lo hace, pero que si tienes unos ojos que te miren, unas manos que te desvistan y un WhatsApp lleno de nombres, tu autoestima siempre estará sostenida, aunque a veces resbales.

– Ahora la elección es a la carta: hace solo unos años, las relaciones interpersonales estaban muy limitadas al entorno geográfico y, en ocasiones, a decisiones más familiares que personales. Lo común era conocer en el colegio al hijo de la Paqui y dar por hecho que él, o cualquier otra persona de tu clase, sería con quien compartirías colchón el resto de tu vida. La cercanía, la falta de referentes de relaciones diversas, la falta de vivencias variadas, etcétera, eran factores que influían en la elección de pareja y propiciaban que esta no fuese totalmente libre, sino basada en lo conocido y en las expectativas. ¿Qué sucede hoy en día? Pues que existe un abanico gigantesco de opciones que, no solo te da la oportunidad de elegir, sino que prácticamente te obliga a ello. Y no solo una vez, sino miles. Porque todo lo queremos rápido, concreto y efímero. Bueno, no sé si lo queremos, o si más bien creemos que es lo más cómodo para evitar el sufrimiento, el encuentro y la exposición de nuestro mundo interno y todo lo que implica vincularse de manera consciente con alguien, pero ya hablaremos de esto más adelante. Sea como sea, las aplicaciones, las páginas de citas, las redes sociales, etcétera, se convierten en una carta de restaurante donde ves el envoltorio de la otra persona, qué le gusta hacer, qué imagen quiere proyectar, dónde está... Y, sin embargo, a menudo sentimos que hay algo en todo este proceso que se nos escapa, que hay un resorte que salta, esa persona a la que estamos conociendo se vuelve más desconocida y distante que nunca, y terminamos sufriendo al ver cómo esa persona huye cuando daba a entender que el lugar en el que estábamos era agradable para ambas partes. Y no entendemos si hemos hecho algo mal o si siempre se nos acercan personas que nos van a herir.

– Tu intimidad tiene una ventana de dominio público: antiguamente, todo lo que tenía que ver con las relaciones de pareja se llevaba de forma bastante discreta hasta el momento del matrimonio. No es que las parejas se escondiesen, pero tampoco era habitual ver demostraciones públicas de cariño. ¿Qué ocurre ahora? Pues que con la llegada de las redes sociales, los *reality shows* y los programas de televisión de citas, y tras la ruptura de muchos tabúes relacionados con el sexo, podemos llegar a conocer hasta las relaciones de pareja de nuestro vecino del quinto. Lo que antes eran palabras de cariño susurradas en el hogar, metidos en la cama antes de ir a dormir, ahora se lanzan al mundo en un tuit. Lo que antes era un atardecer en la playa sin más compañía que la brisa, ahora es una publicación de Instagram con foto de beso incluida y 231 «me gusta». Lo que antes era inimaginable que saliese de las cuatro paredes de una habitación, ahora se televisa en abierto y en *prime time*. Y todos los temas que antes generaban sonrojo y se expresaban con eufemismos como «llevar al huerto», ahora se exponen de forma mucho más clara hablando de «follar» o de «tener relaciones sexuales», si nos ponemos finos. Con esto no estoy romantizando el pasado. Es evidente que haber relajado el tabú que suponía hablar en sociedad de algo tan natural y bonito como son las relaciones afectivo-sexuales es algo muy positivo. Pero a veces, sin darnos cuenta, nos pasamos de frenada y banalizamos la importancia de la intimidad como generador de estrechez en el vínculo. Y quizás esta pérdida de la intimidad tal y como la conocíamos es la que nos lleva a olvidar el esfuerzo que realmente conlleva una relación interpersonal, en la que a veces hay que ceder, poner límites y tener paciencia. ¿Tendrá esto algo que ver con que cada vez haya más personas a las que les cuesta permanecer y «meterse de lleno» en el vínculo?

– Aguantar a toda costa versus huir a la mínima: como decíamos al principio, parece que, hace años, la idea de amor estaba íntimamente ligada al sacrificio y al dolor. Como si amor y sufrimiento fuesen dos caras de una misma moneda. Así, ese amor, que prácticamente siempre iba de la mano del matrimonio, era algo que debía preservarse costara lo que costara, y si costaba sufrimiento, más mérito aún. El lado oscuro de esta idea es que permite englobar y legitimar dentro del amor cosas que no lo son, como vejaciones, maltrato, acoso o violencia sexual. Queda claro que aguantar a toda costa no es la forma más sana de sentar las bases de una relación. Por otro lado, hoy en día, aunque la idea de «aguantarlo todo» sigue instaurada porque seguimos bien impregnados del amor romántico (del que también hablaremos más adelante), existe también la postura totalmente opuesta: no aguantar nada y huir lo antes posible, si puede ser. ¿Y por qué sucede esto? El sociólogo Zygmunt Bauman lo explica muy bien con el término *relaciones líquidas*. Las relaciones líquidas son vínculos interpersonales caracterizados por la falta de compromiso, implicación y calidez. Son relaciones pasajeras que nunca solidifican, sino que se emplean para satisfacer una necesidad concreta e individual, muy en la línea de la mercantilización y la sociedad de consumo. Así, no es raro que una persona que te haya hecho daño con sus idas y venidas justifique su comportamiento ante sí misma diciéndose: si puedo tener una hamburguesa en casa con un clic y en quince minutos, también puedo tener vínculos a mi merced cuando quiera y para lo que quiera. De este modo, las experiencias relacionales se centran en el ahora, desde una posición hedonista que elimina todo aburrimiento o incomodidad, porque hay quien no quiere exponerse siquiera a ello, y decide unilateralmente marcharse antes de que ocurra. Así, es de suponer que todas las personas que no fueron responsables afectivamente contigo entendiesen el compromiso como una falta de libertad y una pérdida de identidad, y es muy improbable que lleguen a construir vínculos sólidos y satisfactorios a largo plazo, porque el esfuerzo consciente que requiere mantener una relación, el camino de adaptación y de poner límites sanos entre ambos miembros de una pareja, no llega nunca. Se evita un hipotético sufrimiento futuro por un eterno presente efímero. Se rehúye la posibilidad de permitirse ser vulnerable por el miedo a que la vulnerabilidad destruya la propia identidad. Y, entre todo este barullo, es lógico que cueste identificar qué rayos quieren los demás cuando se relacionan contigo: ¿quieren esquivar el sufrimiento para ser supuestamente libres o quieren seguir encarcelándose en una continua huida hacia delante?

En este caldo de cultivo, no es de extrañar que hayan nacido nuevos fenómenos muy disfuncionales en la vinculación, que seguramente tienes tan integrados en tu día a día relacional que los hayas normalizado, y que hayas entendido que, si quieres exponerte a vincularte con otros afectiva o sexualmente, ese es el precio que tienes que pagar. Precio que, muy a menudo, conlleva poner gravemente en riesgo tu autoestima.

TODO CAMBIA, NADA PERMANECE: LOS FENÓMENOS DE (MAL)VINCULARNOS

En consulta me encuentro bastante a menudo con que la persona a la que acompaño en su proceso terapéutico me habla durante un tiempo de alguien a quien está conociendo, con quien tiene encuentros sexuales y ha compartido alguna que otra *pizza*, y que, de repente, ese alguien desaparezca del relato. Entonces, yo acabo por preguntar: «Oye, hace tiempo que no me hablas de x, ¿cómo van las cosas?», y es muy común que me respondan: «Ah, pues desapareció, lo normal, ya sabes». ¿Lo normal? ¿Desde cuándo es normal que una persona con la que estamos estableciendo un vínculo, del tipo que sea, desaparezca sin dar ninguna explicación?

Ghosting y orbiting

Ghosting es un anglicismo que procede de la palabra inglesa *ghost*, «fantasma», y que hace referencia al corte repentino y sin explicaciones en la comunicación entre dos personas que se están conociendo, o que ya se conocen perfectamente, cuando todo parece ir bien. La palabra equivalente en español podría ser «esfumarse», ya que la persona que *ghostea* es como si se evaporara sin dejar rastro. Llegados a este punto estarás pensando: «Pero ¡si esto ha existido toda la vida! Es lo típico de irse a por tabaco y no volver», y razón no te falta, siempre se ha *ghosteado*, cierto, pero ahora este acto tiene un matiz distinto, sobre el que vale la pena pensar.

Y el matiz reside precisamente en la influencia de las redes sociales sobre este fenómeno, ya que, igual que facilitan la conexión estemos donde estemos y seamos quienes seamos, facilitan la desconexión con un simple clic sobre la palabra «bloquear», que pone un candado gigantesco a la ventana por la que antes podíamos asomarnos a ver la vida de otra persona o a comunicarnos con ella.

Seguramente te ha sucedido alguna vez. Estás conociendo a una persona y parece que todo va genial: os wasapeáis con frecuencia para ver qué tal os ha ido el día, quedáis los fines de semana para cenar y compartir cama e, incluso, de vez en cuando, salís de cañas con los amigos del otro. Cuanto más espacio ocupan estos planes, más te gusta que proliferen y cada vez estás más a gusto en el vínculo con esa persona. Y, de repente, un buen día, le mandas un mensaje como cualquier otro y notas que tarda más tiempo del habitual en contestarte. Pasan las horas y empiezas a pensar que seguro que tiene mucho trabajo o tiene mucho lío con ese proyecto que tanto le ilusiona últimamente. Pasan los días y empiezas a darle vueltas a si hiciste algo fuera de lugar en la última cita, o si no has estado tan pendiente de sus cosas últimamente como quizás esa persona esperaba. Así que le vuelves a escribir: «¿Te pasa algo?». Y, al final, los días de silencio se convierten en semanas y, poco a poco, en meses. Y ahí te quedas tú, sin tener ni idea de qué ha pasado para que esta persona se haya, literalmente, esfumado de tu vida. Lo siento, amiga, te han hecho *ghosting*.

Un fenómeno similar al *ghosting*, y que empieza a ser también muy habitual, es el llamado *orbiting*. El *orbiting*, como el *ghosting*, consiste en cortar el contacto de forma tajante y sin explicaciones con una persona cercana, cuando todo parecía ir bien, pero con la diferencia fundamental de que la persona que corta la comunicación continúa estando muy presente en las redes sociales del otro individuo. Es decir, que esa persona deja de escribirte por WhatsApp, no queda contigo ni tenéis contacto a través de ningún otro medio, pero siempre ve tus historias de Instagram a pesar de no seguirte o, incluso, empieza a seguirte justo ahora que no tenéis contacto y le da «me gusta» a tus fotos o retuitea tus tuits, etcétera, pero nunca te escribe directamente. Es decir, que hace acto de presencia en tus redes, pero siempre desde la sombra, sin contacto directo, como una especie de fantasma. En ocasiones, el *orbiting* genera casi más incertidumbre que el propio *ghosting*, ya que el mensaje implícito en los actos de la persona es muy contradictorio: ¿por qué ya no me responde a los mensajes y en cambio sí que interacciona en redes sociales? Si te ha pasado, seguramente habrás sentido bastante confusión y cierta inseguridad, te importase más o menos la persona en cuestión.

Lo peor es lo normalizadas que tenemos estas conductas tan agresivas. Y digo agresivas porque la agresividad no siempre es directa, y el abandono puede doler tanto o más que un golpe o un insulto. Y es obvio que a todos nos han abandonado alguna vez, pero no es lo mismo que te comuniquen que lo van a hacer y por qué, a que te abandonen de cuajo y sin anestesia.

Cuando vives en tus carnes el *ghosting* o el *orbiting*, la sensación habitual es la de no ser suficiente, que algo falla en ti y que debe de ser grave cuando la otra persona decide desaparecer sin decir nada. La consecuencia lógica es pensar: «pues de ahora en adelante paso; voy a conocer gente, pero no pienso implicarme», que es un mecanismo de defensa de tu cerebro para evitar que vuelvas a sentirte así de abandonada y rechazada.

Pero ¿cómo puede ser que algo tan dañino se esté normalizando y extendiendo de este modo? Condicionantes personales aparte, este fenómeno tiene mucho que ver con las relaciones líquidas y la mercantilización de los vínculos de las que hablábamos antes, que actúan como causa, pero también como consecuencia, lo que genera un perfecto círculo vicioso, porque lo dañino deja de considerarse dañino cuando pasa a ser cotidiano, aunque siga siéndolo.

Si algo tiene el ser humano es capacidad de adaptación, ya que es lo que le permite sobrevivir, así que, ante cualquier daño, todos nuestros mecanismos de defensa psíquicos se ponen en marcha para adaptarnos a ello. En cambio, a nuestra parte emocional e inconsciente no se le escapa una, y nuestro cerebro emocional no pasa por alto ni los abandonos ni la sensación de no estar a la altura por muchos «me da igual, es lo normal» que digamos. Así, a pesar de la necesidad de normalizar lo cotidiano para seguir adelante, nuestro cerebro construye al mismo tiempo un sistema de alarmas inconsciente que hace que no nos permitamos relacionarnos de manera estrecha para que no nos vuelvan a abandonar, para no volver a sufrir, lo que retroalimenta el círculo vicioso.

Breadcrumbing

Otro fenómeno muy actual que esparce toxicidad en las relaciones interpersonales apelando de nuevo a la libertad individual es el *breadcrumbing*. Sí, ya sé que esto de los nombrecitos en inglés suena muy pedante, pero es que resultan muy descriptivos en su significado literal.

El término *breadcrumbing* describe esos momentos en los que una expareja, rollete o persona especial para ti te envía de vez en cuando pequeñas señales de atención o supuesto cariño, dando a entender que la relación está avanzando con perspectivas de asentarse y convertirse en estable, con planes de futuro y proyección común. ¿Dónde está el problema? Pues en que, en realidad, la persona que hace *breadcrumbing* no tiene ningún interés ni intención real de construir un compromiso común, lo que busca es tener cerca a la otra persona, que le desea, y así ensanchar su ego, cubrir un vacío emocional, etcétera. ¿Por qué se llama así? Porque *breadcrumb* significa «migas» en inglés, por lo que *breadcrumbing* sería, literalmente, «echar migas».

Migas que te llenan el estómago un ratito, pero que nunca van seguidas de un buen trozo de pan que te sacie. Por mucho que tú lo esperes. Y así va pasando el tiempo, esperando a que las pequeñas señales de interés se conviertan en señales de estabilidad vincular.

Vamos a ver algunas conductas concretas habituales del *breadcrumbing*, aunque no siempre se dan todas ni a la vez.

- La respuesta habitual ante planes futuros que impliquen cierto compromiso o tomar decisiones acerca de la relación suelen ser: «quizás, «tal vez», «puede», «ya se verá», «vamos a dejarlo fluir». Por supuesto, no siempre que te dicen estas frases o palabras te están haciendo *breadcrumbing*, pero si se convierten en la dinámica habitual o notas que empiezan a generarte inseguridad, es hora de hacer saltar las alarmas.
- Las personas que aplican el *breadcrumbing* suelen ser bastante inconsistentes en el trato personal. Es decir, que nunca sabes muy bien qué puedes esperar de ellas, ya que un día parecen estar súper a gusto en la relación contigo (aunque no sea una relación de pareja como tal) y no querer que nunca se acabe, y otro te tratan como si fueras un ente extraño al que no han visto nunca en su vida y te hablan con la misma complicidad con la que se dirigen a un repartidor que llama a su puerta.
- Hablar de la calidad de la relación, de «ponerle nombre» o de cualquier otro aspecto que implique hablar de sentimientos o formar un vínculo más estable es un tema totalmente tabú con las personas que se dedican al *breadcrumbing*. Y con esto no quiero transmitir que solo son sanos los vínculos a los que se les pone nombre o que terminan en lo que entendemos como una relación de pareja convencional. Lo que no es sano es que una de las partes tenga más información sobre la dirección del vínculo que la otra. ¿Significa esto que la persona con la que estás quedando debe comunicarte siempre todo lo que piensa? Por supuesto que no. No es necesario que te cuente todos sus temores existenciales más profundos si no le apetece en ese momento o no lo cree conveniente porque no te conoce lo suficiente, o lo que sea, pero sí

es muy importante que pueda comunicarte en el momento todo lo que ve y siente al respecto de vuestra relación, porque es algo que os implica y os afecta a los dos. Y esto es esencial cuando tú lo demandas o lo pones sobre la mesa como una necesidad, situación que habrás vivido alguna vez. A partir de ahí, cada persona es libre de decidir si la propuesta le encaja. Sin embargo, cuando alguien te hace *breadcrumbing*, toda esta comunicación no existe, sino que la persona lo da todo por hecho y te hace ver que no es tan importante hablar de ello, ya sea cambiando de tema o, directamente, no contestando cuando mencionas el «tema tabú».

- Otra situación frecuente es que no recibas señales de vida de la persona en varios días, semanas o incluso meses. No existe un tiempo estipulado que defina qué es un contacto sano, pero la poca frecuencia entre conversaciones o citas presenciales dificulta que se genere una asiduidad que haría avanzar la relación o, simplemente, que nazca cierta confianza o confort. Está claro que existen mil motivos para no tener comunicación o encuentros frecuentes, pero si el patrón se mantiene constante en el tiempo, puede ser una señal de alarma.

¿Por qué es tan tóxico el *breadcrumbing*? Pues porque genera relaciones disfuncionales y desequilibradas. Puede que ahora entiendas por qué te sentías tan incómoda y preocupada en aquella relación intermitente que nunca llegaba a consolidarse, a pesar de que tú estabas deseando que se sacase de una vez el famoso tema del «¿qué somos?». Básicamente el *breadcrumbing* genera lo que en psicología se llama «refuerzo intermitente». Veamos un ejemplo sencillo. Imagina que tienes una máquina con un maravilloso botón que, cada vez que se pulsa, expulsa un billete de 50 euros. Menuda fantasía, ¿no? Pues ahora imagina que después de un rato apretando el botón, dejan de salir billetes. «¿¡Cómo?! ¡¿Cómo puede ser que ahora ya no salga mi billete?! Yo lo quiero.» Y empiezas a pensar: «A ver, por lógica, si antes funcionaba, tiene que volver a hacerlo, voy a seguir dándole al botón hasta que salga otro billete». Y resulta que sí, que al final, en un momento dado, vuelve a salir otro billete, lo que te causa un subidón de adrenalina tremendo y una alegría más grande aún. Una bomba emocional tan intensa que te impulsa a seguir pulsando el botón, a la espera de un nuevo billete, aunque no siempre salga.

En definitiva, el billete de 50 euros son las migas de pan que te da la otra persona, las cuales esperas con ansia y que, cuando llegan, te generan tal chute de energía que quieres seguir ahí a toda costa para no dejar de sentirlo. Aunque vale la pena preguntarse: ¿a qué precio? ¿Al de vivir la angustia, la frustración y el vacío que sientes cuando la otra persona no te las da? Este mecanismo de refuerzo intermitente genera «adicción» a la relación: te enganchas a la esperanza de recibir las migas porque sabes que en algún momento volverán y, al final, ese deseo y las sensaciones agradables e intensas que vives cuando recibes la atención de la otra persona te atrapan, y pierdes cualquier posibilidad de liberarte de esa cárcel, sin saber siquiera que estás en ella, y sin identificar que lo que siempre has querido no son las migas, sino el pan entero.

Benching y *cushioning*

El *breadcrumbing* suele ser uno de los métodos empleados para llevar a cabo otra estrategia vincular habitual hoy en día denominada *benching*, que procede de la palabra inglesa *bench*, que significa «banco» en español. La técnica del *benching* se define como la intención consciente de dejar a una persona «en el banquillo», es decir, dar esperanzas a alguien de que en algún momento existirá un vínculo amoroso sólido cuando la intención real es dejarla ahí esperando. ¿Por qué? Pues por si no conoce a otra persona con la que se sienta a gusto, por no afrontar su soledad, no encontrar un vínculo con el que se sienta mejor o al que le dé un valor mayor, etcétera.

Rizando un poco más el rizo, el *benching* tiene otra variante llamada *cushioning*, de *cushion*, que significa «almohadón». Este término define la estrategia basada en tener a varias personas en la agenda y en la cabeza (los distintos «almohadones»), con las que flirtear de vez en cuando y la única intención, de nuevo, de tener a gente ahí esperando, por si alguna de las demás opciones falla. Y sí, soy consciente de que todo esto suena a tener una despensa llena de productos, pero así funcionan los vínculos tóxicos en el siglo XXI, mercantilismo y cosificación por doquier: por eso es probable que tengas la sensación de dar continuamente con gente a la que le cuesta ver que eres una persona y no un sujeto (o incluso un objeto) que, de manera utilitaria, está ahí exclusivamente para satisfacer sus necesidades y llenar sus vacíos. En resumen, el *cushioning* es algo así como un *benching* a lo grande.

Como ves, la relación entre *benching* y *breadcrumbing* es muy estrecha, ya que en ambos casos hay una persona que espera sin conocer las verdaderas intenciones de la otra parte y otra que envía señales intermitentes, confusas y ambivalentes. Esto último es muy común que haga nacer patrones de dependencia emocional, sobre los que profundizaremos más adelante.

Hoovering

Hoovering procede del término *hoover*, que significa «aspiradora», y define el proceder de algunas personas, generalmente con patrones de personalidad narcisista, que «aspiran» de vuelta a su vida a personas con quienes mantuvieron algún tipo de relación en el pasado. ¿A qué me refiero exactamente con «aspirar de vuelta a su vida»? Pues a ese momento en el que una expareja de hace bastante tiempo te vuelve a escribir un buen día haciéndote ver que te echa de menos, que te paseas a veces por su cabecita o, en definitiva, que todavía tienes cierta importancia en su vida. Todo esto lo expresa de manera muy creíble, pero siento decirte que está utilizando técnicas de manipulación emocional (aunque a veces no sea consciente de ello) para que vuelvas a sentir una conexión emocional con ella y, así, suplir alguna necesidad narcisista, por ejemplo, sentirse deseada, sentir poder sobre otra persona o cubrir algún tipo de vacío existencial que perciba en ese momento. Es decir, la intención de una persona de tu pasado que te hace *hoovering* nunca es recuperar la relación por motivos genuinos como apreciarte como compañera o pareja y desear estar contigo, sino «utilizarte» para cubrir alguna necesidad individual, de forma que se genera un vínculo asimétrico en el que una de las partes siempre sale perdiendo.

Puede que ahora te estés preguntando: pero ¿cómo puedo identificar cuándo me están haciendo *hoovering* y cuándo alguien quiere recuperar el contacto conmigo de forma honesta? Para resolver esa duda, presta atención a algunas de las siguientes actitudes.

- Aparece en fechas señaladas, como Navidad, cumpleaños, aniversarios significativos para alguno de los dos, etcétera. Puede hacerlo mediante el envío de algún mensaje muy emotivo, señalando lo mucho que te echa en falta, apelando a los buenos momentos vividos juntos o a su sentimiento de tristeza y soledad en una fecha así sin tener a alguien al lado. También puede aparecer repentinamente en algún lugar que suelas frecuentar o incluso en tu casa. Sí, en las películas nos han vendido como muy bonito eso de que tu ex aparezca en tu puerta, pero la realidad es que eso puede ser un indicio de *hoovering*, que de bonito tiene poco. ¿Cuál es su intención? Básicamente que bajes la guardia, que evoques alguna emoción que te conecte con su situación o con ella y utilizar ese estado para retomar el contacto frecuente y que vuelvas a estar muy presente en su vida para cubrir sus necesidades que, siento decírtelo, nada tienen que ver contigo ni con lo que supuestamente te aprecia.
- Establece contacto en forma de petición de ayuda ante una supuesta desesperación por algún problema de salud, crisis personal o problema grave en su vida, en general. La intención de este acto es exactamente la misma que en el punto anterior, tocarte el «corazoncito» para que sientas su desesperanza y estado límite, en el que tu apoyo se hace indispensable para que pueda salir adelante o sentirse mejor.
- Un *modus operandi* muy diferente a los dos mecanismos anteriores consiste en aparecer de manera aleatoria o iniciar una conversación en apariencia casual, como si el vínculo nunca se hubiese roto o como si, indiferentemente de lo que sucediera en el pasado, nada de eso fuera relevante ni hubiera cambiado el sentido de

la relación. Puede ser un simple «Hola, ¿qué tal?» o una frase que haga referencia a alguna situación social, alguna noticia destacada en ese momento, etcétera. Soy consciente de que iniciar una conversación de este tipo no es negativo en sí, pero puede ser un signo de alarma dependiendo del contexto de ese vínculo, por ejemplo, si la relación terminó fatal y, de repente, te vuelve a hablar como si nada. También si te hizo *ghosting* o si en su día no se implicó en la relación y esta degeneró hasta el silencio.

Como decía al inicio, este mecanismo puede hacerte entrar muy fácilmente en una dinámica de codependencia emocional, es decir, que la otra persona te muestre que depende de ti para «estar bien» o «estar mejor» y, al final, tú acabes dependiendo de ese vínculo por la responsabilidad que percibes tener sobre el bienestar de esa persona o, incluso, por el poder que sientes al experimentar este rol de importancia para ella. En otras palabras, que la relación personal que se generaría entre vosotros no se sostendría sobre el placer de estar juntos, de tener un proyecto personal común o un sentimiento de amor, sino sobre la necesidad y la obligación con la otra persona, ya que esta te inoculará miedo a lo que podría pasar si tú no estás ahí. Y, en realidad, la persona que hace *hoovering* no tiene ninguna intención en que el vínculo se estreche o profundice más allá de sus intereses individuales.

Love bombing

Como su propio nombre indica, el *love bombing* es una «bomba de amor», una explosión repentina de amor que no es real, sino una técnica de manipulación para, una vez más, enganchar a la otra persona al vínculo y que se establezca una dinámica de tira y afloja que se presenta de la siguiente forma. Primero, la persona que te hace *love bombing* te hace sentir como un ser único y especial como nadie, con referencias constantes a que «nunca ha tenido una relación tan bonita», «nunca ha querido a nadie como a ti» o «nunca se ha enamorado de alguien tan rápido, por lo que estáis destinados fijo». Como no podía ser de otra manera, tú comienzas a idealizar el vínculo como si fuese lo más increíble que te ha pasado nunca. Lo que ocurre a continuación es que, al percibir el «enganche», fruto de la idealización, esa persona comienza a distanciarse de ti con la única necesidad e intención de que le vayas detrás, es decir, que le prestes más atención de lo habitual, más implicación o más interés. Así, la persona se siente poderosa y su ego se ensancha, que suele ser el objetivo último de todo este proceso.

Sin embargo, es muy importante señalar que no todas las personas que sienten con mucha intensidad desde un principio, y lo expresan, están tratando de manipularte. Hay tantas maneras de sentir como personas en el mundo. Lo principal es identificar cuándo comienza a darse el tira y afloja, es decir, detectar si la persona tiene un patrón constante de acercamientos y distanciamientos, lo que genera una dinámica basada en el *breadcrumbing*.

Para detectar un *love bombing* fíjate en los siguientes puntos:

- Existe un estado inicial de idilio, durante el cual la otra persona etiqueta vuestra relación como «perfecta» y «única», te llama «su amor verdadero» y construye promesas de un futuro ideal. Todo esto aderezado con actitudes muy seductoras y un carácter encantador que te hace sentir que la persona con la que estás es demasiado top, lo que te hace sentir muy afortunada de haber encontrado a semejante ser de luz.
- Lo que suele ocurrir a continuación es que, en el momento en el que notas que estás hasta las trancas y que estar más implicada con esa persona es imposible, ella empieza a cambiar su actitud contigo y se hace distante, inaccesible o arisca. Si estás pensando «Dios, esto me ha pasado a mí», seguramente recuerdes haber experimentado sentimientos de culpa, ya que la lógica te llevará a pensar que algo habrás hecho mal. Así, es probable que tu reacción natural sea mostrarte más implicada todavía en la relación y más pendiente de la otra persona, construyendo una dinámica que oscila continuamente de un extremo emocional al otro (de la cercanía más cálida a la distancia más fría), lo que genera un

patrón de reforzamiento intermitente, como el del *breadcrumbing*, que te impulsa a seguir esperando y a creer que la relación volverá al estado idílico inicial.

– Durante este proceso, tu seguridad en el vínculo y, lo que es peor, tu autoestima irán mermando, y esta última es la consecuencia más nefasta de que te hagan *love bombing*. Esto sucede porque, cuando verbalices los cambios que percibes en la relación, el individuo en cuestión empezará a hacerte dudar de tu percepción, o a referirse a algún rasgo de tu carácter o de tu personalidad que está influyendo en que te sientas así. Por ejemplo, «Eres muy inestable emocionalmente, por eso estás percibiendo esto de ese modo, pero no es así». Esto es lo más peligroso de todo.

Y es precisamente este comportamiento de poner en duda tu vivencia lo que nos lleva al siguiente fenómeno que impregna de toxicidad tus vínculos.

Gaslighting

Gaslighting tiene un término totalmente equivalente en español: luz de gas. La metáfora nació a raíz de la película *The Gaslight* (George Cukor, 1944) donde el marido de la protagonista cambiaba la intensidad de las luces de su casa para convencerla de que se estaba volviendo loca, ya que ella percibía que las luces no estaban como siempre, pero él lo negaba rotundamente. Así, hacer luz de gas va más allá de ser un fenómeno tóxico en la vinculación, ya que, en realidad, es un tipo de violencia psicológica muy silenciosa y altamente peligrosa, por lo difícil que es de identificar por parte de la víctima. Además, puede darse en cualquier tipo de vínculo: pareja, amistad, familia, relación laboral, etcétera.

¿Por qué es tan dañina la luz de gas? Porque, mediante la negación reiterada por parte del agresor de hechos que sí han ocurrido, la víctima comienza a dudar, no solo de su percepción, sino también de su cordura y salud mental, lo que puede conducirla a perder el control sobre sí misma y someterse al otro hasta la total anulación de su identidad. Si has tenido la desgracia de ser víctima de luz de gas, probablemente llegases a no tener ni idea de qué querías realmente, de qué estaba bien y qué estaba mal. Esta situación aboca a quien la sufre a depender totalmente del otro y a perder el criterio sobre la realidad.

La buena noticia es que, aunque todas somos susceptibles de ser víctimas de abuso o maltrato psicológico en algún momento sin darnos cuenta, hay varios elementos que te pueden ayudar a identificar cuándo se puede estar dando una situación de *gaslighting*.

- Es común que las personas que utilizan esta técnica manipulativa hagan comentarios despectivos muy sutiles sobre ti con cierta intermitencia (un día sí, dos no, otro día sí...), pero con un patrón constante en el tiempo. Por ejemplo: «Me preocupa lo sensible que eres. No es normal ser así, deberías pedir ayuda o te volverás cada vez más loca».
- Quienes la usan también se caracterizan por insistir continuamente en que todos los problemas de la relación se deben a interpretaciones erróneas por tu parte. Esto suele ir acompañado de un perpetuo cuestionamiento de tu punto de vista y la completa falta de asunción de responsabilidad por su parte. Por ejemplo: «¿Puedes olvidar ese tema ya de una vez? Ya te he dicho mil veces que son imaginaciones tuyas, ¿no te das cuenta de que siempre acabamos discutiendo por lo mismo? Te vas a cargar nuestra relación».
- Otra actitud muy habitual en quien aplica luz de gas, y que puede pasar inadvertida al confundirla con cariño o protección, es el rol de autoridad paternalista que asume la persona abusadora. Por ejemplo: «Creo que necesitas ayuda, no estás bien, hablas de cosas que nunca han pasado. Yo solo quiero lo mejor para ti y creo que no te estás gestionando bien».

Así, las principales consecuencias de todo esto sobre la persona anulada son: sentirse alguien sin valor ni remedio que necesita del otro para ser cuidado y guiado por el «camino adecuado», justificarse y disculparse reiteradamente y, en última instancia, sentirse inútil y dejar de cuestionar cualquier cosa que diga la persona que, en realidad, la maltrata. De este modo, el *gaslighting* es un patrón vincular aún más nocivo que todos los anteriores y, además, es común que aparezca en compañía de alguno de ellos.

Catfishing

Y, por último, pero no por ello menos importante, vale la pena mencionar el *catfishing*, que se traduciría como «bagre», un tipo de pescado, pero cuyo significado es mucho más complejo. El *catfishing* es una estrategia consistente en mostrar una identidad falsa en las redes sociales, o en aplicaciones de citas, tanto a nivel físico (usando fotos de otra persona), como intelectual (creando un personaje o construyendo una personalidad supuestamente deseable) con el fin último de seducirte y obtener algún tipo de beneficio, como que le envíes fotos subidas de tono o le hagas algún tipo de confesión sobre tu intimidad. Como te decía, este fenómeno suele darse en redes sociales, pero también en aplicaciones de citas.

EL TRIÁNGULO AMOROSO ESTELAR EN EL SIGLO XXI: TÚ, YO Y LAS REDES SOCIALES

Como ves, y no creo que te sorprenda este descubrimiento, las nuevas tecnologías tienen un papel muy destacado en nuestra forma de vincularnos. Para verlo un poco más claro, vamos a poner un ejemplo: imagina que María encuentra el perfil de Esther en una aplicación para buscar pareja o encuentros sexuales. Las dos mantienen una breve conversación en la que hablan superficialmente sobre sus gustos, preferencias y estilos de vida y, entonces, María decide pedirle a Esther su nombre de usuario en alguna red social para buscarla e indagar un poco más sobre ella. Esther se lo da y, automáticamente, pasan a ser «amigas» en la red, lo que genera un vínculo virtual que une sus ventanas al mundo. Al mirar por esa pequeña, pero abundante, ventana de información, María ve unas fotos de Esther en una manifestación en apoyo de una ideología totalmente contraria a sus valores personales. María se queda tan impactada y horrorizada al verlas, que decide darle al botón de «eliminar amigo», al de «dejar de seguir» y al de «bloquear» en el sistema de mensajería instantánea.

Así, en menos de una hora, María ha conocido a Esther, ha iniciado un acercamiento que parecía el inicio de un vínculo interpersonal, ha forjado un vínculo virtual y, al ver en esa ventana algo que no le ha gustado, ha roto toda comunicación, relación y futuras posibilidades de lo que habrían podido llegar a ser, o no.

Esto nos deja varios aspectos sobre los que pensar: ¿se conocieron realmente María y Esther? ¿Se puede considerar una «relación interpersonal» el breve contacto que han tenido? ¿Es habitual este tipo de dinámicas? ¿Sabe Esther lo qué ha pasado exactamente con María? Si nos ponemos, las preguntas que nos pueden surgir son infinitas.

Si pensamos acerca de si María y Esther se conocieron realmente, creo que prácticamente todos responderíamos que no. Y esto lleva a otras preguntas: ¿ha sido culpa de las redes sociales? ¿Habría sucedido lo mismo si ambas se hubieran conocido en un bar? Seguramente sí, porque aunque se hubieran conocido en persona, habría llegado un momento en el que una de las dos se habría dado cuenta de que sus proyectos de vida o sus valores son muy distintos, y esto habría generado una incompatibilidad que están en su derecho de sentir como irreconciliable.

No obstante, quizás si ese momento de «desacuerdo» hubiera llegado a los meses, y no a los minutos de conocerse, María y Esther ya habrían congeniado tanto en otros ámbitos que ese hecho no tendría tanta relevancia o, tal vez, tras compartir sus puntos de vista, Esther y María habrían llegado a entenderse y respetarse gracias a los matices que no pueden verse en una foto. O quizás todo habría terminado exactamente igual, pero después de un período de tiempo más largo, con lo cual María podría estar contenta de no haber «perdido el tiempo» en una vivencia relacional con Esther que no habría llegado a ningún lugar importante.

Lo que hay que pensar ahora es: ¿de verdad nuestro objetivo vital es que nuestros vínculos nos hagan llegar a lugares importantes? ¿Nuestras experiencias relacionales solo son valiosas si son «para siempre» o «perfectas»? Aunque mi intención es que cada cual reflexione sobre qué le llama más la atención de la breve historia de María y Esther, no quiero pasar por alto el hecho de que, al final, igual que el uso de las redes permite un acceso más sencillo a otras personas, la experiencia vincular queda muy limitada precisamente por haber usado ese recurso en un principio. María se ha encontrado en el segundo dos con una foto que ha echado por tierra cualquier atracción que pudiera sentir por Esther. ¿Tiene derecho a elegir basándose en eso? Por supuesto, pero quizás su interpretación esté fuera de contexto. En realidad, todo lo que vemos en redes está fuera de contexto. María cree que está viendo a Esther, pero en realidad está viendo lo que un día Esther decidió mostrar junto con la interpretación que ella misma hace de lo que está viendo, que no deja de ser una foto, un texto o una *story* que desaparecerá en veinticuatro horas. A veces, lo que vemos cuadra totalmente con la realidad, pero otras muchas no y, sobre todo, no podemos valorar su importancia en el tiempo y el contexto, teniendo en cuenta todo lo demás que conocemos de Esther. Y, así, muere algo que no había llegado siquiera a nacer.

Por eso, es interesante plantearse si una experiencia relacional rica es hacer y deshacer vínculos sesgados en cinco minutos, sin llegar a conocer a nadie de verdad, sin dejar nacer emociones, del tipo que sean, y ver más adelante si queremos que mueran y si lo hacen. Este es un elemento clave de las redes sociales: nos crean una identidad nueva, más accesible al ojo del otro, pero tal vez más alejada de la complejidad real que entraña la personalidad humana y, por lo tanto, de la manera más precisa de conocer de verdad a alguien.

Y, además, es muy común que se nos olvide que la identidad virtual no siempre encaja perfectamente con la real. No hay que olvidar que, si algo tienen las redes, es el poder de mostrar todo lo que consideramos necesario, pero escondiendo todo lo que no mostramos conscientemente: nuestra manera de estar en el mundo, cómo abrazamos, la energía que desprendemos estando cara a cara... Y todo esto es precisamente lo que a veces marca la diferencia en la manera de vincularnos. Esa sensación, agradable o desagradable, que solo se despierta con el contacto físico o cara a cara.

Además, las redes sociales constituyen un revulsivo tremendo para nuestras carencias emocionales. Así, si lo deseas, tienes en la palma de la mano (literalmente, si posees un *smartphone*) la posibilidad de que un ente se dedique a tapar tus agujeros emocionales a golpe de «me gusta» o de notificaciones de seguidores nuevos. Sin embargo, no es oro todo lo que reluce, ya que las redes sociales favorecen que construyas una identidad paralela a la que has tenido siempre: tu identidad virtual, y todo ese reforzamiento constante, esa palmadita virtual en la espalda, se queda ahí, en el mundo virtual. Esto genera varias problemáticas que tienen su origen en que el subidón de autoestima que supuestamente nace de esto nunca es de amor propio real ni ocurre de manera sana.

Tendría sentido pensar que, si empezamos a definirnos e identificarnos mucho más por lo que «somos» en las redes que por lo que somos fuera de ellas, también vamos a establecer muchas más relaciones a través de ellas. Relaciones que, como veíamos, terminan estando influidas por multitud de factores que escapan a nuestro control y a nuestra conciencia, y que propician que los contactos sean efímeros y que se genere una menor motivación por cuidar los vínculos porque sabemos que estamos a un clic de «conseguir» otra relación que quizás nos llene más. Y si no somos conscientes de esto, acabaremos sumidos en una espiral de «intentos» de relación, que casi son más contactos que relaciones, en los que no nos permitimos ser ni dejar ser, y perdiéndonos toda la riqueza que nos pueden aportar las experiencias vinculares. Y todo por el hecho de valorar más la cantidad que la calidad, mientras buscamos una calidad que nunca llega, porque en realidad no la dejamos llegar.

Dicho esto, y antes de seguir, te animo a que completes el siguiente test contestando «SÍ» o «NO».

Mi punto de partida: ¿cómo ha sido mi mundo relacional hasta ahora?

1. ¿Alguna vez has sentido que tus relaciones son muy superficiales? ¿Te gustaría que fuesen más estrechas, pero no acabas de encontrar cómo hacerlo?
2. ¿Alguna vez has sentido que estás con otras personas solo porque tienen alguna característica muy valorada socialmente? ¿Crees que alguien ha estado contigo por lo mismo?
3. ¿Alguna vez has percibido que la persona a la que estabas conociendo daba por hecho que no valía la pena esforzarse tanto en la relación si, total, seguro que no llegaba a nada destacable?
4. ¿Alguna vez has experimentado que una persona cercana con quien has tenido una discusión no ha asumido su parte de responsabilidad en solucionar el conflicto?
5. ¿Sientes que has cargado con los problemas de autoestima de otra persona? ¿Has llegado a pensar que eras la responsable de salvarla?
6. ¿Alguna vez has sentido que no eras suficiente para alguien?
7. ¿Alguna vez has sentido que querías hablar de temas importantes para ti con otra persona, pero ella siempre los rehuía?
8. ¿Alguna vez has sido objeto de alguna de las estrategias de (mal)vinculación que hemos explicado antes?
9. ¿Sientes que casi siempre acabas en relaciones muy desequilibradas y no sabes cómo?
10. ¿Has sentido alguna vez que a alguien de tu entorno le costaba expresarte lo que sentía por ti?
11. ¿Sientes que te cuesta saber qué hacer con tus emociones si no tienes algún vínculo que te escuche y te ayude?

12. ¿Has percibido que, en general, las personas a quienes has conocido a nivel afectivo-sexual tenían grandes problemas para comprometerse contigo?
13. ¿Has pensado alguna vez que el modelo de pareja tradicional no representa lo que quieres para ti?
14. ¿Has sentido presión por tener que estar en pareja?
15. Si eres mujer, ¿has sentido que serlo ha condicionado el rol que has tenido en tus relaciones?
16. Si eres hombre, ¿te ha costado hablar claramente de tus sentimientos con otras personas y esto ha supuesto que hayas recibido un trato que no merecías?
17. Si no te identificas con ninguno de los dos géneros tradicionales, ¿crees que tu identidad de género ha sido el foco de tratos injustos o de que los demás no se hayan vinculado contigo de manera honesta y natural?
18. ¿Alguna vez te ha costado poner límites en una relación de supuesta confianza, como sería un vínculo familiar cercano?

Si has respondido que sí a al menos una de estas preguntas debo decirte que tu mundo relacional tiene puntos a revisar, ya sea respecto al trato que recibes por parte de los demás o al que te das tú mismo. Por tanto, es muy probable que te interese todo lo que viene a continuación, porque te ayudará a elegir tus vínculos de una manera más consciente, a detectar qué no quieres y, en definitiva, a empezar a formar vínculos más sanos, ya sean de pareja, de amistad, familiares, etcétera.

CAPÍTULO 2

NI MUCHO NI POCO, QUIÉREME BIEN: LA RESPONSABILIDAD AFECTIVA

El concepto de *responsabilidad afectiva* nace en la década de 1980, a raíz de los primeros movimientos de reflexión sobre las relaciones poliamorosas. El poliamor consiste en relaciones amorosas que se establecen entre tres o más personas de manera simultánea, consciente, consensuada y ética. Las teorías sobre el poliamor defienden que el amor nunca debe estar acotado y que amar a alguien implica desear lo mejor para la persona a la que quieres, de manera que esta pueda expandir su vida sentimental con otra u otras personas si eso es lo que le hace sentirse libre y feliz. Lo que ocurre es que, cuando se comienza a valorar el poliamor como una opción relacional más (a pesar de que esta haya existido desde que el mundo es mundo), y a empezar a considerarla igual de válida que la monogamia, comienza a vislumbrarse la necesidad de unos acuerdos y una comunicación muy fluida entre los miembros de la relación para evitar fenómenos desagradables que, en ocasiones, tenemos muy interiorizados por habernos desarrollado en un mundo monógamo, como serían la mala gestión de los celos, la dificultad para establecer límites razonables, sanos y claros, etcétera.

Entonces ¿la responsabilidad afectiva es solo para las relaciones poliamorosas? Por supuesto que no, pero sí que es cierto que al pensar en estas nuevas posibilidades, empezó a tenerse en cuenta la importancia de repensar la manera en que nos vinculamos afectivamente, para tener en cuenta el cuidado mutuo, la empatía, la comprensión y la responsabilidad de todas las personas implicadas en un vínculo. Y, cuando emergieron las teorías feministas, nació también la conciencia sobre cómo influye en nuestras maneras de vincularnos la idea del «amor romántico», que dicta que el amor implica sufrimiento, y establece relaciones de poder-sumisión entre hombre y mujer, con unos roles férreos para cada género y que solo tiene en cuenta las relaciones heterosexuales y monógamas. Si el feminismo busca la equidad e igualdad entre hombres y mujeres, no parece justo que nuestros vínculos sigan gobernándose por un sistema tan rígido y arcaico. Es como si la sociedad siguiese avanzando hacia un mundo más justo y equilibrado, mientras nuestros vínculos siguen estancados en ideas que nos abocan a relaciones tóxicas una y otra vez. Así, con el feminismo en auge, comienza a consolidarse el término «responsabilidad afectiva» como un concepto necesario para dejar de repetir patrones tóxicos que nos encadenan a relaciones asimétricas e insatisfactorias.

PARA QUERERTE DEBEN CUIDARTE: A QUÉ NOS REFERIMOS CUANDO HABLAMOS DE RESPONSABILIDAD AFECTIVA

Hablamos de tener «ética afectiva»

Es decir, de entender que cuando dos o más personas ponen sus emociones en una relación, cada zarandeo del vínculo zarandea también las emociones propias y ajenas, por lo que es importante que todo se comunique y consensúe de manera que el daño que se pueda hacer sea mínimo. Y hay que entender el concepto «daño» como algo bidireccional, lo que significa que es importante tomar decisiones o acciones que intenten no dañar o minimizar el daño de todas las personas implicadas, incluidas nosotras.

Un ejemplo de esto son las consecuencias que puede desencadenar el *ghosting*. Imagina que Víctor y Elena llevan un tiempo conociéndose y teniendo encuentros sexuales habituales. Después de varios meses así, Elena empieza a notar cambios en Víctor, que cada vez le da más largas para quedar, y con quien las conversaciones por WhatsApp, que antes duraban horas, ahora se han visto reducidas a cinco minutos antes de dormir o un «ja, ja, ja» de Víctor después de contarle una anécdota. Elena percibe que Víctor ya no tiene el mismo interés en el vínculo que al principio, pero no se atreve a preguntar nada porque, cuando se siente decidida a hacerlo, Víctor vuelve a hablarle y ella piensa: «Bueno, seguro que son paranoias mías y en realidad sigue estando todo igual de bien que siempre».

Van pasando las semanas y Elena nota cada vez más que Víctor está en otro planeta, por lo que empieza a pensar que va a tener que ser ella quien dé más en la relación o todo lo que construyeron se irá al garete. Así, Elena empieza a desvivirse por la relación, a darle sorpresas románticas a Víctor, a organizar escapadas especiales para el fin de semana, a escribirle muy a menudo para ver si necesita algo... Pero también se va dando cuenta de que, cuánto más hace, más lejos parece estar Víctor, y más insatisfecha e insegura se siente ella. ¿Qué está pasando? Que, sin quererlo, la relación se está volviendo tóxica, ya que Elena busca respuestas que no consigue, porque ni se atreve a preguntar, y decide tapar toda esa angustia, ignorando lo que ella siente y necesita, intentando complacer a Víctor a toda costa, con la idea de que, en cualquier momento, volverá la magia del principio de la relación.

¿Qué le está pasando a Víctor? Que, ya sea por comodidad o por miedo a enfrentarse a una situación incómoda con Elena, en la que se corte el vínculo, termina forzándose a estar en un lugar que no le resulta natural. Así, Víctor evita afrontar el incómodo momento de verbalizar el final para no lidiar con la culpabilidad que le podría asaltar después. Por eso, decide simplemente desaparecer de la vida de Elena y, poco a poco, deja de contestarle los mensajes, de dar «me gusta» a sus fotos, de frecuentar los lugares a los que solían ir juntos... Básicamente, Víctor aplica un *ghosting* en toda regla. Esto hace que Elena se sumerja en un mar de incertidumbre mayor a la que ya arrastraba en las últimas semanas, sin entender si ella ha hecho algo que le molestase o si tiene un defecto muy acusado que nadie le ha sabido señalar, pero que Víctor sí ha detectado y, lo que es peor de todo, sin saber si Víctor planea volver, lo que la deja en un estado de espera que le impide avanzar con su vida cuando, en realidad, Víctor ya está avanzando con la suya, de la manera que sea.

Llegados a este punto, está claro que Víctor no ha sido nada responsable afectivamente con Elena, fuesen cuales fuesen sus intenciones y motivos para comportarse así. Y no se trata de buscar culpables, pero sí responsables. Si tú has sido Elena alguna vez, debes saber que no fuiste responsable de cómo se comportó tu Víctor, pero sí está en tu mano aprender a identificar este tipo de comportamientos para que, la próxima vez que te ocurra (aunque me encantaría que no fuera así) sepas que tienes derecho a preguntar cuando notes comportamientos raros, y a alejarte de la relación si no te está dando lo que buscas y mereces. Y sí, sé que no es fácil, pero cuando notes que estás entrando en una dinámica de solo querer cuidar y satisfacer a toda costa a la otra parte para que se quede contigo, desviviéndote o luchando por la relación, deben encenderse tus alarmas. Eso no es querer bien, eso no es una relación sana, y, si no haces nada, todo el malestar que intentas evitar ahora, lo acabarás recibiendo igualmente, multiplicado por mil.

Ahora que ya sabemos cómo identificar los comportamientos de irresponsabilidad afectiva en Víctor, ¿cómo podríamos identificar que sí está siendo responsable afectivamente si hubiese actuado de otro modo? Pues, en primer lugar, tendría presente la premisa de «ética afectiva» para tomar una decisión respecto a dicho vínculo. Esto implica ser justo con Elena, pero también consigo mismo, y hacer el mínimo daño posible tanto a sí mismo como a ella. Es cierto que no siempre es posible no hacer daño a alguien al tomar una decisión, aunque no se pretenda hacer sufrir a la otra persona, pero es importante calibrar el daño poniendo en una balanza imaginaria todas las alternativas posibles y valorando cuál de ellas es la menos dañina.

Un posible ejemplo de comportamiento responsable de Víctor sería: «Elena, ha sido muy guay conocerte, nos lo hemos pasado genial juntos y, sin duda, eres una persona que merece la pena conocer. Por eso quiero ser muy sincero contigo, ya que es lo que mereces, y decirte que, en este momento, ya no siento la misma ilusión ni interés en seguir avanzando con este vínculo. No es para nada por algo que tú hayas hecho, ni porque no me sienta a gusto contigo, simplemente me siento así, y es justo que lo sepas, para que tú también puedas tomar las decisiones que te permitan ser feliz».

Hablamos de ser consecuentes con nuestras decisiones

Con esto me refiero a que, en el momento en el que tomemos una decisión sobre nuestro vínculo con otra u otras personas, y la comuniquemos y comentemos con todos los implicados, es importante ejecutarla y mantenerla en el tiempo. ¿Significa esto que no es válido cambiar de opinión? Claro que no, es válido cambiar de opinión siempre, pero una cosa es cambiar de opinión, y hablarlo para retomar la situación anterior del vínculo, y otra es que, sin que hayan cambiado ni nuestra opinión ni nuestros sentimientos, queramos dejar de ser consecuentes con la decisión tomada para priorizar otros intereses personales de los que la otra persona no tiene ni pajolera idea. Para ver un ejemplo de esto, vamos a continuar con la historia de Víctor y Elena.

Sería lógico pensar que, una vez zanjada la relación, también se termine la responsabilidad afectiva, pero, en realidad, esto no es así. Imaginemos que, después de un tiempo separados, Víctor se siente muy solo y, para calmar esa soledad, piensa en escribir a Elena. Finalmente lo hace, y pasan la tarde y la noche juntos. Después de este encuentro, el subidón que siente Elena es brutal. Vuelve a sentir que Víctor es el de siempre y que la relación, a pesar del *ghosting* recibido, todavía puede «salvarse». Así, Elena le envía un mensaje a Víctor diciéndole lo contenta que está y lo a gusto que se ha sentido con él el día anterior. Pero Víctor contesta con monosílabos, sin dar mucho pie a profundizar en la conversación.

Esto pasa porque los sentimientos de Víctor hacia Elena no han cambiado en todo este tiempo, es decir, Víctor es consciente de que no siente nada por Elena, pero a él le apetecía tener compañía, y Elena siempre ha sido muy atenta. Así que, haciendo acopio de todo su egoísmo, tiene este acercamiento con ella simplemente porque sabe que estará disponible para llenar su vacío. Pero claro, ¿cuál es el problema? Que Elena no es consciente de todo esto, que ella seguramente estaba resolviendo su duelo cuando Víctor volvió de repente «necesitándola», cuando en realidad lo que necesita es no sentirse solo. Así, Elena vuelve a sentirse confusa cuando Víctor vuelve a mostrarse frío y cortante después de su encuentro, sin que haya ninguna explicación de estos cambios tan bruscos en el trato.

Por eso, la responsabilidad afectiva va más allá de cuidar el vínculo cuando se está en él, también es importante tenerla en cuenta si nos planteamos volver a escribir a esa persona una vez zanjada la relación.

Es decir, que si alguien vuelve a comunicarse contigo después de haberte hecho *ghosting* o, incluso, después de haber zanjado la relación desde la responsabilidad afectiva, por si acaso, que se enciendan tus alarmas. Y con esto no quiero decir que te pongas paranoica ni instarte a que siempre le busques tres pies al gato. Pero debes saber que, después de un tiempo sin contacto, no es fácil que se empiecen a reavivar sentimientos que ya estaban dormidos; puede pasar, por supuesto, pero es más probable que exista cierta confusión y, en esos momentos, la responsabilidad afectiva es especialmente clave para no acabar practicando un *hoovering* en toda regla. Así que, presta especial atención cuando:

- Una persona que desapareció vuelve y, casi sin preguntarte qué tal estás ni interesarse por tu vida, te plantea tener una cita lo antes posible. Si, además, la cita va a ser en una casa, piso o coche, uff, huele a que lo único que necesita la otra persona de ti es sexo. Si tú quieres lo mismo, genial, pero si sientes que todavía pululan dentro de ti sentimientos hacia esa persona, por tu salud mental, lo mejor sería abortar misión.
- Has tenido con esa persona una relación de dependencia emocional. Más adelante profundizaremos en este tema, pero, para hacerte una idea rápida, algunas de las características que definen las relaciones de dependencia emocional son: sentir que en ese vínculo a alguno de los dos o a los dos os resultaba imposible tomar decisiones cotidianas sin la opinión del otro; sentir continuamente un miedo inmenso a que el vínculo se rompa y quedarte sola; no saber identificar si la relación estaba yendo bien o no; sentirte enganchada porque la otra persona te hacía evitar algunos miedos o porque tú percibías que ella solo se sentía segura

si estaba contigo; que la relación era el centro de tu vida, lo que te hacía dejar totalmente de lado otras áreas vitales importantes para ti, como tus amigos, aficiones, familia, estudios, trabajo, etcétera. Si todo esto te suena y la persona con la que lo viviste está tratando de entrar de nuevo en tu vida, probablemente no sea buena idea que la dejes pasar. Quizás no lo hace con mala intención, sino precisamente por esa dependencia, pero lo más probable es que ninguna de las dos partes estéis preparadas para retomar la relación de manera sana, ya que esto requiere un trabajo individual y en pareja que no siempre se ha hecho.

- Aparece para tener la «conversación de cierre» número 374. Ojo con esto, si en su día ya hablasteis claramente de lo que sentíais o no sentíais, los motivos para dejar la relación, y ya había quedado todo clarito, realmente no necesitáis ninguna conversación más. Caer en esto puede llevarnos a volver a un vínculo que no está preparado para volver a serlo, en lugar de cerrar lo que ya está cerrado.
- Necesita que seas su paño de lágrimas. Sobre todo si detectas que, mientras el vínculo se estaba estableciendo, la otra persona no quería hablar de sentimientos y, en cambio, una vez que se corta la relación, ella casi pretende que te conviertas en su psicóloga. En este contexto, puedes llegar a creer que podrás ganarte su atención y cariño de nuevo. Y, oye, esto puede pasar de manera genuina y es perfectamente sano si la relación se ha convertido en amistad, pero no olvidemos que la amistad, para estar equilibrada y ser saludable, debe ser bidireccional y desinteresada, y nada sano se construye sobre la base de que uno de los dos tenga sentimientos diferentes a los del otro, o si hay algún tipo de interés personal en este acercamiento.

Hablamos de no sentir la obligación de adivinar las necesidades de nadie ni cargar con heridas ajenas

Por lo general, todos tenemos alguna herida emocional que hace que nos sintamos atacados en determinadas situaciones, aunque la intención de la otra persona no sea esa; o que nos provocan «resaca» de vivencias relacionales anteriores de las que hemos aprendido que debemos cerrarnos emocionalmente para no sufrir, o estamos pasando por un momento personal delicado en alguna otra área de nuestra vida que nos está afectando a nuestro estado general... Las heridas emocionales que podemos cargar son infinitas, y hacernos cargo de ellas y saber cómo gestionarlas en los vínculos, también es una parte esencial de lo que significa ser responsable afectivamente.

¿Cómo identificar cuándo alguien no está siendo responsable afectivamente contigo en la gestión de sus heridas personales? Vamos a dejar descansar un poco a Elena y a Víctor, y vamos a hablar de Rubén y Miguel. Rubén y Miguel son pareja desde hace un año, y es habitual que tengan discusiones que debilitan su vínculo porque, paradójicamente, ambos temen el conflicto y tratan de evitarlo a toda costa. Hace unos días, Miguel se enfadó bastante con Rubén porque este les dijo a sus amigos entre risas que Miguel era una persona extremadamente sensible y que lloraba con facilidad, estando Miguel presente. En esta situación, Miguel tenía varias opciones para gestionar su enfado y la que escogió fue ponerse borde con Rubén, hablándole durante toda esa noche de manera escueta y seca. Rubén lo notó, y le preguntó si le pasaba algo, a lo que Miguel respondió: «No sé, tú sabrás». Aquella respuesta hizo que Rubén también se enfadara porque está cansado de tener que «adivinar» lo que le pasa a Miguel, ya que esta dinámica es habitual en su relación y siempre termina en discusión o en dejarse de hablar varios días, que es lo que sucede también esta vez.

¿Cuáles son los principales problemas del episodio entre Rubén y Miguel? Principalmente que, al enfadarse, en lugar de comunicar este hecho a Rubén para poder buscar soluciones conjuntas o, como mínimo, tener en cuenta este enfado para no repetir una conducta similar, Miguel opta por callarse los motivos reales de su enfado y comienza a establecer una comunicación pasivo-agresiva. La comunicación pasivo-agresiva se basa en no hablar directamente de nuestros sentimientos de frustración o enfado, sino insinuarlos con frases que nos sitúan en el rol de víctima, lo que hace sentir culpa a la otra persona, que no sabe qué ha hecho. Es habitual que quien practica la comunicación pasivo-agresiva también pretenda que la otra persona «adivine su pensamiento», es decir, que sepa exactamente qué le ha molestado, cómo se siente y cómo necesita que actúe. Y la realidad es que nadie tiene la capacidad de leer la mente ni adivinar los pensamientos (las psicólogas tampoco, a pesar de que nos lo dicen mucho), con lo cual, esa expectativa sobre la otra persona es totalmente irreal y siempre conllevará problemas relacionales.

A menudo, la persona que pretende que adivines su pensamiento cree que tú conoces todas sus heridas, su historia y su manera de ser, con lo cual, está convencida de que puedes predecir con bastante precisión cómo se puede estar sintiendo, pero eso no es más que un sesgo, porque por mucho que conozcas a alguien, no puedes saber en qué momento se están activando sus heridas o cómo ha interpretado algún acto que has hecho. Con lo cual, es importante que sepas que no eres responsable de adivinar el pensamiento de nadie aunque así te lo exija.

El otro problema de Rubén y Miguel es el miedo al conflicto. Es habitual que algunas personas teman el conflicto porque lo asocian directamente con peleas o discusiones fuertes, cuando, en realidad, un conflicto solo es un desacuerdo puntual entre las partes de una relación y, aunque puede tener una magnitud muy variable, si se gestiona de manera adecuada no tiene por qué implicar un trago desagradable. Y aunque a veces lo sea, si estamos dispuestos a comunicarnos desde el respeto y con la intención de buscar soluciones y no generar una lucha de egos, vale la pena pasar el «mal trago». En este caso, Miguel quiere evitar el conflicto directo, lo que genera una situación de mucha más tensión que si se sentara con Rubén a hablarlo de manera clara, y se posicionaran ambos como un equipo ante un problema y no como dos personas enfrentadas entre sí.

¿Cómo podrían Miguel y Rubén resolver su conflicto desde la responsabilidad afectiva? En primer lugar, estableciendo una comunicación clara, directa y honesta. A veces, pensamos que hacemos más daño siendo sinceros y que quizás es mejor «tragárnoslo» y ya se nos pasará; el problema de esto es que, al final, si algo nos duele o nos molesta, suele salir tarde o temprano por algún lado, y no desde la tranquilidad precisamente, con lo cual, sin querer, terminamos hiriéndonos e hiriendo más. Partiendo de esta base, debes saber que no están resolviendo un conflicto contigo de manera responsable afectivamente cuando:

- No te explican de forma directa por qué les ha dolido o molestado tu actitud. Por ejemplo, a Miguel le ha molestado especialmente el comentario de Rubén delante de los demás porque siempre se ha sentido avergonzado de su sensibilidad, ya que, cuando era pequeño, lloraba con mucha facilidad delante de sus compañeros de colegio y estos se reían de él. Si Miguel no comparte esta información con Rubén, este difícilmente entenderá las consecuencias de su acto. Y compartir implica ser vulnerable, pero no hay relación profunda, estrecha y sana sin vulnerabilidad.
- Evitan el conflicto directo a toda costa cuando, en realidad, ya estáis en conflicto. Es importante que las personas implicadas en una relación tengan una actitud proactiva a la hora de resolver problemas o desacuerdos. ¿Qué significa tener una actitud proactiva? Tener presente que todos los implicados buscan el mismo objetivo, solucionar el conflicto, y, por lo tanto, actuar para conseguirlo sin distraerse con otras cosas. Para ello es importante intentar hablar solo del conflicto en concreto y redirigir la conversación cada vez que se saque un tema diferente. Muchas veces perdemos de vista este objetivo y nos enzarzamos en cosas como quién tiene razón y quién no, quién tiene más poder en la relación, quién es más víctima... Estas actitudes no son responsables afectivamente y no nos ayudarán a resolver el conflicto, solo a estancarnos en él.
- Se comunican de manera agresiva o pasivo-agresiva en lugar de asertivamente. Comunicarse de manera asertiva significa expresar claramente los deseos, necesidades, emociones, derechos, etcétera, propios para que sean tenidos en cuenta, y hacerlo de manera firme, pero empática, para no pisar los derechos de los

demás. Más adelante profundizaremos en esto, pero aprender asertividad es esencial para no caer en relaciones sin responsabilidad afectiva y saber identificar claramente cuándo no se están comunicando contigo de manera adecuada.

Un ejemplo de cómo podría expresarle Miguel a Rubén su descontento desde la responsabilidad afectiva sería: «Rubén, quiero hablar contigo de algo que me ha molestado. El otro día con tus amigos hiciste referencia, entre risas, al hecho de que yo soy extremadamente sensible. Sé que seguramente tu intención no era molestarme ni hacerme daño, pero creo que es importante que te transmita cómo me sentí yo en ese momento, ya que tú no puedes adivinar el impacto que tiene esto en mí, y me gustaría que fueras consciente de ello en el futuro. Además, no me gustaría encerrarme en el enfado por esto, que es algo perfectamente solucionable hablándolo contigo, con quien tengo confianza de sobra para sentirme seguro haciéndolo».

Hablamos de que nadie nos imponga sus deseos y de que se respeten nuestros límites saludables

Otra faceta esencial de la responsabilidad afectiva implica entender que no podemos obligar a nadie a querernos como necesitamos, ni a valorarnos como queremos ser valorados, ni a que se comporte como nosotros consideramos que debería, etcétera. Nadie puede obligar a nadie a ser de una determinada manera. Y sí, sé que esto parece evidente, pero, a menudo, deja de serlo cuando estamos inmersos en un vínculo sobre el que se han creado determinadas expectativas. Y, por supuesto, en una relación, del tipo que sea, es sano crecer juntos y mejorar determinadas facetas, pero no porque así lo quiera solo uno de los miembros, y sin que esté dispuesto a ceder también sobre otros temas por el bienestar de la relación. Como ya hemos dicho, uno de los elementos más importantes para que una relación sea sana es que esté equilibrada en todos los sentidos.

Y, por otro lado, también es muy interesante que nuestros vínculos de amistad, pareja, familia, o cualquier otra unión relativamente estrecha e importante, tengan unos límites que cada uno de los miembros exponga y consensúe con las otras partes que conforman el vínculo. Los límites son una especie de líneas imaginarias que marcan las actitudes y los comportamientos que son tolerables o no en una relación según el criterio de una persona. Estos límites deben ser realistas y razonables, y es importante que se comuniquen para ver si algunos pueden ser consensuados, si entran en conflicto con los límites de la otra parte o si, en cambio, son innegociables. Por eso es importante ser consciente de que cuando se pone un límite, la otra persona tiene derecho a aceptarlo o no, y a romper la relación si no se respeta un límite innegociable.

No hay un texto universal que recoja cuáles deben ser los límites sanos en las relaciones, ya que eso depende de lo que necesite cada persona. Pero sí es importante que algunos de estos límites sean innegociables, «líneas rojas» de la relación. ¿Por qué? ¿No sería más sano que todo se pueda negociar? En realidad no, porque hay cosas que, para que la relación sea sana, no deben ser cuestionables, como el respeto a nuestra dignidad en todas sus formas o a nuestra integridad física y moral. Esto no siempre es evidente, si no, no existirían las relaciones de maltrato, por eso es tan importante establecer unas líneas rojas desde el principio, y defenderlas y aceptarlas nosotros también, porque eso garantizará en un porcentaje bastante elevado que nuestra relación sea equilibrada.

Para verlo mejor, vamos a utilizar de ejemplo, una vez más, a Rubén y a Miguel. Ya hemos mostrado una posible alternativa de respuesta afectiva responsable al conflicto que habían tenido. En ella, Miguel está poniendo un límite sano: el respeto, materializado en no permitir que Rubén se ría de una característica suya. Por supuesto, Rubén es libre de aceptar o no este límite, pero para Miguel esta es una condición para que la relación se mantenga de manera sana, es decir, que si Rubén quiere seguir con la relación de forma equilibrada, deberá aceptar el límite de Miguel.

Este punto puede dar pie a confusiones porque, como decíamos antes, los límites son algo muy personal que se decide de manera diferente según la persona y el vínculo. Pero sí es muy importante atender a que la práctica de poner límites sanos no se convierta en una forma de manipulación o control, por eso los límites deben ser razonables, realistas, asumibles y no deben coartar tu libertad individual. Es cierto que puede suponer un esfuerzo asumir alguno de los límites de la otra persona por falta de costumbre a la hora de comportarse de una manera determinada, pero nunca deben ir en contra de necesidades básicas y principales, ya que la práctica de poner límites sanos debe ayudar a sumar y a crecer como vínculo, y no todo lo contrario. Profundizaremos más sobre esto.

Hablamos de la importancia de la empatía

Como decía al inicio del libro, si algo es esencial para ser responsables afectivamente, es la empatía. Es decir, pararnos un momento a pensar en cómo se sentirá la otra persona con nuestros actos o no actos es justamente lo que más nos puede ayudar a dirigir nuestros comportamientos a ser lo más justos y cuidadosos posible a la hora de vincularnos y desvincularnos.

Lo que a veces se nos olvida es que es tan importante tener empatía con uno mismo como con los demás. Escucharte, darte espacio, validarte y ser compasiva contigo es esencial para vivir las relaciones de manera honesta. Esto no solo te permite comunicarte de manera responsable afectivamente, sino que también propicia que no aparezcan sentimientos de culpa por tomar una determinada decisión o seguir en un vínculo en el que quizás no te sientes a gusto y la otra persona comienza a percibirlo y a sentirse confusa también.

Lo veremos más claro con el ejemplo de Míriam y Rocío, dos chicas de veintitantos años que son amigas desde la infancia. Últimamente, Míriam no está muy cómoda en el vínculo con Rocío, ya que, en los últimos tiempos, sus caminos individuales han tomado rumbos tan diferentes que, al menos Míriam, siente que ya apenas tienen valores e intereses en común, por lo que el afecto ha disminuido y las ganas de verse también, ya que no acaban de encontrar la conexión de cuando eran niñas. Míriam percibe esto, pero también le da pena tirar por la borda una relación de amistad de tantos años y cree que quizás está exagerando y que sus diferencias no son tan irreconciliables. Sin embargo, cuando está con Rocío se siente incómoda, no sabe de qué hablar, no siente ningún tipo de conexión, etcétera. Por su parte, Rocío percibe a Míriam distante, pero no sabe exactamente por qué. También se da cuenta de que no conectan tanto como antes, pero a ella no le afecta tanto porque no suele relacionarse con la gente de manera muy profunda.

¿Cómo podrían resolver esta situación mediante la empatía? Pues bien, si Míriam se queda anclada en el sentimiento de lástima porque echa de menos el vínculo que tuvo con Rocío, no podrá tomar la decisión que la liberaría: no sentirse obligada a quedar con Rocío o a mantener un contacto tan frecuente con ella. Asimismo, si Míriam no escucha su necesidad y no empatiza consigo misma, no validará las demás emociones que percibe cuando está con Rocío y se obligará a seguir muy implicada en una relación desgastada. Además, lo que le está ocurriendo a Míriam no es ningún crimen, es un proceso natural: no en todas las etapas de nuestra vida estamos cómodas en el mismo tipo de vínculos, porque estamos en permanente evolución. En muchas ocasiones, este tipo de procesos naturales se demonizan, y arrastramos mucha culpabilidad al transitarlos, cuestionándonos incluso si somos malas personas por no querer lo mismo que la otra parte.

Por todo ello, es importante que Míriam se escuche y atienda con empatía a su propia necesidad, como también lo es que empatice con Rocío y con lo que ella pueda sentir. Puede comunicarle a su amiga los cambios que ha percibido en la relación de manera asertiva y cuidadosa, permitiendo a Rocío ser consciente de sus sentimientos hacia ella y, del mismo modo, que ella pueda tomar también sus propias decisiones siendo consciente del estado actual de la situación.

Al final, de lo que se trata es de que si percibimos cambios estables en el tiempo en cuanto a cómo nos sentimos en un vínculo, podamos comunicarlo de manera asertiva para que las dos partes tengamos la misma información y podamos tomar la decisión más adecuada para ambas, si es posible. Por ejemplo, Míriam y Rocío quizás no decidan cortar la relación del todo, pero tras hablar sobre su evolución, podrán decidir mejor en qué ámbitos o momentos verse, qué información compartir, etcétera, de cara a vivir la relación de la manera más natural y satisfactoria posible. Así evitarán forzar algo que no las llevaría a ningún lugar agradable y eliminarán posibles elucubraciones y sentimientos de culpa al percibir los cambios en cómo se sienten ambas en el vínculo.

PARA QUERER DEBES CUIDARTE: TODO LO QUE NO ES RESPONSABILIDAD AFECTIVA

Como te decía al comenzar el libro, es imprescindible distinguir lo que es responsabilidad afectiva y lo que no.

Responsabilidad afectiva no es que te manipulen para cubrir carencias

Esto quizás te suene familiar, porque todos los fenómenos de malvinculación de los que hemos hablado en el Capítulo 1 se basan principalmente en relacionarse desde la necesidad de cubrir carencias o, directamente, desde esas carencias. Y, en ocasiones, podrían confundirse con responsabilidad afectiva cuando, en realidad, son todo lo contrario. Esto es así porque, a veces, se entiende que la responsabilidad afectiva es dar y pedir continuamente explicaciones, endulzar estas explicaciones para que no hagan daño y tratarnos como si todas fuésemos frágiles como el cristal. Así, la responsabilidad afectiva equivaldría a infantilizarnos y tenernos entre algodones, eliminando cualquier posible indicio de naturalidad en los vínculos. Pues bien, todo esto es falso.

La responsabilidad afectiva no es que te exijan ni que te den explicaciones innecesarias continuamente, es simplemente mantener una comunicación fluida y honesta sobre qué quieren todas las partes de la relación o sobre cualquier comportamiento o decisión que alguien tome y que afecte directamente al vínculo, porque todos los implicados merecen ser conscientes del estado actual de la relación. Así, responsabilidad afectiva no es que la otra persona te cuente absolutamente todo lo que se le pasa por la cabeza, solo que te comunique lo que afecta directamente al vínculo o a ti. Por ejemplo: no es necesario que tu amiga te cuente, si no le apetece, la bronca que tuvo ayer con su hermana, pero sí sería responsable afectivamente que te comunique que le ha dolido que no fueras a su graduación cuando te invitó.

La responsabilidad afectiva tampoco es que la otra persona maquille lo que te dice, sino que te hable de manera sincera sobre sus sentimientos. Pero ojo con confundir sinceridad con sincericidio: el tacto y la asertividad son los mejores aliados para una comunicación lo más empática posible que no convierta el mensaje en una excusa falsa o una justificación que esconda la verdad.

¿Cómo puedes saber si alguien se está comunicando contigo desde la sinceridad o desde el sincericidio? Para esto nos pueden ayudar los llamados tres filtros de Sócrates. Así es, el filósofo Sócrates conocía perfectamente la importancia de la empatía y proponía aplicar tres filtros previos a la información que se quiera transmitir, y que se resumen en tres preguntas. ¿Lo que voy a decir es verdad, es bueno y es útil?

En nuestro caso, si nos planteamos estas tres preguntas *a posteriori*, podremos saber si lo que nos han dicho era un acto de sinceridad genuina o un sincericidio. Y es cierto que la verdad es muy relativa, y que no todo lo que es útil decir es necesariamente «bueno», pero, a grandes rasgos, cuando se trata de vínculos, es interesante valorar que aunque algo no sea bueno de primeras (como dejar una relación), lo será a la larga (aunque sea doloroso si la relación no era equilibrada); y que aunque algo no sea verdad para todo el mundo, sí puede serlo para una persona (nadie conoce mejor sus sentimientos que ella misma, por ejemplo). La sinceridad se basa en:

- Elegir el momento adecuado para decir lo que se quiere transmitir. Por ejemplo, que alguien elija el día en que se ha muerto tu gato para decirte todo lo que no le gusta de ti es una falta de responsabilidad afectiva tremenda.

- No utilizar palabras hirientes, ya que ser sincero no tiene por qué ser sinónimo de hacer daño. Por ejemplo: que tu amigo Borja te diga que tu nariz le parece horrible es una información que se puede obviar perfectamente, ya que no aporta nada útil (no vas a poder cambiar tu nariz a no ser que te operes y, si tú estás a gusto, no es necesario) y utilizar el término «horrible» indica que Borja está teniendo exactamente cero unidades de empatía contigo.
- Hablar desde la prudencia, la reflexión y la asertividad. Es decir, si notas que lo que te están diciendo ha sido reflexionado, porque va acompañado de argumentos claros; tiene una utilidad clara, aunque sea desagradable oírlo; y la persona se muestra abierta a escuchar tu parecer acerca de ese tema, estamos ante un acto de sinceridad empática.

Por otro lado, el sincericidio se produce cuando:

- Alguien te dice absolutamente todo lo que piensa sin valorar su utilidad ni la necesidad porque «yo lo digo todo a la cara» y considera que eso es una virtud indispensable como persona.
- La otra persona no tiene en cuenta cómo estás tú en el momento de comunicarte algo desagradable. Lo que decíamos antes de elegir un mal día para hablarte de algo que te va a hundir aún más en la miseria.
- La otra persona no mide el impacto que puedan tener en ti sus palabras. Es decir, que te diga que no quiere volver a verte como te diría que mañana va a llover.
- La otra persona defiende su punto de vista a capa y espada, sin escuchar y desde la impulsividad e, incluso, la agresividad. Que si te dice que el cielo es verde, es verde y punto. Y no rechistes porque te deja de hablar para siempre (y, oye, quizás no sería mala idea).

Responsabilidad afectiva no es escudarse en la famosa frase «es que yo soy así»

¿Cuántas veces has oído a alguien excusarse diciendo que es que es así y ya está? Y he dicho excusarse, porque no es lo mismo excusarse que disculparse o arrepentirse. Y ese es el problema: que quedarse anclado en comportamientos irrespetuosos, egoístas, poco empáticos, etcétera, por «ser así» significa evadir toda responsabilidad asociada, y evadir responsabilidades implica habitualmente cargárselas a otra persona, que casi siempre suele ser la víctima. En otras palabras, si una persona se escuda en que «es así», el mensaje implícito que envía es que no tiene por qué cambiar, y no puede o no quiere, así que la única solución posible recae en que tú seas quien «asumas» esos comportamientos. Básicamente, que te apañes.

Como ves, esa frase tan corta esconde una gran irresponsabilidad afectiva y, sin embargo, muchas veces, el «es que yo soy así» se presenta como responsabilidad afectiva, porque se vende como un límite sano argumentando que cada uno debe hacerse cargo de sus emociones. Ahora bien, recuerda que no es lo mismo no hacerte cargo de las emociones que despiertan tus actos en otra persona, que no hacerte cargo de los actos en sí.

Responsabilidad afectiva no es entender la libertad como algo exclusivamente individual

Este es, quizás, el punto que más confusión y dudas genera. Es habitual que muchas personas conciban la libertad como algo individual: «Si soy libre, puedo decidir lo que me dé la gana». Lo que suelen olvidar estas personas es que, al igual que ellas tienen su libertad, también la tienen el resto de quienes las rodean.

Todos tenemos nuestra libertad y nuestro derecho a vivirla, así que deberíamos grabarnos a fuego la frase: «Mi libertad termina donde empieza la tuya».

¿Significa esto que para ser responsable afectivamente hay que renunciar a la libertad individual? Por supuesto que no, solo debemos ser conscientes de que es importante que esa libertad vaya de la mano de la empatía y del respeto a la libertad de la otra persona.

Un ejemplo de esto es nuevamente el *ghosting*, que muchos practican siguiendo la premisa de que la libertad en los vínculos es individual. Así, la persona que lo aplica puede pensar: «Yo soy libre, puedo hacer lo que quiera, irme y volver cuando me apetezca». Y esto no es una conducta libre, es una conducta egoísta, ya que esa persona solo está valorando sus necesidades y no cómo se queda la otra persona tras su desaparición fulminante e inesperada.

¿Significa esto que nadie puede tomar decisiones que vayan a afectar negativamente a otra persona? De nuevo, por supuesto que no. Pero no cuesta nada comunicarlas o, incluso, consensuarlas.

Vamos a ver distintos ejemplos de cómo funciona la libertad en la responsabilidad afectiva. Imagina que estás en una relación de pareja y la otra persona toma la decisión de cortar contigo porque ya no está enamorada. Esta decisión es perfectamente lícita y, además, también es justa para ti, ya que no mereces vivir en el engaño ni estar en una relación en la que no te aman de la misma manera que lo haces tú. No obstante, la decisión debe ser comunicada desde la responsabilidad afectiva, es decir, de forma honesta y empática, y tanto tú como tu ya expareja debéis ser consecuentes con ella una vez hablada.

Veamos otro ejemplo. Imagina que Aitor decide comprarse un coche con su dinero, y sus padres, de quienes no depende económicamente, le exigen explicaciones. En este caso, Aitor no tiene ningún deber de responsabilidad afectiva, ya que su decisión no implica de ninguna manera a sus padres ni al vínculo que mantiene con ellos. Aquí la libertad sí es exclusivamente individual, ya que Aitor no perjudica ni afecta a nadie con su decisión, y él es el único afectado.

Otro ejemplo. Imagina a dos amigos, Roberto y Diego. Roberto decide que, en adelante, llevará a todas sus quedadas con Diego a dos amigos que conoce porque trabajan en su misma oficina. Esta decisión incomoda a Diego, ya que Roberto no le ha preguntado su opinión en ningún momento y él, que apenas conoce a esos dos amigos, empieza a sentirse cohibido porque ya no tiene un espacio de confianza con Roberto para hablar de sus temas personales. Aquí vemos claramente que la decisión libre de Roberto termina afectando a la libertad de Diego y al vínculo que ambos comparten. Este es un ejemplo perfecto de decisión que hay que consensuar para ser responsables afectivamente.

Responsabilidad afectiva no es entender las relaciones por el nombre que se les da, sino por cómo son en la práctica

Es habitual creer que una relación solo lo es realmente si tiene nombre. ¿Qué significa eso? Pues que todos los integrantes del vínculo le hayan puesto una etiqueta que defina su naturaleza como, por ejemplo, y la más común: ser pareja. Y pongo el ejemplo de pareja porque es el vínculo que despierta más reticencias a la hora de ser nombrado. Y es curioso, porque esto no pasa a la hora de nombrar una relación de amistad, laboral o familiar, pero parece que hoy en día las relaciones amorosas están asociadas a una pérdida de libertad, un excesivo compromiso, una sensación de asfixia, etcétera que no siempre estamos dispuestos a vivir.

Y son precisamente estas reticencias a la hora de nombrar una relación, y que se «haga más real» o suponga más compromiso, lo que lleva a veces a las personas a eludir la importancia de ser responsables afectivamente con relaciones «sin nombre». Sin embargo, que una relación no tenga una etiqueta no significa que sea menos importante, porque la importancia se la da lo que sentimos, lo que pensamos y lo que hacemos. Con esto no quiero decir que sea obligatorio poner nombre a las relaciones, pero sí me parece importante reflexionar sobre por qué nos genera tanto miedo o rechazo nombrarlas, porque un nombre solo es eso, un nombre. Y un nombre no cambia los sentimientos que ya están ahí y que no se pueden decidir ni controlar.

A lo que voy es a que, en ocasiones, puedes acabar en situaciones en las que la otra persona no te aclara qué supone la relación que tenéis entre manos a pesar de que tú lo intentas preguntar a menudo. Seguramente eso no es casual, ya que así obtiene carta blanca para comportarse sin tener en cuenta tus sentimientos: «No somos nada, así que puedo hacer lo que me dé la gana». Te suena, ¿verdad?

Entendamos de una vez que es imposible «no ser nada» con una persona con la que se tiene un vínculo de intimidad y cierta continuidad en el tiempo, y soy consciente de que eso es algo muy difícil de «medir» de manera precisa, y no quiero, para nada, transmitir que cualquier vínculo medio cercano y estable en el tiempo sea de amor, por supuesto que no, pero sí que hay emociones, expectativas, necesidades, etcétera, que fluctúan en el momento en el que tienes un vínculo con alguien.

Por eso, más allá de ponerle nombre, cuando percibas que estás a gusto en un vínculo con alguien, sea el vínculo que sea y sean cuales sean tus sentimientos por la otra persona, lo más importante es hablar claramente de qué quieres, qué esperas, qué necesitas y cuáles son tus límites sanos respecto a la relación. Sí, tienes derecho a hablarlo y a pedir que la otra persona te dé también esa información, aunque se haga la escurridiza porque esa conversación le parece absurda, difícil o le da pereza. En realidad es mucho más fácil hablar sinceramente que entrar en dinámicas de ocultar sentimientos que acaban saliendo por otro lado; o no hablar claramente por vergüenza y después sentirnos insatisfechos. Y, como te decía, no es necesario estar enamorados para hablar las cosas. Tener en cuenta lo que queremos y comunicarlo facilitará nuestra experiencia en las relaciones, aunque no sean muy sólidas o duren poco, ya que fluirán con mucha más naturalidad, menos incertidumbre y más libertad.

¿Por qué es importante que hables en tus vínculos sobre lo que quieres?

Porque es la única manera de que los demás sepan en qué punto de tu vida estás, qué buscas en una relación y si coincide con lo que buscan ellos. Es cierto que a menudo, al inicio, puedes no tener ni idea de lo que quieres, y eso está bien y es normal, pero a medida que pasa el tiempo sí es habitual que empiecen a surgir deseos y expectativas. Estas pueden ser diversas, por ejemplo, limitar la relación a encuentros sexuales, avanzar hacia una conexión más profunda, poder conocer a más personas a nivel afectivo-sexual sin dejar el vínculo, evolucionar hacia una amistad, etcétera. Las posibilidades son infinitas y todo es válido siempre que sea respetuoso con ambas partes, por eso es importante comunicarlo abiertamente.

Hacer esto no mata la espontaneidad ni la naturalidad, todo lo contrario, sino que sirve para poder evaluar libremente si estás donde quieres estar. Entiendo que pueda parecer poco espontáneo porque, en general, estamos acostumbrados a no escucharnos en nuestras relaciones y actuar por inercia, pero no es lo mismo actuar por inercia y libre albedrío que dejarse llevar sabiendo que el lugar en el que estás es donde quieres estar en ese momento, aunque en el futuro pueda evolucionar de manera diferente.

¿Por qué es importante que hables en tus vínculos de lo que esperas?

Porque siempre que estableces un contacto frecuente con alguien, activas unas expectativas sobre el vínculo y, si no eres consciente de ellas y no las ajustas de manera realista y razonable, pueden llevarte a patrones disfuncionales o desagradables en las relaciones.

¿Qué diferencia hay entre «lo que quieres» en un vínculo y tus expectativas?

La principal diferencia es que tus expectativas suelen ser más inconscientes de lo que crees. Por ejemplo, puedes tener claro que te apetece tener una relación de pareja estable, que sería lo que quieres, y también tener la expectativa de que sea una relación supuestamente idílica, donde no habrá discusiones, todos los días serán como un 14 de febrero y habrá una conexión única e indestructible con la otra persona.

Así, lo que quieres suele ser variable y negociable, mientras que las expectativas están muy integradas, sin que a menudo seas consciente de si son realistas o no.

Además, las expectativas suelen estar influidas por los mitos del amor romántico que han sido instaurados en nuestro cerebro por las películas de Disney (entre otras cosas); teñidas por mandatos familiares sobre cómo debe ser una relación para encajar en la familia; por mandatos sociales que definen el amor de una forma única y edulcorada, etcétera. Afortunadamente, esto no siempre es así, pero la mayoría de las personas, en algún momento de sus vidas, han tenido expectativas inconscientes sobre sus relaciones que las han conducido a la frustración y la decepción al ver que no se cumplían, sin entender muy bien qué habían hecho mal o por qué la otra persona había sido tan «desconsiderada».

Por eso es esencial ser consciente de las propias expectativas, cuestionar tus ideas sobre lo que es una relación, comprobar si cuadran con tus valores, deseos y necesidades, y reajustarlas si es necesario. Pero, sobre todo, ser consciente de cuándo estás intentando cambiar a la otra persona para que encaje en ellas y pensar en si eso es justo para ella y si te va a proporcionar satisfacción a largo plazo.

Responsabilidad afectiva no es evitar la vulnerabilidad o la conexión natural que surge con otras personas

La vulnerabilidad se entiende como la susceptibilidad a ser lastimado. Como ya hemos dicho, hoy en día es habitual que la gente evite implicarse demasiado, confiar demasiado o abrirse demasiado en las relaciones amorosas, de amistad o, incluso, en las familiares, para evitar abrir una ventana demasiado grande a su mundo interior que pueda provocar que alguien entre por ella y lo destroce todo. Lo que tiende a obviarse es que, si hay responsabilidad afectiva, esa vulnerabilidad no tiene por qué ser algo negativo, sino más bien necesario para disfrutar al máximo la conexión natural que surge con las demás personas.

Cuando no te expresas abiertamente y no te dejas conocer más allá de la superficie por miedo a conectar con esa vulnerabilidad, la otra persona no acaba de conocer quién eres, qué necesitas, qué heridas arrastras del pasado, etcétera. Así, es frecuente que, o bien la relación termine siendo algo aburrido, monótono y frío, o bien que la otra persona termine decepcionándose. Por supuesto, esto no pasa siempre, pero sí hay muchas más probabilidades de que sea así, porque se genera un mecanismo de profecía autocumplida. La profecía autocumplida aparece cuando alguien intuye que una situación concreta va a tener una causa y un efecto y, precisamente a causa de esta expectativa, dirige sus acciones de manera que acaba sucediendo lo que intuía en un principio (y que probablemente no habría pasado si las expectativas no hubieran determinado su comportamiento).

Por eso, cuando temes sufrir, decepcionarte, que te hagan daño o no encajar en una relación, y evitas implicarte, abrirte o mostrarte vulnerable, esto puede hacer que la otra persona o bien sienta desinterés ante la incapacidad de conocerte como le gustaría o bien se haga una idea equivocada de cómo eres. En cualquiera de los dos casos, esto hará que tus temores se confirmen: sufrirás, te decepcionarás, sentirás que te hacen daño y que nunca encontrarás una relación en la que sentirte a salvo y a gusto. Por no mencionar lo que puede suceder si te relacionas con una persona con los mismos miedos o heridas arrastradas, porque ahí las probabilidades de acabar en esta profecía autocumplida se multiplican.

Está claro que no tienes la misma afinidad con todas las personas que pasan por tu vida, ya sean parejas, rolletes, amigos, compañeros, etcétera, y es totalmente lógico que no te abras emocionalmente con todo el mundo al mismo nivel. Sin embargo, sí debes estar atenta a si te cierras de manera sistemática o si, efectivamente, seleccionas con quién mostrarte más vulnerable o cercana en función del vínculo. Si notas que te cierras de forma casi automática y sistemática, debes sentarte contigo misma y valorar qué puede estar bloqueándote porque, aunque creas que ese bloqueo te está protegiendo, solo te está privando de experiencias relacionales que te pueden aportar aspectos positivos o aprendizaje. No te preocupes si no tienes ni idea de qué es lo que te bloquea, es muy habitual. En estos casos puede ser muy beneficioso pedir ayuda psicológica que te permita indagar en tu historia e identificar lo que no puedes ver a simple vista para poder trabajarlo.

Mi recomendación es que cuando sientas una conexión verdadera e íntima con otra persona, disfrutes de ello, te dejes llevar y no tengas miedo de hablar de tus miedos y heridas al ritmo, medida y tiempo que necesites. Pero no te prives de hacerlo, aunque la relación todavía no tenga nombre. Para avanzar en una relación sólida y cercana, es importante hablar de estos miedos, traumas o heridas pasadas, porque permiten que la otra persona te entienda mucho mejor, lo que suele evitar muchos conflictos. Responsabilidad afectiva es poder hablar de todo esto cuando se percibe que el vínculo merece la pena, y también lo es que se tengan en cuenta los traumas y las heridas de todos los implicados, sin que nadie cargue con ellos ni se conviertan en excusa para hacerse la víctima o cometer irresponsabilidades afectivas. La confianza íntima mutua es algo precioso, y poder disfrutar de la vulnerabilidad y la conexión emocional genuina y profunda es responsabilidad afectiva.

Responsabilidad afectiva no es pensar que la confianza todo lo perdona

Como suele decirse: «la confianza da asco» y, aunque no debería ser así, esto es cierto cuando las personas no muestran un mínimo de empatía.

La irresponsabilidad afectiva que supone pensar que la confianza todo lo perdona es muy habitual en todo tipo de vínculos, pero los que se llevan la palma son los vínculos familiares. Existen muchísimos tipos de dinámicas familiares y, desde luego, no en todas hay confianza, pero es habitual que los límites de la confianza con familiares con los que has tenido o tienes mucha cercanía durante años (tus cuidadores principales, hermanos, hijos) se desvanezcan tanto que exista la creencia de que en ese vínculo se puede exigir y permitir casi cualquier cosa. Y sí, el amor incondicional es muy bonito, pero si va acompañado del respeto por los límites y un poco de responsabilidad afectiva, puede ser mejor todavía.

Por eso, que alguien tenga mucha confianza contigo no significa que pueda aprovecharse de ese vínculo para su beneficio, que debas perdonárselo todo, que te pueda exigir cualquier cosa, etcétera. Es decir, es muy importante no confundir la confianza, algo sano, con actuar de forma irrespetuosa o egoísta. A veces, se olvida que nadie está en la vida de nadie con el único y principal objetivo de cumplir los deseos de la otra persona, ni siquiera quien más te ha cuidado, por ejemplo, tu madre o tu abuelo. Así, si notas que alguien en tu entorno se relaciona contigo de forma utilitaria y egocéntrica, tienes que poner límites, porque tus necesidades, deseos y preferencias son igual de importantes que los suyos.

Responsabilidad afectiva no es tener que salvar a nadie

Muy relacionado con el punto anterior, si hay quien piensa que la confianza disculpa cualquier falta de respeto o de empatía, también hay quien cree que no solo debe aceptar sin filtro todo lo que la otra persona le lance, sino que, además, tiene que «salvarla».

¿A qué me refiero con salvar a otra persona? A una peligrosa dinámica relacional que se da en relaciones amorosas, de amistad o familiares en las que una persona cree que, si asume y se responsabiliza de todos los traumas, problemas y heridas de otra, podrá solucionarlos, y que, al hacerlo, la «salvará».

A menudo, este comportamiento se confunde con responsabilidad afectiva, ¿por qué? Porque la línea que separa la responsabilidad de la hiperresponsabilidad es muy fina. En la responsabilidad afectiva las personas son conscientes de las emociones de las demás, pero ser consciente y actuar con el máximo respeto y cuidado no es sinónimo de cargar con ellas y responsabilizarse de solucionarlas. Las emociones, los miedos, las heridas y los problemas solo son responsabilidad de quien los experimenta, no de las personas que pasan por su vida.

¿Por qué es importante tener clara la diferencia? Porque tratar de salvar a otra persona suele desembocar en dinámicas de codependencia emocional en las que una de las personas quiere salvar y la otra ser salvada, de modo que ninguna de las dos es capaz de avanzar con su vida sin la otra. Esto genera toxicidad, ya que la persona «salvada» no estará en la relación libremente, sino para evitar la soledad y tener que enfrentarse a sus problemas. Por otro lado, el salvador tiende a sentirse superior, ya que no solo es quien marca el curso de la relación y el bienestar de la otra persona, sino que también puede sentirse (de forma inconsciente, claro) quien «sabe cómo hacer las cosas» y tiene los conocimientos y las instrucciones frente a la otra parte, que no es capaz de valerse por sí misma. Esto, como es obvio, genera una gran asimetría.

¿NO TENDRÉ YO UN IMÁN PARA LAS IRRESPONSABILIDADES AFECTIVAS?

Es muy común creer que la responsabilidad afectiva es una decisión, pero esto es solo la punta del iceberg, ya que hay multitud de factores que influyen sobre nuestra forma de relacionarnos con quienes nos rodean.

Los problemas de apego

El psicólogo John Bowlby fue el primero en desarrollar el concepto y teoría del apego que supuso un punto de inflexión enorme en nuestra forma de entender las relaciones y la identidad a través de ellas. Así, el apego se puede definir como los comportamientos y sentimientos asociados a una vinculación emocional única, perdurable en el tiempo y de destacada intensidad; esta unión afectiva tiene el objetivo principal de proporcionar seguridad y protección, sobre todo en momentos de peligro o amenaza, así como promover la exploración y el aprendizaje, contribuyendo a nuestro desarrollo a todos los niveles de manera adecuada, y proporcionándonos bienestar. Los aportes de Bowlby fueron maravillosos porque, por primera vez en la historia, se centró en las relaciones afectivas para entender el bienestar general y los problemas psicológicos.

Simplificando, el apego es el sentimiento y vínculo que surge entre una criatura y sus progenitores o cuidadores principales, que da pie a todo un repertorio de comportamientos que pretenden cumplir funciones relacionadas con la seguridad, y el desarrollo emocional y de la autoestima, la socialización, etcétera. Y aunque el apego surge con todos los vínculos que han sido o son importantes para ti, el que se establece con los progenitores o cuidadores principales suele ser el más importante, ya que son las primeras referencias vitales, y te cuidan y enseñan el mundo. Así, independientemente de cómo sean tratados, las criaturas perciben a estas personas como individuos con una habilidad increíble para arreglárselas en el mundo, y entienden que son su modelo que hay que seguir, por lo que puedes imaginar la gran influencia que tienen en el desarrollo temprano de la personalidad, que no solo depende de la genética, sino que tiene un importante componente ambiental.

Así, ese primer apego da paso a otros, como el que estableces con amigos o profesores importantes y, ya en la etapa adulta, con tu pareja, que, si la tienes, seguramente sea tu figura principal de apego.

¿Y por qué influye tanto el apego en los vínculos? Porque de las relaciones de apego nacen las representaciones mentales sobre cómo somos, cómo debemos comportarnos en una relación personal, qué podemos esperar de los demás y de nuestras relaciones, etcétera. Si tus principales figuras de apego te han proporcionado la protección y la seguridad que necesitabas, amor incondicional, la tranquilidad de poder ser independiente sin que eso implique desvincularte de esa figura o estar en peligro, etcétera, es genial, porque tu representación mental será bastante positiva y ajustada a la realidad, así como la representación de lo que puedes esperar de tus vínculos, de forma que será muy probable que te relaciones de manera sana y satisfactoria.

Sin embargo, si tus principales figuras de apego no siempre te han dado lo que necesitabas, consciente o inconscientemente, es posible que aparezcan los problemas de apego a los que hacía referencia al introducir este punto. Que estas figuras de apego no cumplan contigo las funciones mencionadas anteriormente puede repercutir considerablemente en tu autoestima, lo que te hará construir una representación de ti misma muy deficiente, te generará miedos que te pueden bloquear a la hora de relacionarte y te hará arrastrar heridas y patrones de vinculación disfuncionales que irás repitiendo una y otra vez en tus relaciones sin darte cuenta. Y si esto mismo les ocurre a las personas con las que te relacionas, imagínate el cóctel que se puede crear. Para explicar todo más a fondo, el próximo capítulo está dedicado íntegramente al apego.

Los problemas de autoestima

Como acabamos de ver al hablar del apego, la representación mental que tienes de ti misma es decisiva a la hora de construir vínculos y estar en ellos, lo que está íntimamente ligado con permitirte hacerte cargo de tus emociones, pedir sin culpa que el otro se haga cargo de sus actos y que, cada uno, asuma la parte de responsabilidad que le toca a la hora de relacionarse.

La autoestima es básicamente la evaluación subjetiva que haces y tienes sobre ti automáticamente, y esta evaluación está impregnada de sentimientos y pensamientos sobre ti que, a su vez, influyen en tus comportamientos, los cuales también intervienen de vuelta en esos sentimientos y pensamientos.

Pues bien, como tu autoestima tiene mucho que ver con la valoración que haces de ti, esta también está vinculada con lo que crees merecer, cómo crees que te ven y valoran los demás, sentirte insegura o segura ante determinadas situaciones, etcétera. En general, solemos hablar de autoestima baja o alta. La baja se asocia con una autovaloración deficiente y una tendencia constante a la autocrítica destructiva, la inseguridad, etcétera. Por otro lado, la autoestima alta se relaciona con la seguridad y la autoaceptación realista con autocompasión sana, lo que incluye mimarse y cuidarse cuando es necesario. A mí también me gusta hablar de autoestima frágil, que es una autoestima que fluctúa continuamente: a veces estás satisfecha contigo y, otras, no lo estás nada. La autoestima frágil suele estar relacionada con valorar más lo que uno hace que lo que uno es. Hablaremos de ello en profundidad en otro capítulo, dedicado exclusivamente al gran impacto que tiene la autoestima en las relaciones que estableces.

Cuando tu autoestima no está en su mejor momento, es habitual que te cueste comunicarte, ya que crees que, o bien no tienes derecho a expresar tus deseos y necesidades, o bien que estos no serán aceptados o validados por los demás, así que prefieres no compartir esa información y, como has visto, sin comunicación directa y sincera, no hay relaciones basadas en la responsabilidad afectiva.

Otra forma en que la autoestima afecta a la responsabilidad afectiva son las defensas que generamos los seres humanos para hacer frente o esconder nuestras inseguridades. Estas defensas se manifiestan en forma de gestión inadecuada de emociones, como los celos o la ira, roles muy problemáticos en las relaciones, como el victimismo o el abuso de poder, hermetismo emocional, etcétera. Pensar detenidamente en esto te puede ayudar bastante, no solo a identificar qué defensas no te están permitiendo relacionarte con naturalidad, sino también a entender desde dónde se relacionan los demás contigo según su autoestima y ser consciente de si ese es un lugar sano en el que quedarte o no.

Las habilidades sociales deficientes

Cuando hablamos de habilidades sociales nos referimos a todas las formas de comunicarnos tanto a nivel verbal (hablando o escribiendo) como no verbal (mirada, postura corporal, expresiones faciales, etcétera) que propician que esta sea eficiente tanto para la persona que se expresa como para el contexto social donde se da este intercambio.

Las habilidades sociales deficientes están vinculadas en muchos casos con una autoestima insuficiente, pero también con la escasa educación que recibimos sobre emociones, porque tampoco nos enseñan a comunicarnos y relacionarnos individual y socialmente. No es habitual que nos expliquen desde pequeños que hay maneras de comunicarse adecuadamente y maneras de no hacerlo, y que esto determina cómo te perciben los demás y también tú, si reciben el mensaje que querías transmitir o uno totalmente diferente, si crees tener derecho a expresarte, etcétera. Y tampoco nadie nos explica el impacto que tiene la comunicación en cómo nos valoramos y en nuestro desempeño en las relaciones sociales y en el ámbito académico o laboral, para bien o para mal.

De este modo, si no sabes lo importante que es comunicarte adecuadamente ni cómo es que lo hagan contigo, es muy difícil que identifiques faltas de respeto, de empatía, etcétera, ni que sepas cómo responder ante ellas para huir de relaciones tóxicas. Una comunicación adecuada es esencial para entenderte con los demás en los vínculos, no terminar una y otra vez en los mismos conflictos circulares con esa pareja o amistad que va justa de responsabilidad afectiva y, en definitiva, para protegerte y cuidarte de las malas intenciones.

Los mandatos familiares y sociales

Los mandatos familiares y sociales son todas esas normas implícitas y silenciosas que tienes dentro de ti y dirigen gran parte de tus comportamientos sin que tengas muy claro si estás haciendo lo que realmente quieres o lo que has aprendido que debes hacer para ser exitosa, feliz y toda esa parafernalia que nos cuentan algunos libros de autoayuda (afortunadamente este es un libro de psicología que pretende ayudarte a pensar, no hacerte falsas promesas de felicidad eterna).

Así, algunos mandatos familiares van dirigidos a destacar la importancia del físico, el dinero, los estudios o normas muy rígidas sobre cómo debes comportarte socialmente, por ejemplo, y también de ciertos miedos: a los cambios, a las enfermedades, a la incertidumbre, etcétera. Estos son solo algunos de los ejemplos más habituales en mi consulta, pero hay tantos mandatos familiares como familias.

Así, los mandatos familiares son normas implícitas que interiorizas desde la infancia y que seguramente sigues a rajatabla, aunque en muchas ocasiones esto te genere frustración e impotencia. Sin embargo, hay personas que perciben claramente el peso de estos mandatos sobre sus hombros y tratan de huir de ellos por todos los medios y de forma extrema, lo que les granjea el rechazo de algunos miembros de su familia y los empuja, en ocasiones, a comportamientos tóxicos o disfuncionales para la otra persona, que no sabe muy bien de dónde vienen.

De todas formas, aunque en todas las familias existen mandatos inconscientes, en algunas hay más que en otras, en algunas son más sanos que en otras, en algunas se les da más importancia que en otras, etcétera. Es decir, que la existencia de estos mandatos no es siempre algo negativo de por sí, depende mucho de cada caso.

Y, de igual forma que existen mandatos familiares, también los hay sociales. ¿Te has parado a pensar alguna vez en por qué unos trabajos tienen más prestigio social que otros? ¿Por qué existe un canon de belleza tan marcado? ¿Por qué se considera más exitosas a las personas que tienen pareja? Estos son solo tres de los muchísimos mandatos sociales que existen, que varían de una cultura a otra y también lo han hecho a lo largo de la historia. Al igual que sucede con los mandatos familiares, los mandatos sociales son una especie de preceptos que impregnan todos los estratos de la sociedad y generan creencias de base sobre cómo debes relacionarte, qué objetivos vitales debes conseguir, etcétera. Es importante diferenciarlos de las normas morales o éticas, ya que estos mandatos no tienen como objetivo «hacer el bien», sino que surgen de sistemas socioeconómicos, como el capitalismo, e invaden tus objetivos vitales de forma que ya no sabes si los has creado tú o el mercado. Otro ejemplo de esto sería la desigualdad de género tradicional, que se traduce en ciertos mandatos de lo que significa ser hombre y ser mujer, mediante los estereotipos de género.

Por supuesto, tampoco todos los mandatos sociales son negativos, pero es imposible que todos estos preceptos nos cuadren, por eso es importante, en primer lugar, identificarlos y, después, reflexionar sobre ellos, cuestionarlos y adaptarlos a nuestras circunstancias. Hablaremos de esto más adelante.

La relación entre los mandatos sociales y familiares y la responsabilidad afectiva reside en que, como los mandatos están interiorizados de manera inconsciente, tendrás muy arraigadas formas de comunicación y relación que quizás no son las que quieres o necesitas. Esto hace que no decidas libremente cómo vincularte, ya que los mandatos pueden imponerte ideas como que «lo más importante del mundo es tener una pareja» lo que podría propiciar que estuvieras en relaciones de pareja sin quererlo, solo por el hecho de encajar en la sociedad o la familia, y podría llevarte a normalizar y aguantar muchas faltas de responsabilidad afectiva e, incluso a provocarlas tú.

Las creencias rígidas y limitantes sobre el mundo y las relaciones

Los mandatos sociales y familiares generan creencias sobre el mundo y las relaciones. Por ejemplo, el mandato social de que «los hombres no lloran» puede dar pie a la creencia de que: «si lloro siendo un hombre, no seré aceptado por la sociedad».

No obstante, los aprendizajes que extraes de tus experiencias de vinculación también pueden alimentar este tipo de creencias. Por ejemplo, es habitual que quienes han vivido varias infidelidades proclamen: «No confíes en nadie porque, al final, todo el mundo te falla». Y que esa idea se convierta con el tiempo en una creencia incuestionable y aplicable a cualquier persona que conozcan, en cualquier circunstancia. Así, estas creencias, nacidas de experiencias reales y dolorosas, no te permiten relacionarte con naturalidad y, muchas veces, generan dinámicas tóxicas. Y, en este tipo de escenarios, la responsabilidad afectiva desaparece.

¿QUÉ SE SIENTE CUANDO TE QUIEREN BIEN?

Después de todo lo comentado, vamos a ver cuáles son las consecuencias de tener una relación con una persona que aplica contigo la responsabilidad afectiva. Por supuesto, esta enumeración no es aplicable a todos los casos y todas las circunstancias, sino que más bien es una recopilación de mi experiencia y la de mis pacientes en consulta.

Sentirás una gran conexión con lo que realmente sientes, que no será tan engorroso de identificar como en otras ocasiones. Simplemente fluirá y tú lo dejarás fluir porque no sentirás que estás «cometiendo un crimen» sintiendo lo que sientes.

- Sentirás que la empatía es el elemento central que articula la relación, de modo que no habrá guerras de poder, ni sentirás que si la relación se acaba, tu mundo también se acaba (aunque sientas que lo vas a sufrir, evidentemente) ni que la otra persona está contigo por cualquier otro motivo diferente a que, realmente, se siente muy a gusto contigo.
- Sentirás que eres libre y que no te aterroriza pensar que la otra persona también lo sea. No creerás que esa libertad ponga en riesgo tu autoestima o el vínculo, sino que la entenderás en el marco de unos acuerdos que iréis creando a medida que avance la relación y que se irán modificando en función de vuestra evolución personal y en la relación. Así, sentirás mucho menos miedo y culpa al pronunciar u oír la frase «tenemos que hablar».
- Sentirás un mayor bienestar general ya que, con la sinceridad tan presente no vivirás con la sensación constante de que te pueden estar engañando, tu cerebro relajará su nivel de alerta y la seguridad en ti misma y en la relación será bastante alta.

Ahora voy a escucharme: ¿he sido víctima de comportamientos afectivos irresponsables?

Para tener claro si has vivido alguna vez comportamientos de nula responsabilidad afectiva, te propongo que respondas a las preguntas de este test. No se trata de un test diagnóstico, sino de una herramienta de reflexión y autoconocimiento. Por eso es importante que contestes de manera sincera, total, ¡solo tú vas a conocer el resultado!

Lee la pregunta y elige la opción que más se asemeje a los comportamientos que has vivido por parte de personas que han sido o son importantes para ti. Verás que cada respuesta tiene una puntuación al lado de 1, 2 o 3 puntos. Una vez contestadas todas las preguntas, suma todas las puntuaciones de las respuestas marcadas, lee el análisis que corresponda con tu resultado y estarás un poco más cerca de saber qué grado de irresponsabilidad afectiva has vivido por parte de otros. Y recuerda: no eres más débil por haber vivido este tipo de situaciones ni tienes la culpa de ello. Empezamos:

1. **Llevas dos meses conociendo a una persona con la que has conectado mucho desde el primer momento y estás muy a gusto, tanto a nivel afectivo como sexual. Sin embargo, hace varias semanas que notas que ya no se interesa tanto en saber cómo estás, no propone tantos planes como al principio, habláis mucho menos por WhatsApp, etc. En una situación similar a esta, ¿qué es lo que más veces te ha ocurrido a continuación?**
   a) Que esa persona desapareció sin decir nada, ni una mísera explicación. **(1 punto)**
   b) Que, tras preguntar tú si le pasaba algo, esa persona te soltó un rollo tremendo sobre su situación personal que,

básicamente, te sonó a excusa para no decirte directamente que quería cortar el vínculo y punto y, finalmente, dejasteis de hablar poco a poco hasta que la conversación se extinguió. **(2 puntos)**

c) Esa persona te comentó algo similar a que mereces honestidad, independientemente del tiempo que hacía que os conocíais, y que, como os habíais sentido a gusto juntos, veía importante transmitirte que ya no le apetecía seguir viéndote, pero que se lo había pasado genial contigo. Te dolió oírlo, pero sientes que lo expresó de una forma empática y sincera. **(3 puntos)**

2. **Siguiendo con el caso de la pregunta anterior, después de cesar la relación, pasa un mes y la persona vuelve a contactar contigo. Tú todavía tienes sentimientos amorosos y esa persona probablemente sea consciente de ello por cómo te muestras hacia ella. ¿Qué es lo que más veces te ha pasado en una situación similar?**

a) Acabasteis teniendo sexo y luego esa persona actuó contigo en plan «si te he visto no me acuerdo» de modo que, básicamente, te quedaste bastante jodida y sintiéndote muy estúpida. **(1 punto)**

b) Te mareó unos días preocupándose bastante por ti, tu familia, tu nuevo trabajo... Quedasteis para tomar algo y acabasteis teniendo sexo. Después de esa cita seguisteis hablando, pero todas las quedadas siguientes se desarrollaron principalmente en la cama, por lo que sentías bastantes dudas acerca del vínculo que esa persona pretendía establecer contigo esa vez. **(2 puntos)**

c) La verdad es que rara vez ha vuelto a contactar contigo una expareja o exrollete una vez zanjada la relación y, las veces que lo ha hecho, ha sido en modo amistad cuando ya ambos estabais preparados para ser solo eso. **(3 puntos)**

3. **El otro día estuviste bastante rato hablando con tu amiga sobre lo bien que estás con tu pareja y lo importante que te parece tener una pareja al lado que te apoye. En ese momento, a tu amiga le cambió la cara y comenzó a mostrarse más seca en sus respuestas. ¿Qué es lo más parecido a lo que más veces te ha ocurrido con tus amistades en una situación similar?**
   a) Que tu amiga deja de hablarte después de ese día o se pone superborde y, por más que le preguntes, te dice que deberías saber qué es lo que le pasa, pero tú no lo tienes claro. **(1 punto)**
   b) Que, tras preguntarle, termina contándote que se sintió bastante triste cuando le hablaste de lo contenta que estabas con tu pareja, ya que ella hace mucho tiempo que está soltera y le gustaría conocer a alguien, pero, aunque le pediste disculpas, no volvió a estar igual de bien contigo. **(2 puntos)**
   c) Tu amiga te dice que necesita hablar contigo y te cuenta que últimamente se está sintiendo un poco desplazada porque, desde que tienes pareja, ya no pasas tanto tiempo con ella y que algunos de tus comentarios sobre ese tema le han sentado bastante mal. Tú le expones tu visión, te escucha y ambas tratáis de buscar una solución conjunta a este conflicto. **(3 puntos)**

4. **Casi siempre le cuentas a un familiar cercano tus líos amorosos y rolletes varios, diciéndole que no se lo cuente a tus progenitores, ya que te gusta que tu información privada llegue únicamente a quien tú decides contársela. ¿Qué acostumbra a hacer tu familiar en una situación similar?**
   a) Uf, en tu familia no hay secretos posibles. Todo lo que cuentas siempre acaba llegando a tus progenitores. Esto te da mucha rabia, pero este familiar siempre te dice que lo hace por tu bien. **(1 punto)**

b) Parece que, en general, se respeta tu privacidad. Pero no sería la primera vez que tu familiar empieza a contar delante de tus progenitores algunas cosas que tú le has confiado y le tienes que hacer señas para que se calle. **(2 puntos)**

c) Sientes que en tu familia se respetan bastante tu privacidad y tus decisiones. Aunque cuando creen que te estás equivocando, también te lo suelen comentar para que simplemente lo tengas en cuenta. **(3 puntos)**

5. Desde hace unos meses estás entablando una relación de amistad con una compañera de tu clase de baile. Soléis quedar también fuera de las clases para tomar algo u otros planes. Te sientes tan a gusto que, como ella ya te ha contado alguna cosilla personal de su vida, decides contarle el mal momento que estás pasando actualmente y que no sueles hablar mucho con personas que no son cercanas. ¿Qué es lo que más veces te ha ocurrido en una situación similar en la que abres tu mundo interno más profundo por primera vez a una amistad?

a) Notas que claramente se está sintiendo incómoda, ya que te corta el tema o directamente te dice algo similar a que esos problemas deberías contárselos a tu psicóloga y no a ella, que no tiene por qué escucharte. **(1 punto)**

b) Sientes que te escucha durante un tiempo, pero luego cambia de conversación bruscamente, cuando todavía no habías terminado de contárselo todo. **(2 puntos)**

c) Sientes que te escucha activamente y terminas sintiéndote muy comprendida y arropada. **(3 puntos)**

Resultados del test

Si has obtenido 5 puntos, siento decirte que te has encontrado con bastantes personas que no han sido responsables contigo.

Si esta es tu puntuación en el test, es porque has contestado con la primera alternativa de respuesta en todas las preguntas, así que, para entender mejor el resultado, vamos a analizar brevemente las respuestas que has marcado:

Pregunta 1, respuesta *a*)**:** esto es *ghosting* y, como ya sabrás, el *ghosting* es una falta de responsabilidad afectiva.

Pregunta 2, respuesta *a*)**:** la responsabilidad afectiva no es solo que los demás te comuniquen las decisiones que te implican, sino también que sean coherentes con ellas. Todo el mundo puede cambiar de opinión, y eso es totalmente válido, pero en este caso no ha sido así, ya que los sentimientos y los objetivos respecto al vínculo eran exactamente los mismos que cuando esa persona decidió cesar la relación, por lo que se produce una asimetría de información entre ambas partes, lo que imposibilita que ambas personas podáis tomar vuestras decisiones con conocimiento y libertad respecto a qué esperar del vínculo.

Pregunta 3, respuesta *a*)**:** no puedes leerle el pensamiento a nadie, no tienes poderes. Con lo cual, no es responsabilidad tuya saber con exactitud qué le pasa a tu amiga, pero sí es responsabilidad afectiva suya comunicarte clara y abiertamente cómo se está sintiendo contigo, con más razón si tú se lo has preguntado explícitamente.

Pregunta 4, respuesta *a*)**:** en este caso, se está dando por hecho que en la familia no hay unas «normas» implícitas de respeto con los vínculos, así que cualquier miembro puede decidir libremente sobre la información que le das. Si, además, este familiar es mayor que tú, apaga y vámonos, porque sentirá que tiene más conocimiento sobre la vida y, por lo tanto, que tiene prácticamente la verdad absoluta respecto a cómo actuar en estos casos. Y esto no funciona así, esto es una falta de responsabilidad afectiva. No olvides que la información que transmites sobre ti sigue siendo exclusivamente tuya a pesar de que la compartas y, además, has explicitado que no quieres que nada de eso se cuente a tus progenitores: ese es uno de tus límites sanos en la relación con este familiar. Otro punto importante aquí es que, por el hecho de ser familia, se da por sentado que todos debéis tener los mismos valores como, por ejemplo, que «una familia unida debe saberlo todo de todos». Debemos entender que el hecho de ser familiares no implica ni nos obliga a darle valor e importancia a las mismas ideas. Eso también es responsabilidad afectiva, que se relacionen contigo en lo que es importante para ti entendiendo tus valores, y no exclusivamente desde los suyos.

Pregunta 5, respuesta *a*): las implicaciones de la amistad varían mucho según la persona, pero, por lo general, la escucha activa suele ser algo que todos deseamos en nuestros vínculos personales, ya que, como seres sociales que somos, tenemos la necesidad de compartir y ser «vistos». A veces, te puedes encontrar con personas que dan por hecho que eso no es importante, y que la amistad es solo para divertirse, pero la realidad es que esto no es así. Los vínculos con compañeros y compañeras sí pueden ser solo para momentos de diversión, pero la amistad es algo mucho más profundo que suele implicar una conexión que se sustenta en la empatía. Somos seres humanos, no robots, tenemos necesidades sociales, y una de ellas es poderse comunicar y sentirse escuchada en la medida en que la otra persona sepa hacerlo, pero sin que te corten el discurso.

Si has obtenido entre 6 y 10 puntos, has recibido un poquito de todo, pero la responsabilidad afectiva no es lo que más ha destacado en tus vínculos.

Si tu resultado recae en este apartado es que la mayoría de las veces has elegido la segunda alternativa de respuesta en las preguntas. Vamos a analizarlas:

Pregunta 1, respuesta *b*): esta respuesta se queda a medio camino de la responsabilidad afectiva porque, por un lado, hay empatía, ya que la otra persona se ha esforzado en dar una explicación, pero, en cambio, no ha sido demasiado sincera.

Pregunta 2, respuesta *b*): muy similar al caso anterior, existe cierta conciencia por parte de la otra persona de que no es justo volver a aparecer solo para tener sexo sabiendo que tú tienes sentimientos más profundos, pero, aun así, ha decidido mantener el tipo de vínculo que a ella le interesa sin dejártelo claro, maquillándolo y jugando un poco al despiste. Las conversaciones que mantiene contigo más allá del sexo suelen ser para limpiar su culpa y que interpretes que no ha ido a saco contigo, sino que la cosa «ha surgido», pero la realidad es que sigue siendo una falta de responsabilidad afectiva porque no está siendo sincera en sus intenciones y porque está atendiendo únicamente a sus necesidades, aunque haya mostrado cierta empatía al pensar en las consecuencias de la situación.

Pregunta 3, respuesta ***b*****):** lo que observamos aquí es que tu amiga es consciente de que no puedes adivinar su pensamiento y, por lo tanto, es importante que hable claramente contigo de lo que le está ocurriendo. Sin embargo, lo hace de manera muy superficial y sigue estando rara, por lo que no parece que se haya expresado del todo o se haya quedado muy tranquila con tu respuesta, lo cual no te ha verbalizado. Esto denota falta de habilidades sociales y de autoestima, ya que tal vez considera que no tiene derecho a hablarte de eso porque «no es tan importante». Este es un caso que ilustra muy bien cuando alguien en tu vida no es responsable afectivamente no por mala intención, sino porque está filtrada por factores como el mal estado de su autoestima, que influyen en que no sepa cómo ser responsable afectivamente. Esto no es una justificación de sus actos, pero creo que a veces puede ayudar entender las causas de estos comportamientos, lo que permite decidir si quieres priorizar ese vínculo y ayudarle a comportarse de una manera más sana o si, directamente, lo mejor es zanjar la relación y alejarse de los comportamientos tóxicos de esa persona.

Pregunta 4, respuesta ***b*****):** entendemos que si este familiar solo comparte tu información privada en momentos en los que tú estás delante es, o bien, por despiste, o bien porque está tanteando para ver hasta dónde puede contar, por lo que está, en cierta medida, empatizando contigo. No obstante, esto se queda solo en una buena intención, porque en la práctica este familiar está pasándose por el forro tu deseo, y eso no es ser responsable afectivamente.

Pregunta 5, respuesta ***b*****):** todos tenemos derecho a aburrirnos, no es realista pensar que todo lo que nos cuenten nuestros seres queridos nos va a interesar siempre con la misma intensidad. No obstante, es importante que tus amistades intenten ponerse en tu lugar por un momento y respetar tu espacio cuando estás pasando un mal momento, permitiéndote expresarte y ser escuchada en la medida que necesites, siempre y cuando la relación sea recíproca; ya sabes, para que una relación sea sana, es esencial que esté equilibrada, por lo tanto, es importante recibir, pero también dar, si no, se presentarán conflictos que, inevitablemente, atascarán el vínculo.

Si has obtenido 11 puntos o más, ¡enhorabuena!, porque te has encontrado con personas con muy buena responsabilidad afectiva

Si estás aquí, es porque la mayoría de tus respuestas han coincidido con la tercera opción, que son comportamientos de indudable responsabilidad afectiva. Una vez más, vamos a verlas con un poco de detenimiento:

Pregunta 1, respuesta ***c*****):** sinceridad, empatía y asertividad: la combinación perfecta de la responsabilidad afectiva. Aunque a veces es inevitable que te hagan daño, tu cerebro integra y sana muchísimo mejor el impacto de un daño producido desde la sinceridad y transmitido con las palabras adecuadas para no generar un dolor extra, que el dolor de la incertidumbre cuando alguien desaparece sin más de tu vida («¿habré hecho algo malo?», «¿volverá esta persona?») o de sentir que vives en una mentira, al percibir incongruencias entre lo que te dicen y lo que hacen.

Pregunta 2, respuesta ***c*****):** empatía, coherencia y respeto, otra combinación perfecta. A veces, es necesario que prioricen no hacerte daño sobre un deseo propio que, realmente, se puede cubrir de otras maneras.

Pregunta 3, respuesta *c*): aquí se valora la importancia del vínculo como elemento principal, lo cual no siempre es una prioridad, ya que a veces lo que buscan algunas personas es tener razón, quedar «por encima» en una discusión, etcétera, de forma que la resolución del conflicto queda en un segundo plano. Sin embargo, en este caso encontramos el deseo de abrirse a comunicarse, a escuchar y a buscar una solución como un equipo, no como dos partes enfrentadas.

Pregunta 4, respuesta *c*): una vez más, la empatía y el respeto están muy presentes, que es lo mínimo que debes esperar cuando decides confiar en otra persona.

Pregunta 5, respuesta *c*): aquí se ve la reciprocidad en el vínculo y la prioridad en la escucha activa en un momento en el que tú lo necesitas, así que, genial.

Ahora que ya te has situado en un punto de partida más concreto, te invito a seguir adelante, ya que ahora profundizaremos en todo lo que propicia que te involucres en relaciones tóxicas, que te cueste quererte a ti y a los demás sin miedos e inseguridades y en todo el entramado social de creencias que te limitan para entender y validar todas las maneras de vincularte que existen, en toda su diversidad. Conocer todo esto te ayudará a saber en qué planos puedes trabajarte para elegir mejor tus vínculos, cortarlos mejor y, en definitiva, estar mejor en ellos: queriéndote, queriendo y permitiendo que te quieran como mereces.

CAPÍTULO 3

DE TAL PALO, TAL ASTILLA: EL ORIGEN DE TUS CREENCIAS SOBRE EL AMOR Y LAS RELACIONES

Como ya hemos dicho, todos estamos muy influidos por multitud de factores que participan en la construcción de nuestra autoestima, nuestras expectativas sobre los vínculos, nuestra tendencia a quedarnos en una relación a pesar de no estar bien o a ser la diana de las inseguridades de otros, etcétera. Y todos estos factores empiezan a actuar desde que nacemos, por eso, la idea de este capítulo es que entiendas cómo empezaste a construir desde la infancia todas tus creencias sobre el amor, la amistad, la familia, lo que mereces, lo que debes consentir y lo que no, etcétera.

Además, también pretendo que entiendas por qué a veces te has encontrado con personas que no han sido nada responsables afectivamente contigo y que dejes de lado esa culpa y esa inseguridad horribles que se sienten después de un *ghosting* o de una relación tóxica, porque quienes te hicieron eso también se desarrollaron y socializaron mediante patrones de apego en la infancia y todo tipo de mandatos que fueron integrando. Conocer todo esto no debe servir para que los perdones, si no es lo que sientes, ni para que minimices lo que te hicieron sufrir, ni para que lo justifiques, solo para que entiendas qué estaba pasando, que nada tiene que ver contigo. Eso te ayudará mucho a identificar mejor en el presente y el futuro qué sucede cuando no hay responsabilidad afectiva y, por lo tanto, a poner en marcha las herramientas adecuadas, de las que también hablaremos.

Para empezar a montar el rompecabezas, en este capítulo vamos a hablar de la niña que fuiste y de cómo todo lo que sucedió en tu infancia y adolescencia influyó notablemente en cómo aprendiste a relacionarte con los demás y los demás contigo. Esa niña probablemente se vio marcada por tres fenómenos principales que todos vivimos:

la relación de apego con las personas más importantes para ti en esas etapas, los mandatos familiares invisibles que había en tu casa y los mandatos sociales que imperan en el mundo y momento histórico que te haya tocado vivir. Empezaremos hablando del apego.

DE CÓMO TE QUISIERON A CÓMO TE QUIERES: EL APEGO

Como ya hemos explicado, el apego es el sistema de vinculación que tenemos los seres humanos en las relaciones más estrechas, duraderas e intensas de nuestra vida. Toda relación de apego necesita una figura de apego, es decir, la persona con quien estableces el vínculo y, en función de cómo se relacione, se comporte y se sienta esta persona contigo se establecerá un tipo de apego u otro. En principio, se supone que la relación con una figura de apego debería asegurar el cuidado y el desarrollo psicológico saludable, pero lo que sucede en realidad es que estos vínculos no siempre son así y, a veces, acaban siendo todo lo contrario. Por eso, según John Bowlby, el primer investigador de este campo, existen cuatro tipos de apego: seguro, ansioso o ambivalente, evitativo o evasivo y desorganizado, de los cuales solo uno es completamente saludable: el apego seguro. Sin embargo, la mayoría de nosotros tenemos una mezcla de estilos de apego. Vamos a verlos uno a uno.

El apego seguro

Como acabamos de decir, este es el único apego completamente saludable y el que más propicia tener unas relaciones maduras, una autoestima sana y sólida y una empatía bien desarrollada en la edad adulta.

Las criaturas que establecen este tipo de apego con sus cuidadores principales los perciben como personas disponibles, sensibles a sus necesidades y con capacidad de responder a ellas rápida y eficazmente, se sienten aceptadas por sus cuidadores y perciben que estos promueven y validan su expresión emocional.

Uno de los factores para evaluar el apego es estudiar qué sucede cuando los cuidadores se separan de la criatura. La persona que creó estos estudios fue la psicóloga estadounidense Mary Ainsworth, que diseñó un experimento llamado «la situación extraña», donde se simulaban y evaluaban situaciones de interacción natural entre criatura y cuidador en una sala con juguetes, y los episodios de separación momentánea y reunión con su cuidador principal, intercalándolos con encuentros breves con personas desconocidas para la criatura en los momentos en los que no estaba presente el cuidador.

Cuando el apego es seguro, aunque la criatura sienta molestia o malestar en un primer momento, puede separarse de su cuidador y se calma enseguida explorando el entorno o mediante la presencia de otras personas.

¿Cómo se comportan las figuras de apego en el apego seguro? Pues bien, suelen ser personas que juegan con la criatura, que se comunican con ella adaptando su lenguaje y sus explicaciones a su edad y capacidad de comprensión, le proporcionan autonomía, pero también ayuda y atención cuando la necesita, de manera que le dedican atención y afecto, y le ponen límites claros, realistas y sanos. En definitiva, son personas que proporcionan seguridad y protección a la criatura. Los cuidadores principales suelen ser los padres o las madres, pero a menudo también lo son las abuelas, los abuelos o los tutores legales, resumiendo, las personas que se hacen cargo principalmente del cuidado y la educación de una criatura.

Las criaturas que establecen un apego seguro con sus cuidadores se sienten «vistas» por ellos, es decir, perciben que son importantes, que sus necesidades serán atendidas y que recibirán afecto. Por otro lado, los límites sanos que reciban por su parte les mostrarán qué es «bueno» para ellas y los demás, y qué no. Así es como se empieza a fomentar la empatía y se reduce la agresividad en la infancia.

Ya en la adolescencia, como lo recibido en la infancia ha sido, a grandes rasgos, positivo, los adolescentes con apego seguro suelen sentirse más «fuertes» afectivamente, en el sentido de que comprenden y expresan sus emociones sin miedo, lo que les permite tomar decisiones que sienten que son positivas para ellos. También suelen sentirse valiosos e importantes en su justa medida, lo que les permite establecer relaciones equilibradas, porque escuchan y saben que tienen derecho a ser escuchados y porque se permiten querer sin que eso sea sinónimo de dependencia, saben volar y dejar volar, saben ser autónomos y dejan ser autónomos. Por eso, no suelen tener problemas para relacionarse con otros ya que suelen confiar en los demás, a no ser que les demuestren lo contrario.

Y esto mismo, salvo que la persona viva experiencias muy traumáticas por el camino, se mantendrá de manera prácticamente intacta en la edad adulta. Lo habitual es que se sientan cómodos en la intimidad y la cercanía con sus vínculos, por lo que no suelen tener miedo al compromiso que se establece en una relación de cualquier tipo, especialmente de pareja. Son capaces de disfrutar del tiempo en pareja y del tiempo a solas de manera natural y, por ello, no suelen tener dudas sobre la solidez del vínculo cuando se sienten genuinamente conectados y a gusto con la otra persona. Además, no suelen tener problemas para expresarse emocionalmente, hablar de sus necesidades afectivas o escuchar las de la otra persona, sin grandes dificultades para poner y aceptar límites sanos, ni tampoco suelen sentir miedo ante los cambios, les pueden inquietar ligeramente, pero tienden a confiar en los beneficios de una situación vital nueva, ya que acostumbran a tener más presente el optimismo que el pesimismo.

Así, los adultos que han ido desarrollando y manteniendo un apego seguro predominante a lo largo de su vida, suelen tener más facilidad para comunicarse de manera firme, pero empática, y para relacionarse desde la responsabilidad afectiva. Esto es así, en parte, porque al haberse sentido atendidos y escuchados por sus personas significativas, entienden de manera genuina y natural que es importante atender a las necesidades de los demás sin que eso implique desatender las propias.

Por todo ello, las personas con este tipo de apego son las que suelen tener menos problemas para romper vínculos tóxicos. Veamos un ejemplo. Laura, que tiene apego seguro, percibe que Dani, al que está conociendo, un día le habla por WhatsApp y luego desaparece durante dos semanas, para volver la tercera con un «Ey, niña, no sé nada de ti, ¿cómo estás?», como si no hubiese pasado nada. En ese momento, Laura será consciente de que Dani está intentando darle la vuelta a la tortilla, haciéndole creer que, si no han hablado esas semanas, es porque ella no ha tomado la iniciativa y, con esto, tendrá muchas más probabilidades de expresar claramente cómo le ha hecho sentir esa ausencia y desaparición y, si así lo quiere, tomar la decisión de zanjar el vínculo sin miedo ni culpa.

John Bowlby asociaba tener vínculos seguros y fuertes con una mayor supervivencia, gracias a la mayor calidad de vida que proporciona el tener unos vínculos sanos, sólidos y satisfactorios. Y esa es mi motivación para escribir este libro, porque establecer relaciones sanas nos permite vivir de una manera mucho más plena e incluso se asocia, según algunos estudios, con una mayor longevidad.

El apego ansioso o ambivalente

Este apego se construye cuando la criatura percibe a sus figuras de apego como personas algo inaccesibles. ¿Por qué sucede esto? Porque dichas figuras no se muestran siempre implicadas en la crianza y las necesidades de la criatura, es decir, que a veces muestran atención y resuelven las necesidades de la criatura de manera eficaz, pero otras, o bien tardan mucho, o bien parece que lo van a hacer, pero luego no lo hacen, o bien directamente muestran desinterés desde un principio. ¿Qué genera esto? Muchísima incertidumbre respecto a lo que se puede esperar del vínculo, porque la criatura no es capaz de predecir si el adulto estará disponible o no en cada situación o momento.

En este caso, en el experimento de «la situación extraña», las criaturas con apego ansioso no se separan demasiado de sus figuras de apego cuando están presentes, y muestran «ansiedad ante la separación» cuando desaparecen, un término que describe el miedo extremo que siente la criatura ante la posibilidad de que su cuidador se vaya o se separe. Esta es la característica principal de este modelo de apego: ante la incertidumbre, las criaturas perciben cierta seguridad y control en presencia de su figura de apego, pero no saben cómo comportarse ni protegerse cuando esta desaparece. Así, empiezan a llorar con angustia, dejan de explorar el espacio y no se calman en presencia de desconocidos, ante quienes se muestran suspicaces. Esta situación no cambia al regresar la figura de apego, ya que, para entonces, la criatura está enfadada por haber sido «abandonada» y tardará en calmarse, aunque su comportamiento será ambivalente: buscará cercanía, pero rechazará cualquier contacto físico.

¿Cómo se comportan las figuras de apego en el apego ansioso? Suelen ser cuidadores que se sienten incapaces de cubrir las necesidades de la criatura, bien por no tener herramientas, bien por sentirse incómodos con la cercanía de la criatura cuando esta los demanda. En estos casos, es más común que reaccionen negando las necesidades de la criatura más que atendiéndolas o ignorándolas; por ejemplo, las tildan de caprichos, chantajes, faltas de madurez para su edad, etcétera.

¿Cómo reaccionan las criaturas a esta ambivalencia? Lo habitual es que se muestren muchísimo más demandantes con sus necesidades, haciéndolas todavía más visibles: gritan sin parar, lloran hasta que les prestan atención, se niegan a cumplir las normas que sus cuidadores establecen, muestran agresividad explícita, etcétera. Esta reacción genera un círculo vicioso donde la criatura es cada vez más «molesta» para los cuidadores y estos se muestran cada vez más ausentes, lo que refuerza la dinámica.

Así, al llegar a la adolescencia, una persona con un patrón de apego ansioso tiende a sentirse muy insegura, por lo que sus relaciones con iguales y primeras parejas suelen ser conflictivas, ya que siempre está anticipando un posible abandono, que acaba propiciando con sus problemas para gestionar los celos, su hipervigilancia hacia los comportamientos de la otra persona, su evaluación constante de si le está «queriendo lo suficiente» o no y otros patrones de dependencia emocional.

Así, las personas con estilo de apego ansioso aprenden desde muy pequeñas que cuando no consiguen algo importante deben insistir hasta la extenuación y, aun así, es probable que no obtengan lo que buscan y se sientan rechazadas o abandonadas. Por eso, en la edad adulta buscarán constantemente una cercanía extrema con las personas de sus vínculos principales, sobre todo con su pareja. Y digo constantemente porque suelen tener la sensación de que nunca tienen suficiente proximidad con las personas importantes para ellas y, así, viven con la duda eterna de si su pareja las quiere de verdad o no y de si el vínculo es verdaderamente sólido, y estas dudas son difícilmente neutralizables, no tienen un interruptor que las apague.

Por eso, paradójicamente, estas personas siempre están buscando inconscientemente señales de que su pareja está perdiendo el interés en ellas. Esto puede sonar raro porque precisamente su angustia nace de la posibilidad de que exista ese desinterés, pero es que lo que les genera pánico de verdad es que su pareja las abandone, y por eso, como mecanismo de control inconsciente, buscan todo el tiempo indicios que confirmen sus peores sospechas para poder «reparar» o «revertir» la situación y evitar ser abandonadas. Esto, desgraciadamente, da pie a una profecía autocumplida: su pareja empieza a notar comportamientos extraños o a asfixiarse por sus dudas, y termina alejándose o cortando la relación.

Por otro lado, los adultos con apego ansioso viven las emociones con gran intensidad y se centran en expresar las más agradables, como el cariño o la alegría, de manera muy exacerbada. Sin embargo, no acostumbran a mostrar las más desagradables, como el enfado. ¿Se te ocurre por qué? Efectivamente, por si al hacerlo propician que la otra persona los abandone.

En resumen, son personas que arrastran en su edad adulta la inseguridad generada en la infancia, por lo que son muy autocríticas y solo consiguen construir seguridad mediante el reconocimiento y la aprobación de los demás, que buscan activamente. El problema es que es una seguridad artificial o, al menos, muy frágil, ya que depende totalmente de la validación externa, lo que los «obliga» a ser complacientes. Esto hace que sus relaciones de pareja suelan ser bastante disfuncionales, ya que acostumbran a estar sostenidas en la dependencia emocional.

Además, es frecuente que estas personas no aprendan la importancia del autocuidado ni sepan llevarlo a cabo, ya que terminan dedicándose exclusivamente a cuidar del otro, lo que dificulta cada vez más que presten atención a sus propias emociones y que aprendan a identificarlas y expresarlas. Por eso les cuesta mucho, no solo ser responsables afectivamente con los demás, sino sobre todo consigo mismas, ya que asocian comunicar, establecer acuerdos y límites, y ser sinceras con poner en riesgo el vínculo, así que no lo hacen.

Para entender esto mejor, vamos a seguir con el ejemplo de Laura y Dani. Imagina ahora que Laura tiene un apego ansioso. Cuando Dani le escribe después de dos semanas con el «Ey, niña, no sé nada de ti, ¿cómo estás?», es muy probable que Laura ya le haya escrito varias veces preguntando que qué le pasa, que por qué no da señales, etcétera. Y es muy probable que, en ese tiempo, Laura se haya sentido muy abandonada, se haya culpado y preguntado qué ha hecho mal para que Dani haya desaparecido y haya pensado formas de que Dani vuelva para dejar de sentirse así. Por eso, cuando Dani le escribe, Laura se siente eufórica y contesta también como si no hubiera pasado nada y no le hubiera escrito cinco veces durante todo ese tiempo sin obtener respuesta. Laura reprime todo esto para poder seguir en el vínculo y mantener la seguridad (ficticia) que le da saber que vuelve a tener la atención de Dani. Creo que con este ejemplo es fácil ver por qué un apego ansioso es un buen caldo de cultivo para las relaciones sin responsabilidad afectiva.

El apego evitativo o evasivo

Las criaturas que establecen un apego evitativo con sus cuidadores principales suelen percibirlos como figuras que no satisfacen sus necesidades, que no muestran cercanía ni afecto ni disponibilidad de ningún tipo. Así, la criatura empieza a considerarse una carga y a desatender sus propias necesidades con la máxima de: «si no atienden mis necesidades, será que no son importantes, así que yo también dejaré de escucharlas».

La primera imagen que nos viene a la cabeza para visualizar a los cuidadores de este tipo de apego son personas frías y distantes, que prácticamente no se relacionan con las criaturas, y así es en muchos casos. Sin embargo, también entran en esta categoría los cuidadores que se entrometen excesivamente en la vida de las personas a las que cuidan, y digo personas, porque esta conducta es más habitual a partir de que la criatura está entrando en la adolescencia.

Sobre esto último, podría ser lógico pensar que los cuidadores tienen que entrometerse en la vida de sus criaturas para poder cuidarlas, educarlas, guiarlas, etcétera. El problema aparece cuando esta intromisión no es sana ni en su justa medida, y se convierte en control de lo que hacen, de lo que deben pensar, de las decisiones que deben tomar, etcétera, o de normas muy rígidas. Lo interesante es que, en estos casos, no se escucha lo que la criatura desea o necesita decir, no existe un interés por sus deseos reales, por eso la sensación de la criatura es la misma que si tuviera unos cuidadores fríos y ausentes: sus necesidades no son escuchadas, por lo tanto, no son importantes.

En el experimento de «la situación extraña», las criaturas con apego evitativo ni se inmutan cuando su figura de apego sale de la habitación y tampoco lo hacen cuando vuelve a entrar. Mientras están solos en la sala no la buscan ni les interesa el contacto físico cuando reaparece, les es indiferente. Eso sí, se muestran sociables con los desconocidos, aunque tampoco en exceso, y tratan de distraerse con los juguetes, aunque no parecen estar muy concentrados en el juego. Al medir distintos parámetros de las criaturas durante el experimento, se detectó que, a pesar de mostrarse indiferentes, sus pulsaciones y su nivel de cortisol (una hormona relacionada con el estrés) aumentaban cuando la figura de apego se iba y también cuando volvía. Eso indica que la criatura ha aprendido a reprimir sus emociones para regular el miedo, pero que las reprima no implica que no estén, solo que sabe cómo desconectarse de ellas. Veremos las consecuencias de esto más adelante.

Las figuras de apego de este modelo pueden mostrarse irresponsables y autoritarias al mismo tiempo, o bien ser incapaces de encargarse de sus criaturas. Esta incapacidad puede estar relacionada con el trabajo, si tienen que dedicarle muchas horas para sacar adelante a la familia; con alguna enfermedad o trastorno mental como la depresión, que imposibilita o dificulta en gran medida ocuparse de uno mismo y los demás; con una deficiente educación y gestión emocional, que les impide dar y recibir afecto, etcétera. Esto es importante porque, aunque existen cuidadores con malas intenciones o una irresponsabilidad e indiferencia totales, en la mayoría de los casos no hay mala intención, sino una incapacidad generada por las causas externas. Esto no justifica las consecuencias que provoca este apego, pero sí es importante saberlo para no buscar culpables, sino entender la situación de la manera más justa y precisa posible.

Así, las criaturas con estilo de apego evitativo parecen estáticas, ya que no expresan cariño, se muestran aisladas e incluso hostiles y no se sienten cómodas en la intimidad o la cercanía con otras personas. Pero no olvides que esta independencia es artificial, porque, aunque han aprendido que lo supuestamente útil es cesar en la búsqueda de ayuda y olvidar las necesidades emocionales, esas necesidades no se pueden olvidar, solo se reprimen.

Los adolescentes con un estilo de apego evitativo suelen evitar el compromiso en las relaciones, ya que lo asocian con la afectividad, algo que nunca les ha funcionado porque sus cuidadores la censuraban o ignoraban. Por eso, no se permiten conectar con la vulnerabilidad que conlleva un vínculo profundo y, así, sus relaciones suelen ser superficiales.

Ya en la edad adulta, son personas que se sienten muy incómodas en la intimidad con otras: cuanto más estrecha sea la relación, más incomodidad sienten. Como no han podido aprender a darle sentido a la expresión emocional, solo a reprimirla, no se manejan bien a la hora de identificar qué sienten, y mucho menos de comunicarlo. En consulta, es habitual que estos adultos solo puedan decir que se sienten bien o mal, pero nunca concretar emociones como el miedo, la decepción, la tristeza, el enfado, la frustración, etcétera. Por eso, en lugar de hablar de lo que sienten, describen lo que sucede, se centran en hechos, comportamientos, situaciones concretas, etcétera. Esto hace que les resulte muy difícil identificar sus necesidades reales, que han aprendido a reprimir desde muy pequeños, y, precisamente por eso, los adultos con un apego evitativo marcado tienen más posibilidades de desarrollar problemas psicológicos, como somatizaciones (dolores, picores u otros síntomas físicos derivados de su estado emocional), ansiedad, depresión, etcétera.

Es habitual que construyan una imagen de sí mismos como adultos racionales y autosuficientes, que centran sus conversaciones mucho más en los logros laborales, por ejemplo, que en situaciones personales complicadas. Su intención es evitar cualquier implicación, porque han aprendido a considerar todo lo relativo al mundo emocional como algo negativo o, como mínimo, indiferente. No saben qué hacer con ello.

En este contexto, a este estilo de apego es al que más le cuesta ser responsable afectivamente, porque no sabe cómo y no le ve el sentido. Por un lado, todo lo que implique vulnerabilidad constituye una amenaza, incluida la responsabilidad afectiva. Por otro, al haber aprendido a reprimir, tampoco ha podido desarrollar una empatía suficiente como para entender lo duras que pueden ser para la otra persona sus idas y venidas, su distancia emocional o, incluso, el *ghosting*, método que suelen utilizar por excelencia para abandonar un vínculo cuando empiezan a sentirse incómodos en él por la cercanía que se empieza a construir.

Siguiendo con el ejemplo de Laura y Dani, aunque no tenemos mucha información sobre este último, su comportamiento cuadra a grandes rasgos con el del apego evasivo, ya que desaparece y aparece, siempre como si no pasara nada y sin hablar de sentimientos ni expectativas. ¿Qué pasaría si Laura también tuviese un apego evasivo? Pues que, aunque tuviesen una afinidad y una conexión buenísimas, es muy probable que su relación fuese pasajera y superficial. Por ejemplo, que se escribieran cada dos meses para tener sexo hasta que un día dejaran de hacerlo sin decirse nada. Esto no parece un problema porque, aparentemente, ambos estarían en el mismo punto, sin embargo, el estilo de apego no es una ciencia exacta, por lo que siempre existen distintos grados, distintos niveles de represión de las emociones, distintos rangos de percepción de amenaza ante la vulnerabilidad de estar en una relación, etc. Con lo cual, es muy probable que uno de los dos salga perdiendo en algún momento al sentirse más implicado en el vínculo que el otro, y no dispondrán de herramientas para gestionar esta situación ya que, generalmente, no disponen de una base mínima de consciencia sobre sus vínculos que les permita poner en marcha la responsabilidad afectiva.

El apego desorganizado

Todos los estilos de apego mencionados hasta ahora pueden darse en entornos familiares más o menos sanos, pero el estilo de apego desorganizado siempre se da en un entorno familiar muy conflictivo y negligente. Este es, sin duda, el patrón de apego más disfuncional y el más relacionado con el desarrollo de problemas o trastornos psicológicos en la edad adulta, así como con las relaciones interpersonales muy tóxicas.

¿Cómo se construye este estilo de apego? Todo empieza con figuras de apego muy negligentes y agresivas, que no cubren las necesidades psicológicas ni físicas de las criaturas, e incluso pueden llegar a abusar física y/o sexualmente de ellas. Esto genera miedo en las criaturas y, así, la relación que se establece es amenazante e insegura para ambas partes.

En el experimento de «la situación extraña» se observó que había criaturas que deambulaban erráticamente por la sala sin un objetivo claro. Cuando la figura de apego se iba, la reacción de estas criaturas era imprevisible, tanto podían llorar como mostrarse indiferentes como enfadarse y, cuando regresaba, a veces se agarraban a ella para rechazarla al segundo siguiente, a veces no le hacían ni caso y a veces la agredían. Como ves, el patrón desorganizado de apego no sigue, en realidad, ningún patrón.

¿Cómo se explican estas contradicciones en el comportamiento de las criaturas? En general, se ha observado que lo que sucede es que la criatura sabe que, si se acerca al adulto, puede que este le haga daño, pero también sabe que lo necesita, porque aún no está capacitada para proveerse a sí misma de los cuidados que precisa. Esto hace que la criatura se acerque y se aleje constantemente de su cuidador sin conseguir nunca lo que necesita, y esta situación le provoca una rabia que a veces expresa llorando, otras gritando, otras agrediendo, etcétera. Al mismo tiempo, tras sufrir agresiones por parte de sus figuras de apego, su cerebro se paraliza y puede optar por disociarse.

La disociación es un mecanismo de defensa que todos empleamos en mayor o menor grado, pero que, a veces, puede volverse muy disfuncional, porque nos desconecta totalmente de la realidad. El cerebro activa la disociación cuando detecta niveles de dolor emocional muy altos, por ejemplo, durante eventos traumáticos, como el maltrato o el abuso. La disociación provoca anestesia emocional, es decir, el individuo deja de sentir el dolor y solo recuerda el episodio traumático como recordaría la lista de la compra. Aunque a corto plazo se trata de un mecanismo de defensa natural y eficaz, a largo plazo también impide integrar y sanar los traumas y, en casos extremos, puede hacer que a la persona le cueste distinguir entre lo que es real y lo que no.

Y esto último es lo que sucede muy a menudo con el apego desorganizado al llegar la adolescencia. La disociación continuada causada por la sucesión de situaciones traumáticas puede llevar a la persona a romper con la realidad y desarrollar trastornos mentales graves, como depresiones muy profundas, trastorno de estrés postraumático, trastornos psicóticos, etcétera. Así, los adolescentes con apego desorganizado suelen construir una autoestima muy baja y vivir en hiperalerta, un estado de ansiedad anticipatoria constante, siempre pendientes de las desgracias que puedan suceder. Pero, sin duda, lo que más define su conducta son sus comportamientos contradictorios continuos: intercalar llanto intenso con agresiones, indiferencia, etcétera, sin que existan factores que precipiten esos cambios.

Así, al llegar a la edad adulta, generalmente no tienen ni idea ni de lo que deben esperar de una relación de pareja, ni de lo que su pareja espera de ellos, ya que les cuesta mucho identificar qué es deseable o lo adecuado en una relación. Y soy consciente de que estos son conceptos muy relativos, pero existen unos mínimos que una pareja debe cumplir para ser sana. Uno de ellos es el respeto, y las personas con un apego desorganizado no acostumbran a tenerlo claro, porque nunca han sido respetadas. Por eso es muy habitual que se salten los límites que la otra persona establece, lo que da lugar a relaciones muy tóxicas y, a menudo, de maltrato, que repiten el patrón que esas personas vivieron en su infancia. En general, sus relaciones adultas son siempre disfuncionales, porque no se consideran dignas de ser amadas y esto hace que fluctúen constantemente entre la sumisión, para conseguir aceptación y amor, y la agresividad, para protegerse de las relaciones, que consideran peligrosas, o por la rabia que les genera su sensación de indignidad.

Así, las relaciones de dependencia emocional también son muy habituales entre las personas de este perfil, aunque en ellas la agresividad, la frialdad y la manipulación tienen un papel mucho más destacado que en las relaciones de dependencia con perfiles de apego ansioso. Esto dificulta un poco ver esa dependencia, que solemos asociar a la sumisión.

Es evidente que este patrón de apego también dificulta muchísimo la responsabilidad afectiva. Esto no quiere decir que si alguien te cuenta que tuvo una infancia problemática, tengan que encenderse tus alarmas, porque este estilo de apego existe en grados muy diferentes y se atenúa o se refuerza con los siguientes vínculos que se establecen en la vida. Sin embargo, si percibes comportamientos muy erráticos por parte de la otra persona, es muy probable que no vayas a recibir mucha responsabilidad afectiva.

Si nuestra Laura tuviese un patrón de apego desorganizado, es muy probable que, ante la desaparición de Dani y su falta de responsabilidad afectiva, reaccionase con comportamientos de cierta dependencia emocional, por ejemplo, escribiéndole varias veces con tono triste y haciéndole ver que no se está portando bien con ella, pero también con hostilidad, por ejemplo, enviándole algún insulto o haciéndole creer que es lo peor por tratarla de esta manera. Cuando Dani reapareciera, es probable que Laura, o no contestara, como venganza, o bien que de primeras respondiera con gran alegría y, a continuación, fuera ella quien desapareciera sintiéndose muy confusa, angustiada o enfadada.

El apego desorganizado no siempre es fácil de identificar porque el comportamiento que provoca es muy variable y cambiante. La mejor pista para distinguirlo del apego ansioso o del evitativo consiste en fijarse en los cambios extremos en el trato y los cuidados por su parte, que solo aparecen cuando va a conseguir algo con ellos, ya sea atención, cariño, algo material, etcétera. A las personas con un patrón de apego desorganizado es a las que más les cuesta trabajar su responsabilidad afectiva, porque no confían ni en sí mismos ni en el mundo, pero no es imposible. La terapia psicológica es la mejor opción para trabajar en la integración emocional de su trauma y aprender desde cero a construir relaciones en las que ni se sientan amenazados ni se lo hagan sentir a los demás.

DE CÓMO TE QUIERES A CÓMO APRENDES A QUERER: LAS HERIDAS EMOCIONALES DE LA INFANCIA

Las heridas emocionales son totalmente invisibles, pero impregnan tu manera de percibirte a ti y al mundo que te rodea. Este tipo de heridas son bastante habituales incluso en personas sin problemas graves de salud mental que, en cambio, tienen serios problemas de autoestima, para generar vínculos sanos o afrontar cambios vitales. Es decir que tener heridas emocionales no implica la existencia de un trastorno mental, aunque sí puedan ser objeto de trabajo en terapia psicológica.

Muchas de las heridas emocionales que veo en consulta se han generado en la infancia, y suelen tener mucho que ver con los estilos de apego disfuncionales de los que acabamos de hablar. Como hemos visto, el estilo de apego no solo interviene en cómo aprendes a quererte a ti, sino que también influye en los miedos que acarreas y las creencias que te dirigen a la hora de querer a otras personas. Ahora que conoces las consecuencias del apego infantil en el apego adulto, vamos a ver qué creencias y miedos generan estas consecuencias que, a su vez, refuerzan ese estilo de apego.

Para ello, vamos a utilizar la clasificación de las cinco heridas más habituales de la infancia propuesta por Lise Bourbeau: herida de abandono, herida de traición, herida de humillación, herida de rechazo y herida de injusticia. Esta clasificación me parece interesante como guía, ya que varios estudios científicos avalan que el impacto de algunos de estos fenómenos vividos en la infancia sobre nuestra estructura mental es muy perdurable en el tiempo, como sucede, por ejemplo, con el abandono. Ahora que conoces un poco los tipos de apego y, probablemente, ya habrás identificado cuál es tu predominante o reconocido características de algunas de las personas que te rodean, presta atención a las heridas de la infancia, ya que probablemente despejarán alguna otra incógnita sobre tu manera de relacionarte o la que los demás establecen contigo. Recuerda que todas las heridas pueden darse con prácticamente todos los estilos de apego poco adaptativos (ansioso, evitativo y desorganizado).

Herida de abandono

Esta herida surge cuando una persona se siente abandonada en la infancia, aunque hay que puntualizar que el abandono no se limita a la desaparición física de los cuidadores, sino que implica muchas más cosas.

Una criatura puede sentirse abandonada cuando sus cuidadores no la protegen. Esto es habitual cuando existe una inversión de roles entre cuidador y cuidado, es decir, cuando es el cuidador quien pide protección, de forma directa o indirecta, a la persona a la que cuida. Algunas frases que ejemplifican este comportamiento son: «No llores, ven a darme un beso que estoy muy triste» o «A mamá le duele mucho la cabeza, tienes que cuidarla mucho». Por supuesto, estas frases por sí mismas no constituyen una herida ni mucho menos, pero si se convierten en dinámica, es decir, si se repiten habitualmente, se genera un patrón que invalida las emociones de la criatura para que sean atendidas las del cuidador, y esto sí que es un problema.

Estas dinámicas son también habituales en progenitores separados, cuando uno de ellos o los dos «utilizan» a la criatura para conocer información de la otra parte o cuando uno de ellos intenta convencer a su descendiente de que él necesita más su amor que el otro progenitor, y que también lo quiere más. Esto constituye chantaje emocional y genera en la criatura sensación de desprotección y de que las necesidades realmente importantes no son las suyas, sino las de sus progenitores.

Otra actitud que provoca sensación de abandono en la infancia es la de no escuchar nunca con interés a las criaturas porque lo que dicen no son «cosas serias de personas mayores» o cambiar directamente de tema cuando ellas hablan. Lo mismo sucede con el juego, parte esencial de la infancia, cuando los adultos no dedican tiempo a jugar con las criaturas o incluso verbalizan que «jugar no es importante».

Un tipo de abandono emocional muy común y doloroso es el de retirar el afecto a la criatura como castigo por «portarse mal» o no comportarse como sus cuidadores esperaban. Así, los cuidadores se muestran fríos y distantes cada vez que la criatura no cumple con sus expectativas, lo que genera en ella una profunda sensación de abandono.

Por raro que parezca, el hecho de no poner límites sanos en la infancia también puede generar sensación de abandono, aunque esto se percibe más adelante cuando, al intentar relacionarse con los demás, la persona empieza a ver las consecuencias de no haber recibido límites, algo que le genera conflictos por no saber respetarlos, lo que da pie a mucha intolerancia a la frustración. Esto, desgraciadamente, es bastante común, ya que se tiende a pensar que las criaturas «no se enteran de las cosas» o que «ya aprenderán a ponerse sus propios límites cuando sean mayores» y, en realidad, nada más lejos de la realidad, ya que tener límites en la infancia es esencial para desarrollar una personalidad sana sin que la criatura tenga la sensación de que, haga lo que haga, todo dará igual.

Otra forma de abandono aparece cuando los cuidadores pasan mucho tiempo ausentes físicamente, ya sea por trabajo, por vivir en un lugar distinto al de residencia de la criatura, etcétera.

Y ahora quizás te preguntes: ¿realmente pueden calar tanto estas situaciones en las criaturas? Pues sí, porque en la infancia no se tienen recursos intelectuales suficientes para explicarse racionalmente determinadas situaciones. Por ejemplo, una criatura no es capaz de pensar «mamá no me está abandonando, solo está trabajando fuera durante muchas horas para poder pagar mi comida, mi educación y mi ropa». Las criaturas lo captan todo a nivel emocional, «me siento abandonada y sentirse abandonada duele», y esas sensaciones pueden dejar una huella inconsciente, pero profunda, que perdura hasta la edad adulta, y probablemente hará que te cueste relacionarte desde la responsabilidad afectiva, ya que todo aquello que implique poner sobre la mesa el estado del vínculo para establecer acuerdos, cambiar los preexistentes, poner límites, etcétera, lo vivirás con mucho miedo a que implique un abandono. Por otro lado, a ti también te costará mucho pedir lo que necesitas, más allá de atención y cariño, que te resultarán esenciales para atenuar ese miedo al abandono.

Por supuesto, esto no es una ciencia exacta, ya que el desarrollo emocional de las criaturas depende de muchos factores a la vez y habrá quienes, aun habiendo vivido este tipo de situaciones, no desarrollen una herida de abandono, pero, según mi experiencia, eso último no es lo más habitual. También es importante tener en cuenta que, al igual que sucede en los estilos de apego, en general, los adultos no tienen ninguna intención de infligir heridas emocionales a las criaturas: hacen lo que pueden con los recursos que tienen, y también es importante entender eso.

La herida de abandono suele relacionarse con un estilo de apego ansioso, ya que algunas de sus principales consecuencias son un excesivo miedo a la soledad (recuerda la ansiedad por separación que caracteriza el apego ansioso), inseguridad y recelo con personas desconocidas.

Herida de traición

Esta herida suele aparecer cuando los cuidadores se comportan con la criatura de forma inconsistente e incoherente, es decir, que no cumplen sus promesas o le dicen que van a hacer una cosa y luego hacen otra totalmente diferente.

Así, la criatura va gestando la idea de que no puede confiar en sus cuidadores y que estos no van a cubrir sus necesidades, lo que provoca inseguridad y, sobre todo, un estado de hiperalerta alimentado por la sensación de no poder ser vulnerable. Así, basándose en el comportamiento incoherente de sus cuidadores, la criatura aprende que nunca puede estar tranquila porque algo malo puede ocurrir, o tal vez le están ocultando alguna información importante, o a lo mejor sus necesidades no serán atendidas y tenga que apañárselas.

Estas criaturas desarrollan sentimientos excesivos de rabia y envidia hacia otras personas, pero, sobre todo, una marcada desconfianza. Esta herida suele ir de la mano de un patrón de apego desorganizado y, como todas las demás, da pie a grandes problemas de responsabilidad afectiva que, en este caso, están relacionados principalmente con la gestión de la ira, que suele ser muy poco saludable; con la suspicacia y, por lo tanto, con la falta de confianza en las buenas intenciones de los demás. Esto los lleva a cortar los vínculos a la mínima, muy a menudo mediante *ghosting*, y a estancarse en el resentimiento.

Herida de humillación

En este caso, los cuidadores bromean habitualmente sobre aspectos de la criatura y hacen que se sienta torpe, inmadura, mala, inferior, etcétera. No se trata de bromas aisladas, sino de un comportamiento habitual, que suele incluir la costumbre de contar entre risas anécdotas sobre torpezas de la criatura a familiares o personas cercanas.

El humor es un elemento importante en la formación de esta herida, ya que las críticas de los cuidadores calan en la criatura, pero, al mismo tiempo, como la risa y el humor se asocian a algo «positivo» y «sin importancia», es muy complicado que la criatura entienda que son críticas, por lo que acaba riéndose también. Sin embargo, inconscientemente, está construyendo una imagen de sí misma como alguien inadecuado o defectuoso. Además, puede que empiece a establecer una relación directa entre «que se rían de mí» y «que me quieran», porque estas críticas suelen ir acompañadas de la coletilla «pero si solo es una broma desde el cariño», «va, ríete tú también, que va con amor», lo cual hace aún más difícil reconocer esas situaciones como humillaciones que están dejando una huella emocional y empezando a construir una idea del amor o del cariño poco sana y realista.

Es muy común también bromear sobre el físico: mofarse de un exceso o déficit de peso o de alguna característica, ya sea señalándola directamente o poniendo motes del estilo narizón, orejón, etcétera. Todo esto genera un conflicto en la criatura, porque, por un lado, no puede darle la dimensión que tiene porque «es broma», pero, por otro, empieza a tener sentimiento de culpa y vergüenza por «no ser como debería ser» o como sus padres esperan que sea.

Una de las heridas de humillación más duras surge del abuso sexual por parte de un cuidador o familiar cercano; ahí la culpa se incrementa por mil con pensamientos como «quizás le provoqué», «quizás esto no es tan malo como parece y estoy exagerando», «quizás es solo su manera de quererme», etcétera. Debemos recordar que durante la infancia no tenemos ni idea de lo que es un acto sexual, por lo que la confusión de las criaturas en estos casos es muy grande.

La herida de humillación es muy común en el estilo de apego desorganizado, aunque es importante recordar que también puede darse en ambientes mucho menos negligentes a primera vista, con un impacto igual de destacado. En términos de responsabilidad afectiva, cuando estas personas necesitan poner un límite sano en los vínculos, creen que están exagerando y que provocarán que la otra persona las considere ridículas y demasiado intensas. A grandes rasgos, les cuesta ser responsables afectivamente porque les cuesta ser naturales y, por lo tanto, sinceras, ya que viven su propia existencia como algo que deben esconder porque es vergonzante.

Herida de rechazo

Esta herida surge cuando las figuras de apego se enfadan si la criatura expresa sus emociones o necesidades; cuando la silencian, la avergüenzan por comportarse de una manera que para ellos no es válida, la comparan con sus hermanos y siempre sale perdiendo en la comparación, etcétera. Así, la criatura aprende que sus cuidadores la rechazan, que ni aceptan ni les gusta cómo es ni cómo se comporta. Como consecuencia de esto, es habitual que la criatura se defina según esta visión de sus padres y empiece a percibir que todo el mundo la rechaza, aunque esto no sea así. Por eso, es habitual que las criaturas con una herida de rechazo necesiten recibir mucha aprobación o mucho reconocimiento, y lo busquen activamente, aunque nunca parece ser suficiente.

Esta herida es habitual en el caso de hijos no buscados ni deseados por sus progenitores, cuando el sexo de la criatura no coincide con las expectativas o cuando el nacimiento tiene lugar poco después del fallecimiento de un familiar importante para alguno de los progenitores, y estos tienen la esperanza de que el bebé lo sustituya.

Así, la criatura termina desarrollando un mecanismo de protección basado en intentar hacer siempre lo que sus progenitores esperan, porque solo así consigue que se muestren orgullosos (y no siempre) mientras se convence de que si se muestra tal y como es, nunca será querida. Todo esto le causa mucha vergüenza y la sensación de ser insuficiente o defectuosa. Es una herida muy común en personas con apego evitativo.

La responsabilidad afectiva también se convierte en un camino tortuoso para las personas con una herida de rechazo, ya que tienden a ignorar sus necesidades y atender las ajenas para complacer, es decir, su forma de vincularse se basa en buscar la validación y la aprobación de la otra persona, por lo que evitan los conflictos, aunque eso implique finalizar la relación y sentirse aún más rechazadas.

Herida de injusticia

Las criaturas que desarrollan una herida de injusticia se han criado con figuras de apego autoritarias y rígidas. Un ejemplo de esto sería el típico padre que solo valora las calificaciones académicas, y no el tiempo de calidad en familia, y siempre las considera insuficientes. Si su hijo saca un 9, mal, porque debería ser un 10. Y si saca un 10, mal también, porque debería sacarlo en todas las asignaturas.

No es difícil imaginar que estos cuidadores exigen muchísimo a las criaturas desde el inicio de su vida, y no muestran ningún tipo de flexibilidad en cuanto a opiniones, comportamientos o decisiones. Los mandatos familiares son muy claros y deben seguirse al pie de la letra. Para garantizarlo, estos cuidadores suelen controlar mucho a la criatura que, en ocasiones confunde ese control con cariño («si está tan pendiente de mí, es porque se preocupa y, por lo tanto, me quiere»). Sin embargo, eso no es más que un espejismo, y la criatura acaba sintiendo rabia hacia sus cuidadores por no poder alcanzar nunca los estándares impuestos.

En última instancia estas criaturas nunca pueden «ser niños», porque se les exige tal nivel de «perfección» que aprenden a asumir responsabilidades prácticamente adultas y que no tienen derecho a equivocarse. Esta herida se da también muy a menudo en el estilo de apego evitativo.

La principal consecuencia de esta herida en la responsabilidad afectiva es que estas personas suelen tener normas y mandatos muy rígidos sobre las relaciones. Es decir, perciben que estas solo pueden ser de una manera muy concreta que han ido construyendo en su cabeza, y no aceptan nada que se salga de ahí. Y no lo hacen por rigidez, sino porque, inconscientemente, no quieren volver a enfrentarse a la ambigüedad y a la incertidumbre que supone confiar en alguien y que luego ese alguien actúe de manera injusta. Así, es bastante complicado que estas personas acepten los límites sanos de la otra parte o llegar a un consenso cuando se habla de los acuerdos de la relación.

Ahora voy a escucharme: ¿cómo aprendí a quererme y a querer?

Si aún no te has animado a iniciar una terapia o si quieres sentarte un rato contigo a pensar sobre tu apego para poder identificar cuál es tu caso particular, voy a plantearte unas preguntas que te permitirán parar, escucharte, reflexionar y conocerte mejor a ti y a tu relato interno.

Te recomiendo hacer esta actividad en un momento en el que estés sola, no tengas prisa ni ningún otro compromiso y estés cómoda. Te puede ayudar poner una música tranquila de fondo con la que disfrutes o que te suela conectar con tus emociones, ya que la música es un estimulador muy potente y, para esta actividad, puede ser muy interesante ayudar a que surjan.

Coge papel y boli y escribe respuestas para cada una de las preguntas que te voy a plantear a continuación. Puedes extenderte todo lo que necesites, de hecho, cuanto más, mejor, porque te permitirá incluir más elementos de reflexión y una mayor liberación emocional. Todo lo que escribas es válido, no hay respuestas correctas o incorrectas, es tu historia, y es para ti, para tu autoconocimiento y reflexión.

¿Por qué me parece interesante que lo escribas y no que te limites a pensarlo? Porque escribir permite poner en palabras sentimientos y sensaciones que, a veces, no somos capaces de identificar o exteriorizar de otro modo. Así, podrás identificar y reordenar parte de tu caos interno, lo que te puede dar pistas de por dónde puede ser buena idea empezar a trabajar para convertir alguna de tus heridas en cicatriz, si así lo deseas. Además, escribir es una manera estupenda de desahogarte y lo que surja podrás releerlo las veces que quieras para que no vuelva a encerrarse en tu subconsciente.

¡Vamos allá!

1. ¿Hay algo que te preocupe respecto a cómo se relacionan los demás contigo?
2. ¿Hay alguna sensación o comportamiento que siempre se repita en ti cuando te relacionas con alguien de manera estrecha?
3. ¿Cómo recuerdas la relación con tus figuras de apego (padres, madres, abuelos, abuelas, tutores...) de la infancia?
4. ¿Qué esperaban de ti estas figuras? ¿Te lo transmitían de algún modo? ¿Te ha podido influir en algo en el presente?

5. En la infancia, ¿a quién pedías ayuda cuando tenías miedo? ¿A qué solías tener miedo? ¿Sigues teniendo alguno de esos miedos hoy en día?
6. ¿Tu manera de ser siempre ha sido la misma en todas las etapas de tu vida? ¿Ha habido algún hecho que te haya precipitado a que cambies una parte importante de tu personalidad?

LO QUE NUNCA SE DIJO, PERO SIEMPRE SE HIZO: LOS MANDATOS FAMILIARES

En consulta, para abrir el melón de los mandatos familiares, suelo poner como ejemplo a esas familias que repiten el mismo nombre generación tras generación. La abuela se llama Teresa, la madre se llama Teresa y la hija, sorpresa, se llama Teresa. Y si pudiéramos indagar más quizá encontraríamos más Teresas. ¿Por qué pasa esto? ¿Se transmiten genéticamente los gustos en cuanto a nombres? «Bueno, Marta, es un nombre, ¡qué más da!» Y es cierto que puede ser que tres generaciones compartan el gusto por el nombre de Teresa. Vale. Pero ¿qué pasa con esas familias en las que el abuelo es abogado, el padre es abogado y el hijo también? ¿La pasión intergeneracional por la abogacía, la medicina, la peluquería o cualquier otra profesión es otra casualidad? Podría ser, pero parece difícil que algo tan personal y que influye tanto en la trayectoria vital de alguien como su profesión coincida tan a menudo en varios miembros de una misma familia.

A estos ejemplos suelo contraponer los de las familias que comen juntas todos los domingos, o que hacen una escapada juntas todos los agostos o que hacen cenas de primos en Navidad. A diferencia de las anteriores, estas tradiciones familiares suelen tener algún propósito, por ejemplo, verse con frecuencia, mantener el contacto o disfrutar de la presencia de unos y otros. Pero ¿qué propósito tiene que varias generaciones se llamen igual o tengan la misma profesión? Puede ser cuestión de gustos, o puede que no, porque seguramente conoces a alguien que estudió determinada carrera por «seguir la tradición familiar», aunque no le gustara.

¿Y qué pasa con estas «tradiciones» que se siguen, pero no se disfrutan o no tienen ningún propósito aparente? Ha llegado el momento de hablar a fondo sobre los mandatos familiares.

Como ya hemos apuntado anteriormente, los mandatos familiares son normas o guías implícitas, y relativamente inconscientes, que no son una simple tradición, sino que suponen una estructura familiar. ¿Y qué es la estructura familiar? El conglomerado de normas que influyen y dirigen inconscientemente el funcionamiento individual y grupal de los miembros de una familia. Así, los mandatos familiares no suelen verbalizarse de forma directa, sino mediante insinuaciones, actitudes o indicaciones que generan un esquema de pensamiento que influye notablemente en la personalidad de quienes los recibe, así como en su forma de relacionarse y enfocar su vida. Todas las familias tienen mandatos familiares estructurales y es importante dejar claro que no constituyen nada negativo *per se*, pueden ser totalmente neutros.

No obstante, aunque llamarte igual que tu madre puede ser un hecho sin importancia, también puede conllevar una gran carga implícita de expectativas, que suelen ir dirigidas a que te conviertas en una especie de «continuación» de la persona que te «transfirió» su nombre, lo que te obligará a vivir en una eterna reivindicación de un lugar en la familia que te permita ser quien eres, con una identidad separada a la de tu madre, en este caso. No es el nombre el que construye las expectativas, sino que este es la materialización de esta necesidad inconsciente de tener una «continuación», de que alguien siga «el mismo camino». Lo más conflictivo de esto es que, por lo general, ser la «continuación» de algo implica «quedar siempre un peldaño por debajo», es decir, que las propias expectativas te abocan a no estar nunca «a la altura».

Un ejemplo claro de esto es que si el padre se llama Manolo, el hijo sea Manolito, así, en diminutivo. Un apelativo que conservará toda su vida, con la «infantilización» que esto supone, y la sensación que lo acompaña de no ser una persona tan seria ni tan madura como Manolo y los demás miembros de la familia, como si sus decisiones u opiniones no tuvieran el mismo peso.

Este «traspaso de expectativas» también es habitual cuando fallece un miembro de la familia y, al poco tiempo, nace otro, a quien se le pone el nombre del fallecido. Esto, a menudo, no es más que un intento desesperado de «recuperar» a la persona perdida y, así, se acaba exigiendo de manera más o menos directa a la persona que hereda el nombre que cumpla las metas que el fallecido no pudo cumplir o que establezca el mismo vínculo o rol que tenía este con los demás miembros de la familia, entre otras cosas.

Este tema es tan complejo como las mismas familias, pero lo importante es recordar que las expectativas familiares acostumbran a colarse de manera invisible hasta en los actos más cotidianos o aparentemente intrascendentes, y que llevar el mismo nombre que otro familiar puede ser una forma de admiración, pero también una fuente de conflicto si se pretende inconscientemente reordenar o sanar alguna cosa con este traspaso de expectativas.

El problema es que para poder detectar y cuestionar lo inconsciente hay que poder hablar de ello y por eso son tan insidiosos los mandatos familiares, porque a menudo resultan invisibles y están perfectamente integrados en la persona.

A continuación vamos a describir a fondo algunos de los mandatos familiares más habituales. El objetivo es ayudarte a entender, y sacar a la luz, cómo te afecta inconscientemente lo que has aprendido en tu casa a la hora de buscar una pareja o cuando te relacionas con tu grupo de amigos; qué faltas de responsabilidad afectiva toleras confundiéndolas con protección o amor sano, tanto dentro de tu familia como con otros vínculos; o incluso qué derecho crees tener para expresar tus necesidades y deseos a los demás según lo que se permitía en tu casa, algo esencial para construir relaciones con responsabilidad afectiva:

La familia es lo primero

Estoy segura de que has oído alguna vez esta frase, si no en tu propia familia, en cualquier otra, o en una serie, película, libro, etcétera. Este es un mandato familiar, pero parece incluso social porque, en general, se considera un dogma que hay que cumplir sí o sí: debes priorizar a tu familia sobre todas las cosas.

Y si en tu familia predomina el apego seguro y los miembros más cercanos os relacionáis desde el respeto, el cariño, la aceptación y el apoyo, puede ser estupendo priorizar la familia, porque constituye un espacio seguro e incondicional que sirve de sostén y refugio.

El problema es que existen muchísimas realidades familiares diferentes, a pesar de que la ficción más edulcorada, la publicidad y las redes sociales tiendan a destacar siempre a la clásica familia feliz en la que todos se quieren y apoyan, insinuando que ese es el único modelo posible y que si la tuya no encaja ahí, ni es familia ni es nada.

Es importante explicar que, cuando hablamos de familia, aquí nos referimos a la definición clásica, que designa principalmente a aquellas personas con quienes tenemos vínculos genéticos o «de sangre» (de otras definiciones del término hablaremos más adelante) y, como ya hemos visto al hablar del apego, las personas con quienes compartimos este tipo de vínculos no siempre nos aceptan, nos apoyan y nos respetan.

De hecho, a menudo, son precisamente nuestros familiares quienes nos cortan las alas, nos excluyen o, incluso nos maltratan. ¿Es sano en estos casos priorizar a la familia? Pues seguramente no mucho, porque la idea implícita en ello es que «si alguien te quiere, hay que aguantárselo todo» y, por lo tanto, la responsabilidad afectiva se hace imposible, porque la persona sentirá que sus vínculos cercanos no deben responsabilizarse de sus actos. Así, este mandato se convierte en la primera semilla para cronificar dinámicas tóxicas tanto dentro como fuera del núcleo familiar.

En la familia todo se perdona

Este mandato es primo hermano del anterior y pretende que, dado que las relaciones familiares son de toda la vida, todo vale y todo se perdona siempre.

Sin embargo, uno de los principales factores que hay que tener en cuenta en el contexto de la responsabilidad afectiva, es que por muy cercano que sea tu vínculo con una persona, no tienes por qué perdonar sus «cagadas» si no lo sientes así o si se repiten una y otra vez, a pesar de haber hablado del tema.

Los límites sanos son esenciales siempre, por amargo que pueda resultar fijarlos, y es importante que estén enfocados, en primer lugar, a preservar tu integridad física y mental. Por eso, si estás viviendo una situación de maltrato en el seno familiar, es importante que sepas que tienes todo el derecho a irte de ahí, sin culpa y en cuanto puedas. No es justo que un lugar que debería ser de protección y seguridad lo sea de miedo y violencia.

La consecuencia de este mandato es la normalización de comportamientos tóxicos primero en la familia y, más tarde, también fuera de ella. La buena noticia es que si normalizas la responsabilidad afectiva dentro de tu familia, te será mucho más sencillo no conformarte con menos fuera de ella.

Tienes que quererlo, es de tu sangre

Aunque amor y familia se asocian a menudo porque solemos pasar mucho tiempo con las personas con quienes compartimos lazos, vale la pena preguntarse: ¿se tiene que «forzar» el amor por alguien solo por compartir genética?

Evidentemente, esto no es tan sencillo como decidir querer o decidir no hacerlo, porque los sentimientos no tienen un interruptor y, además, en las familias donde la toxicidad es notable, suele pasar que una misma persona tenga sentimientos muy dispares y ambivalentes. Porque sí, el odio y el amor hacia una misma persona pueden convivir, y esta convivencia se hace infinitamente más dura si no se validan ambos sentimientos como algo posible y natural. Y esa es justo la arista más complicada de este mandato, que tiene como objetivo validar el amor como único sentimiento posible y, además, convertirlo prácticamente en obligatorio, porque «es lo normal en familia».

Esto nos empuja a reflexionar porque, si le enseñamos a una criatura pequeña que tiene que querer a sus padres porque son sus padres, sangre de su sangre, y, a su vez, ellos la maltratan, ¿cómo podrá llegar a entender esa criatura que el maltrato no es amor y el amor no es maltrato?

Quizás este mandato tan arraigado y tan aparentemente inocente está más relacionado de lo que creemos con la legitimación de la violencia y, en consecuencia, con no saber reconocer cuándo nos están queriendo de forma sana y cuándo no, tanto dentro como fuera del entorno familiar. En este contexto, no solo es difícil identificar si hay responsabilidad afectiva, sino también llegar a la conclusión de que tienes derecho a marcharte de los vínculos que te hacen daño.

Solo hay un modelo válido de familia

En nuestra sociedad heteronormativa, la realidad gira en torno a las parejas heterosexuales que traen hijos al mundo, pero este modelo solo representa a un porcentaje de la población. El mundo es mucho más diverso y complejo, y, sin embargo, al permitir que la norma la marque solo una parte de la población, el resto queda invalidado automáticamente.

Si te paras un momento a deconstruir los tres mandatos anteriores, queda claro que la familia no debería ser únicamente quien lleva tu sangre, sino un lugar donde sentirse a salvo, nos quieran, nos respeten, nos acepten, nos escuchen, etcétera. Y hay veces que esto, afortunadamente, cuadra con la familia en la que naces, pero otras muchas, no. Con lo cual hay familias monoparentales de madre o de padre, hay familias con dos padres o dos madres, familias formadas por una pareja sin hijos, por dos hermanas, por una madre, un hijo y la pareja de la madre, por una persona y una mascota, y un largo etcétera.

Así, la responsabilidad afectiva parte, en muchas ocasiones, de resignificar conceptos, ya que eso es lo que nos permite entender la intensidad y la relevancia de algunos vínculos en todo su esplendor, para, entre otras cosas, poder pedir y proporcionar los cuidados. Por ello, hay que resignificar el concepto tradicional de familia para que sea más inclusivo y, así, aplicar más fácilmente la responsabilidad afectiva: por ejemplo, si tú sientes que tu hermana es realmente tu única familia (aunque tengas más familiares), los cuidados que ella te proporciona probablemente serán más importantes para ti que los de cualquier otra persona y tienes derecho a vivirlo sin culpa, ya que será la única forma en la que puedas expresarle tus necesidades emocionales de forma sincera. Es decir, si tú validas que tu hermana sea la única persona que realmente sientes como familia, te sentirás mucho más segura, por ejemplo, de poderle pedir más atención cuando le hablas de un tema importante para ti, lo cual constituye una necesidad emocional.

La familia debe estar unida

Este es otro de los mandatos que, en cierto modo, hace que algunas personas se eximan de ejercer responsabilidad afectiva, ya que, si la unión familiar se entiende como un hecho, las personas con patrones de conducta tóxicos no asumirán su responsabilidad, porque sus actos no tendrán consecuencias negativas.

Además, forzar la unión familiar cuando esta no se construye de manera natural, acaba generando una hostilidad implícita que suele manifestarse en forma de comentarios pasivo-agresivos, por ejemplo, que una hermana le diga otra: «Vaya, nunca me hubiese imaginado que tu hijo fuese tan inteligente como para entrar en medicina, ¡enhorabuena!». Este tipo de frases, aparentemente inofensivas, son agresiones encubiertas que maquillan el resentimiento, la envidia o la rabia que se va fraguando al forzar algo que, en realidad, no se quiere vivir. Esta hostilidad velada también puede desembocar en explosiones de ira que dan lugar a conflictos familiares abiertos donde se destapan sin anestesia resentimientos que habían estado sepultados bajo falsas sonrisas y felicitaciones navideñas telefónicas por compromiso.

Sin naturalidad y sinceridad, no hay responsabilidad afectiva, por lo que cualquier mandato que fuerce algo que no es dará carta blanca a patrones tóxicos difíciles de cortar si se pueden identificar como tales.

Los mayores son los que saben

Un mandato familiar bastante arraigado dicta que las únicas opiniones válidas de la familia son las expresadas por los mayores y este «mayores» no corresponde a una edad concreta, sino más bien a la dinámica de yo soy mayor que tú, así que sé más de la vida. ¿Recuerdas lo que decíamos antes acerca de Manolo y Manolito? Y oye, que sí, que la experiencia es un grado, pero, en ocasiones, este mandato comporta desoír determinadas necesidades de los más jóvenes, ciertos puntos de vista, gritos de auxilio, etcétera.

Los efectos más negativos de este mandato aparecen no solo cuando se invalidan ciertas opiniones en la charla coloquial, sino también en situaciones límite, como, por ejemplo, una experiencia de acoso escolar. ¿Cuántas veces hemos oído frases como «son cosas de niños» o «déjales, que son niños, no se enteran de nada»? Los niños tienen voz, y es muy importante escucharla si queremos darles una infancia digna y sana.

Sin embargo, este mandato puede ir más allá de las criaturas, mediante la infantilización e indefensión que adquieren algunos miembros de la familia en la «jerarquía familiar», que marca que cada miembro tiene un rol, lo que genera asimetrías de poder que pueden conllevar abusos de autoridad, invisibilización de algunos miembros, etcétera.

Y si además de ser una de las personas más jóvenes de la familia también eres mujer, no quieras saber la infantilización a la que te puede someter este mandato.

La responsabilidad afectiva parte del equilibrio y la simetría en los vínculos, es decir, que en una relación sana no debe haber una persona con el rol de «salvador» o de «el que sabe» y otra con el de «salvado» o de «el que aprende», sino que ambas deben aportar y escuchar. Por eso este mandato familiar también afecta directamente a la responsabilidad afectiva, porque dificulta que todos los miembros se puedan considerar con la misma relevancia o «voz y voto» dentro del vínculo.

Con todo lo que hemos dado por ti

Desgraciadamente, la idea de «sacrificio» puede ser muy confusa, ya que se puede entender como responsabilidad afectiva en el contexto de una cesión justa en una negociación, como parte del cuidado mutuo, pero también como una especie de esfuerzo sobrehumano que alguien hace por ti, en tu provecho, y que te genera una sensación de deuda y culpa difíciles de gestionar.

La mejor manera de identificar este mandato es observando si en tu familia se hace referencia habitualmente a:

- La importancia de sacrificar cosas que os hacen felices para, supuestamente, tener «algo mejor» en el futuro.
- Todo lo que se ha hecho por uno de los miembros y que merece una respuesta por su parte.
- Poner las necesidades ajenas por delante de las propias como requisito necesario para ser aceptado.

Todo esto, además, podría hacerte creer que has venido al mundo a cumplir las expectativas de tus progenitores o antepasados, porque ellos «lo dieron todo para que tú hoy lo tengas todo» algo que, como ya hemos dicho, quizás no sea del todo cierto, aunque la insistencia en afirmarlo tendrá sus consecuencias.

Así, muchas personas terminan abandonando sus aspiraciones para cumplir con las de sus antepasados, ya sea siguiendo con algún proyecto o tradición o haciendo realidad alguno de sus sueños frustrados. Si te ha pasado, es posible que hayas sentido confusión respecto a tu identidad (¿qué quiero realmente en la vida?) o hayas tenido dificultades para vivir una vida plena, ya que, al renunciar a tus aspiraciones has entrado en un bucle de sacrificio que quién sabe si se repetirá con tus descendientes, llegado el caso. Por otro lado, si has hecho caso omiso a este mandato, quizá hayas tenido que lidiar con el rechazo y la invalidación por parte de tu familia o con la sensación de tener una deuda sin pagar, con la culpa que eso conlleva.

Además, este mandato no se limita a aspiraciones personales, sino que puede implicar seguir un estilo de vida determinado, profesar una religión, una ideología o unos valores concretos, etcétera, y así es complicado construir un pensamiento crítico y un sistema de valores y preferencias propio, porque hacerlo incrementaría la deuda o podría implicar, incluso, dejar de formar parte de la familia, ya sea de forma explícita o implícita (al generarse un ambiente de tensión, distancia emocional, retirada del afecto como castigo, etcétera).

Aquí toca volver a hablar de los casos de maltrato que, por desgracia, no son algo aislado. Este mandato pone en una situación muy difícil a todas las personas que han sufrido abuso familiar y que, empujados también por otros mandatos como el de la sangre, el todo se perdona o la familia debe permanecer unida, sienten la obligación de proveer de cuidados, sustentar económicamente o mantener vínculos con personas que les han hecho mucho daño, solo por el hecho de estar en «deuda» con ellas. Sin embargo, a veces vale la pena poner en una balanza todo lo recibido, positivo y negativo. Sin intención de frivolizar ni simplificar, ¿de qué vale que alguien te haya dado sustento económico si no te ha dado sustento emocional? Y no vamos a negar que el sustento económico es importante para, por ejemplo, recibir una educación que permita salir en el futuro de ese hogar hostil, pero al observar el balance, quizá habría sido menos dañino no contar con esa educación en ese momento y sí haber tenido una base segura que contribuyera a una buena salud mental. Esto no es más que una invitación a la reflexión, no hay respuestas correctas a este tipo de preguntas.

Responsabilidad afectiva es no relacionarte desde la deuda ni desde el miedo y tener derecho a pedir o a evitar lo que no quieres. En cambio, cuando este mandato familiar está muy arraigado, es difícil sentirse merecedor de que alguien te escuche y tenga en cuenta lo que no quieres y es fácil temer no estar a la altura del sacrificio que otros han hecho por ti. Esto impide ser natural en los vínculos e, incluso, fomenta la sensación de que hay que sacrificarse continuamente para que tus relaciones vayan bien, lo que imposibilita ser responsable afectivamente con una misma o identificar cuándo los demás no lo son.

La omnipotencia del «qué dirán»

Como ya hemos dicho, las únicas familias validadas a nivel social son las «familias perfectas», es decir, las que muestran que todos sus miembros se entienden a la perfección, que no existen conflictos, que todo es divertido y único, etcétera. Pero está claro que esto no funciona así, porque todos los vínculos tienen sus luces y sus sombras, si no, no estaría escribiendo este libro. El tema es que, por miedo a no ser como deberíamos ser, tratamos por todos los medios de disimular las fisuras de nuestros vínculos como si fueran un crimen. Y aquí entra en juego la archiconocida frase «qué dirán los demás».

Este mandato familiar es también un mandato social, pero acostumbra a ser en las familias donde más trapos sucios hay que esconder y, así, estas se convierten en una especie de funciones teatrales donde lo que se proyecta tapa todo aquello que sabemos que no se consideraría deseable. Por desgracia, esto no soluciona nada, y las fisuras crecen porque mantener las apariencias no deja tiempo para buscar soluciones ni atender a las necesidades reales de los miembros de la familia. Así, pensar todo el tiempo en el «qué dirán» imposibilita mirar de frente todo lo que no funciona a nivel familiar y liberarse del dolor silencioso de lo que se va enquistando.

Responsabilidad afectiva es ponerse cara a cara con los conflictos y pedirle con claridad a la otra persona que también lo haga, aunque sea incómodo y amargo, porque debo decirte que, aunque la mierda se meta debajo de la alfombra para que no se vea, esta sigue ahí, acumulándose, y algún día no habrá alfombra que la tape ni responsabilidad afectiva que poner en práctica, porque el vínculo ya estará tan desgastado que la única opción viable será romperlo.

La oveja negra

De todos los mandatos familiares este es quizás el más curioso, porque la oveja negra suele ser quien cuestiona todos los demás mandatos que rigen a la familia en cuestión.

Ser la oveja negra puede ser un papel muy amargo ya que, al no seguir uno o varios de los mandatos principales férreamente interiorizados en la familia, nace un nuevo mandato que se traduce en algo así como «si no piensas igual, eres la oveja negra, y si eres la oveja negra, no te tendremos en la misma consideración que a los demás miembros de la familia». En muchas ocasiones, ser la oveja negra implica tener una valentía que no han tenido otras personas de la familia o destacar en algo que la familia no valida.

Así, la oveja negra recibe una censura y un cuestionamiento que pueden hacer que se sienta incomprendida, inadecuada e incluso defectuosa, con todo lo que esto comporta para su autoestima. Sin embargo, también hay ocasiones en que esto la empodera, porque es capaz de ver la parte positiva de la situación, pero la etiqueta pesa, y el hecho de haber estado tanto tiempo «fuera de lugar» afecta a sus vínculos futuros.

Según mi experiencia en consulta, una dificultad bastante común que experimentan las personas que llevan el rol de oveja negra a la hora de relacionarse es su tendencia a poner a prueba sistemáticamente sus relaciones, de forma que acostumbran a menospreciar continuamente las opiniones de la otra persona o a reaccionar con ira desmesurada cuando perciben que las suyas no están siendo valoradas. Ese patrón suele construirse como un mecanismo de defensa psicológico para ocultar su miedo atroz a no ser aceptadas.

Si alguna vez has tenido una relación tóxica con una oveja negra, debes saber que sus reacciones no tenían nada que ver contigo ni con que no te quisiera, sino con la profunda herida que ese rol dejó en ella.

Estos son solo algunos de los mandatos familiares más habituales. Existen muchos otros relacionados con el ámbito laboral y que definen qué tipo de trabajo deben tener los miembros de la familia, qué estatus va a tener cada miembro según su calificación laboral, la obligación de heredar el negocio familiar, etcétera. Otros asociados a ideologías políticas o religión, otros a la productividad o a los cuidados... Sería imposible hacer una lista exhaustiva porque, en realidad, existen tantos como familias. Lo importante es aprender a detectarlos.

Si ya es difícil escapar a los mandatos familiares, los mandatos sociales son aún más insidiosos porque, además de estar por todas partes, llevan implícita la idea de que, si los cumplimos, alcanzaremos la felicidad plena. ¿Por qué sucede esto? Porque el ser humano, en general, no tolera bien la incertidumbre y no hay nada más incierto que lo que te puede suceder en tus vínculos a lo largo de la vida: qué puedes sentir, cómo te pueden tratar los demás, cómo puede eso repercutir en tu bienestar y decisiones vitales, etcétera.

En mitad de ese caos, las personas buscamos algo que nos proporcione cierta sensación de control y familiaridad, que nos permita predecir mínimamente lo que pasará si tomamos una decisión u otra. Y los mandatos sociales son ideales para eso, porque nos proporcionan esa aparente sensación de control que buscamos incansablemente para evitar el sufrimiento que nos puede generar que no nos acepten, que nos hagan daño, no llegar a colmar las expectativas ajenas, etcétera.

Para explicar esto mejor, vamos a ver algunos de los mandatos sociales asociados a las relaciones que seguramente has oído más a menudo en tu entorno o en los medios, películas, series, anuncios, etcétera, y te animo a pensar en cuáles añadirías tú. Cuantos más identifiques, más posibilidades tendrás de cuestionar tus decisiones y discernir mejor, por un lado, qué te haría realmente feliz y, por otro, que complacería más a la sociedad, pero no a ti. Cuestionar estos mandatos es la mejor vía para detectar y despegarte de las presiones sociales que, en ocasiones, te alejan del amor del bueno.

Debes tener pareja, sobre todo si tienes más de 25 años

Seguro que, en algún momento, has leído algún artículo en medios tradicionales o en redes con «tácticas infalibles para encontrar pareja» o explicaciones a la cuestión supuestamente vital de «¿por qué no encuentras pareja a tus 30/40 años?». Eso por no mencionar todas esas películas donde el conflicto principal consiste en que los dos protagonistas terminen juntos y felices, que la chica nueva del instituto conquiste al chico popular o que el hombre divorciado rehaga su vida con una nueva mujer que aparece en su vida en el momento más indicado. Por supuesto, todo muy heteronormativo, es decir, que la aplastante mayoría de referencias al amor en pareja hablan de relaciones entre un hombre y una mujer, como si ese fuera el único tipo de unión al que todos debemos aspirar.

Por eso, a nivel social, tener pareja no solo se convierte en un objetivo que hay que conseguir cuanto antes, sino que también constituye uno de los grandes objetivos vitales que todos debemos compartir: perseguir el amor incansablemente como una meta que nos dotará de felicidad eterna e, incluso, de un mayor valor personal.

Esta es la película que nos hemos montado como sociedad y que se apoya en todos los mitos que existen acerca de cómo debe ser el amor en pareja, de los que hablaremos a continuación. Y, además, nos afecta desde la infancia, porque ya entonces nos leían cuentos donde el príncipe salvaba a la princesa y eran felices para siempre: la primera semilla de este mandato.

Es obvio que vincularse socialmente es una necesidad importante, sin embargo, existen muchísimos tipos de vínculos que pueden reportar un gran bienestar, apoyo, sensación de pertenencia a un grupo, comprensión, etcétera, que no tienen por qué ser una relación de pareja. Quizás la clave esté en poder decidir libremente si quieres estar o no en pareja, y no que esta sea una decisión que se tome por presión social, con la creencia de que quien no tiene pareja tiene algún fallo.

Seguir este mandato social nos puede conducir a relaciones muy disfuncionales, ya que no se crean vínculos conscientes, sino para «salir del paso», con lo cual, unimos nuestras vidas a las de personas con las que, a veces, no tenemos mucho que ver, o toleramos comportamientos que pueden ser abusivos, entramos en dinámicas que nos van desgastando poco a poco, etcétera, pero lo asumimos porque lo importante es tener pareja.

Y ese es el origen de esos artículos que buscan una justificación al hecho de que estés soltera a determinada edad, porque te estás «saliendo de la norma», y si te sales de la norma, la culpa es tuya porque «algo no estás haciendo bien». Así, este mensaje social es un gran generador de culpa, baja autoestima y relaciones sin responsabilidad afectiva. Debido a todo esto, es probable que a veces hayas vivido el amor desde la necesidad, y no desde la preferencia, alimentando, sin querer, círculos viciosos en los que ni tú te puedes querer bien, ni los demás tampoco, y que tienen este aspecto:

Necesito una pareja porque sin pareja no soy válida ▶ No encuentro pareja ▶ No soy válida ▶ No me siento parte de un grupo (necesidad social por excelencia de los seres humanos) ▶ Me siento fracasada (no me quiero).

Necesito una pareja porque sin pareja no soy válida ▶ Empiezo una relación ▶ Aguanto todo lo negativo que haga falta con tal de preservar la pareja ▶ La relación termina y me siento fracasada o la relación perdura, pero no me siento como la sociedad me «prometió» que me iba a sentir al alcanzar mi «gran amor» ▶ Me siento fracasada.

No debes llorar en público, menos aún si eres un hombre

La escasa o nula educación emocional recibida nos deja el regalito de no tener ni idea de qué hacer cuando alguien llora delante de nosotras. Generalmente esta situación provoca incomodidad, o incluso angustia o molestia, porque no sabemos cómo debemos comportarnos para regular las emociones de la otra persona (ni las propias, en realidad).

Así ha calado la idea de que llorar en público es una vergüenza, y que hay que evitarlo a toda costa porque, quien lo hace se considera una persona débil y que no sabe gestionar sus emociones. Sin embargo, llorar es tan natural como reír, y también es absolutamente necesario, porque permite exteriorizar emociones de tristeza, decepción, miedo, enfado, etcétera, y sentir alivio. Si lloras con alguien que sepa ser empático, la experiencia se hace todavía más liberadora y se facilita el clima idóneo para la responsabilidad afectiva, ya que ambos conectáis con la vulnerabilidad propia y la del otro. Sin embargo, esto cuesta mucho, especialmente a los hombres, a quienes siempre les han enseñado que deben ser fuertes, lo que se asocia erróneamente con no mostrar un mínimo indicio de emocionalidad, y esto constituye una traba importante a la hora de ser responsables afectivamente.

No debes rendirte nunca (positividad tóxica)

Como decíamos al inicio, los mandatos sociales son potentes porque se sobreentiende que quienes lo siguen a rajatabla son felices, y el más relacionado con esta idea es la tan en boga positividad tóxica. ¿Qué es exactamente la positividad tóxica? Pues todas esas creencias o mandatos explícitos que defienden la importancia de mantener una actitud de perpetuo optimismo, negando cualquier emoción desagradable y pensamiento negativo e invalidando, en general, cualquier estado emocional que no sea estar alegre, motivado y mostrarse positivo ante la vida.

Es importante distinguir esto del optimismo, que se caracteriza por mantener una actitud esperanzada ante el futuro y pensar que las cosas pueden salir bien, pero sin abandonar el realismo necesario para ver cuándo una situación no pinta bien objetivamente ni negar la posibilidad de estar tristes o abatidos de vez en cuando.

En este contexto, ¿cuál es el papel de la responsabilidad afectiva? Pues más bien poco, ya que si invalidas cualquier estado emocional que no sea la felicidad perpetua, te resultará difícil identificar tus necesidades emocionales porque «debes sonreír a la vida y no rayarte»; poner límites porque «si la vida te da limones, haz limonada» (es decir, apáñate con lo que tienes, pero no te compliques); o cortar un vínculo tóxico porque «el fracaso no es una opción». Es decir, vivir con la positividad tóxica por bandera puede alejarte de crear vínculos conscientes y de la introspección necesaria para que estos sean sanos. Además, cuando las cosas no salen bien, estas ideas te culpabilizan a ti de no saber ver la parte positiva cuando, en realidad, lo que está ocurriendo es que la otra persona está siendo muy irresponsable afectivamente contigo.

Estos tres mandatos sociales son los que influyen de forma más directa sobre la responsabilidad afectiva, pero hay muchos más que lo hacen de forma más indirecta:

- La casi obligatoriedad de tener hijos, sobre todo si eres mujer, para sentirte completa. Este mandato puede hacerte permanecer en vínculos «cueste lo que cueste» con tal de conseguir dicho objetivo a determinada edad.
- El canon de belleza que exige delgadez y juventud, sobre todo si eres mujer, y que propicia que, desgraciadamente, las personas se relacionen contigo de manera muy diferente si estás gorda o delgada, si eres joven o mayor. Vivimos en una sociedad «gordófoba» en la que la palabra «gorda» es un insulto y no una mera descripción; en la que se habla de «tallas» y de «tallas especiales»; en la que se dicen cosas como «guapa de cara», como si los cuerpos gordos tuvieran que desecharse; y en la que se habla de «adelgazar por salud» sin tener en cuenta que la salud es un concepto muy amplio que también incluye la salud mental. Y algo parecido sucede con la edad, ya que parece que debe ocultarse cualquier signo de envejecimiento con operaciones o maquillaje, como si no fuese algo inevitable, como si fuese un crimen. Todo esto afecta a la seguridad y la autoestima y, por lo tanto, a la manera de relacionarnos.
- La conveniencia de tener un «trabajo serio» y ser muy productiva en él. Y aquí hay que entender «trabajo serio» como todos aquellos que son validados por la sociedad, ya sea por su salario o por su prestigio, por ejemplo, la medicina, la abogacía, la ingeniería, etcétera. Esto afecta bastante a la hora de elegir pareja, ya que inconscientemente nos podemos sentir más atraídas o

menos por una persona en función del supuesto prestigio de su trabajo, lo que nos puede llevar a relaciones muy poco conscientes, en las que el foco se pone en lo externo y no en lo interno. Por otro lado, la obsesión con la productividad también nos lleva a «mercantilizar» los vínculos, porque promueve la rapidez en las relaciones e impide a menudo que lleguemos a profundizar y da rienda suelta a la irresponsabilidad afectiva.

Y después de hablar un poco de mandatos sociales vamos a pasar a los que, sin duda, más afectan a la hora de construir relaciones de pareja con responsabilidad afectiva: los mitos del amor romántico.

MITOS DEL AMOR ROMÁNTICO

El amor romántico entendido como mandato social es todo aquello que te enseñaron de pequeña las películas de Disney sobre lo que debe y no debe ser el amor. Creer ciegamente en estos mitos hace que las personas acepten, sin darse cuenta, todo tipo de faltas de responsabilidad afectiva, lo que seguramente provoca que sus relaciones no avancen hacia un lugar sano y feliz. Además, si eres una mujer heterosexual, es más que probable que estos mitos estén muy arraigados en ti, porque toda la tradición patriarcal que ha rodeado tu vida puede haberte hecho integrar que tu máxima en la vida es encontrar a tu «príncipe azul» para ser felices y comer perdices.

Para acabar de empeorar la situación, en este contexto se enseña y prácticamente se exige a las mujeres que sean complacientes, cariñosas y sumisas, ya sabes, el típico «calladita estás más guapa»; mientras que a los hombres se les enseña y exige ser fuertes, dominantes, fríos e implacables, ya sabes, el típico «los hombres no lloran». Y, como todo esto al final no es otra cosa que roles de género, no solo están presentes en las relaciones heterosexuales, sino también en cualquier otra forma de relación: homosexual, abierta, poliamor, etcétera, cosa que hace que ser responsables afectivamente se convierta en todo un reto, porque supone deconstruir e ir en contra de todo lo que siempre nos han enseñado y, en cierto modo, es bastante cómodo de creer, porque permite clasificar la realidad de una manera sencilla y cerrada, por ejemplo, mujer: dócil, hombre: fuerte; mujer: dulce, hombre: distante; mujer: aguanta, hombre: manda, etcétera.

Sin embargo, a medida que avanzan los tiempos, este modelo se hace cada vez más insostenible. En primer lugar, por todos los matices que existen y que imposibilitan totalmente clasificar los géneros, las relaciones y el mundo de una manera tan simplista y reduccionista y, en segundo, porque tanto el amor romántico como los roles de género facilitan y, lo que es peor, normalizan la violencia, especialmente la violencia machista.

A continuación, vamos a hablar de los mitos del amor romántico para que sepas reconocerlos, desmontarlos y liberarte de la pesada carga que suponen, por muy emocionantes que parezcan en un principio y por mucho que prometan un amor de película. No es oro todo lo que reluce, y ahora lo comprobarás.

El amor todo lo puede, el amor todo lo perdona

Veamos el argumento de la típica película romántica heteronormativa: chico conoce a chica, chico engaña a chica, chica perdona a chico, chico no escucha a chica y no acude a un momento especial para ella, chica sufre, pero perdona. La misma dinámica se repite 850 veces más. Fin de la película: triunfa el amor, son felices y comen perdices. Y tú todo el rato preguntándote cómo puede ser que la chica aguante todo eso y la relación perdure y hasta parezca que se fortalece. O tú toda la película suspirando por lo romántica que es la historia y lo emocionante que resulta que el amor al final todo lo pueda y todo lo perdone. ¿Te suena?

Porque esto hemos aprendido, que da igual lo que ocurra en una relación amorosa porque, si hay amor, todo lo demás es invisible, porque se entiende que el amor es suficiente. Y, en realidad, el amor es necesario, pero no suficiente para una relación sentimental sana, ya que hacen falta más elementos para que esta funcione: responsabilidad afectiva, respeto, comunicación fluida, clara y recíproca, escucha activa, cuidados equilibrados y simétricos, etc.

Sin embargo, aunque racionalmente seguro que también le das importancia a todos esos otros aspectos, a menudo, el amor, que a veces no es amor, sino dependencia, te ciega tanto que acabas perdonando que un día la otra persona no escuche como necesitabas, y que otro día un desacuerdo puntual se convierta en una lucha de poder, y otro día una falta de respeto delante de tus amigos, etcétera.

Por supuesto, no es sano convertir tu relación en un examen en el que, a la mínima que la otra persona comete un error, queda eliminada, pero sí es cierto que, cuando dejas pasar algo importante para ti, a veces estás abriéndote la veda a perdonar mil cosas más, ¿cómo no ibas a hacerlo? ¡Si siempre te han dicho que el amor todo lo perdona! Y, además, vuestro amor es tan grande que puede con todo. Pero en realidad es todo lo demás lo que está pudiendo con vuestro amor y, sobre todo, con tu amor propio, aunque quizás en ese momento no puedas verlo.

Los que se pelean, se desean

Seguro que alguna vez, de pequeña, mientras algún niño del colegio te tiraba del pelo, te levantaba la falda o te insultaba, alguna persona mayor te dijo: «No te enfades, ¡lo hace porque le gustas!» o «Los que se pelean, se desean». Toc, toc. Es la normalización de la violencia llamando a tu puerta por primera vez en la vida. Y créeme que no estoy exagerando. Sé que seguramente ese niño no quería hacerte daño porque sí. De hecho, él empezaba a relacionarse contigo como la sociedad le estaba enseñando que debía hacerlo, y tú empezabas a integrar y entender que esa es la forma «normal» de que un hombre se relacione contigo.

Así, los niños aprenden que, como no deben mostrar vulnerabilidad ni ternura, para llamar la atención de las niñas deben ser agresivos, y las niñas aprenden que eso es guay, que si un niño las insulta, buena señal, porque se ha fijado en ellas. Una vez más, el referente es, como no, heteronormativo. Y, aquí entra en juego otro tema candente, que es que nos venden el amor romántico como un objetivo vital desde la infancia, ya que, seas niño o niña, a esas edades no es natural pensar en «tener pareja» ni en si te gusta otro niño o niña, pero comentarios como «los que se pelean, se desean» sirven para enseñarte la gran importancia de establecer lazos amorosos. Sin embargo ¿qué van a estar deseando unos niños de cinco años aparte de jugar en el parque, por dios?

Así, se planta la semilla de que las discusiones y conflictos constantes no solo son «normales» en una relación amorosa, sino deseables, ya que estas discusiones se asocian con un sentimiento de amor muy intenso. ¿Por qué se asocia la presencia de conflicto continuo con un amor más intenso? Cuando hablamos del *breadcrumbing* mencionamos que el refuerzo intermitente genera un «enganche» al vínculo similar al que genera una droga. Y esto es precisamente lo que ocurre en las relaciones con patrones de conflicto prácticamente constante, que se vive en una continua montaña rusa con mucha activación provocada por la ira, seguida de un sentimiento intenso de desolación tras el conflicto y un subidón de felicidad con la reconciliación que, unido al sexo, se multiplica aún más. Con este cóctel de emociones intensas, tu cerebro interpreta que el amor que sientes por la otra persona es como un amor «de película», pero, en realidad, lo que es intenso es el batiburrillo emocional que no tiene por qué ser sinónimo de sano ni satisfactorio a largo plazo.

Los conflictos son algo normal y sano en pareja, de ahí la importancia de la responsabilidad afectiva, ya que, si siempre estuvieses en total acuerdo con tu pareja o rollete y no existiera la más mínima fluctuación en vuestro estado emocional individual y como pareja, no estaríamos hablando de todo esto. Pero cuando los conflictos son muy habituales y de una intensidad muy destacada, o cuando no se resuelven adecuadamente, sino que se van tapando y acumulando, amiga, ahí no hay responsabilidad afectiva ni relación sana. Los que se desean, no se pelean: se escuchan, se ponen límites sanos y, sobre todo, disfrutan del vínculo.

El amor duele

Este tercer mito es la conclusión natural de los dos mitos anteriores y, en general, todos los demás: que el amor es una experiencia dolorosa.

Desde *La sirenita*, que pierde la voz para dejar de ser sirena (básicamente pierde su identidad) y poder enamorar a su amado, hasta las baladas de «sin ti no soy nada» y el reguetón actual, todo nos enseña que amar es sufrir, resignarse, aguantar, sacrificar, renunciar, etcétera. Una vez más, este mito normaliza el conflicto constante, las faltas de responsabilidad afectiva, la ausencia de cuidados e, incluso, el maltrato. Porque si el amor duele y el amor puede con todo, puedes llegar a entender que el maltrato, tanto psicológico como físico, forma parte del amor, o que es una «mala racha» que se superará con todo el amor que os tenéis o, incluso, que es algo que «os hace más fuertes». Todo esto es falso.

Está claro que en toda relación amorosa hay momentos mejores y peores, no todo es un cuento de hadas, pero creerte a pies juntillas eso de que «quien bien te quiere, te hará llorar» propicia que creas que el amor del bueno es el que conlleva llantos continuos y sufrimiento, y no es así. Una relación sentimental no es una obligación ni algo en lo que debas sacrificarte y sufrir continuamente para obtener un mínimo momento de calma y felicidad. Una relación es para sumar a lo que ya tienes; si esa relación implica renunciar a tu identidad, a las cosas que te gustan, a tu amor propio o tu salud mental, huye. Eso no es amor, porque el amor no duele, te suma.

Los celos son un signo de amor

Otra joya de la corona en el aprendizaje de que el amor es un camino lleno de espinas. Aunque igual que habrás oído mil veces este mito del amor romántico, también habrás oído todo lo contrario, que los celos son una conducta tóxica. Pues bien, ninguna de las dos afirmaciones es cierta, sí, como lo lees.

Los celos no son una conducta, sino una emoción, y no hay

emociones tóxicas. Hablaremos de esto más adelante, pero no hay emociones positivas ni negativas, solo agradables y desagradables. ¿Por qué se hace esta diferenciación? Porque todas las emociones tienen una función que hay que saber identificar y atender, con lo cual, todas son útiles, aunque no nos guste sentirlas. Este es el caso de los celos, que son una emoción muy desagradable. En psicología, se definen los celos como una emoción secundaria, porque son la mezcla de dos emociones básicas o primarias: la ira y el miedo. Seguramente no te gusta sentir celos, porque lo pasas muy mal, ya que se activan al percibir una amenaza, cuando sientes que tu vínculo con una persona está en peligro por la aparición de otra, o porque ves ciertas señales que interpretas como que una tercera persona quiere ocupar tu «lugar» en un vínculo.

En este punto quizás tengas un cacao mental y te preguntes: ¿entonces los celos son buenos o malos? Pues, como te decía, como emoción que son, no son ni buenos ni malos, lo que puede ser tóxico es la manera de gestionarlos, es decir, los comportamientos que algunas personas emplean para paliar estos celos. Así que pon mucha atención a las señales de que alguien no está gestionando los celos de manera saludable.

Esa persona utiliza el control para sentirse segura en su relación contigo, es decir, que verifica y cuestiona continuamente todo lo que le dices, haces o hasta la ropa que te pones si es necesario. Un ejemplo de esto es cuando te dicen: «Mándame una foto de con quien estás, que estoy preocupado por ti» o «Mándame la ubicación de dónde estás, que si no me rayo». Aunque te lo vendan como preocupación o protección, que se enciendan tus alarmas. Estas conductas de control son maltrato psicológico.

Esta persona te idealiza y desconfía de todo lo que te rodea. Y ojo, que idealizar no es lo mismo que valorar. Valorar es que alguien reconozca todo lo que le gusta de ti y se sienta orgulloso y feliz de que estés en su vida, pero la idealización se produce cuando esta persona percibe que todo el mundo te desea y comienza a desconfiar de las intenciones de cualquier persona de tu entorno, de manera que pone en marcha mecanismos de control para que tú te aísles. Por ejemplo:

«Ese amigo tuyo no me gusta nada, ¿no ves cómo te mira? Creo que el hecho de que sigas viéndolo va a traer problemas a nuestra relación, así que no quiero que estés más con él, no creo que te aporte nada, y a mí me haces mucho daño». Esto es manipulación, ya que la persona se hace la víctima y pone en ti la responsabilidad de cortar un vínculo porque «os puede traer problemas». Esto podría confundirse con un límite sano que se pone de manera responsable afectivamente, pero nada más lejos de la realidad. Responsabilidad afectiva es hacerse cargo de la gestión de las emociones propias, cuando hay manipulación de por medio para que seas tú quien se haga cargo de las emociones de la otra parte y tengas que tomar decisiones que implican un sacrificio personal para ello, mal asunto.

Esa persona proyecta sus inseguridades en ti. Muchas veces ocurre que la persona a la que estás conociendo, por un problema de apego o alguna herida anterior sin sanar, no está del todo a gusto en la relación y, por no aceptarlo, comienza a hacerte creer mediante *gaslighting* que es ella quien nota que eres tú la que no estás a gusto o lo suficientemente implicada. Esto al final te hace dudar tanto, y a ella también, que el vínculo termina volviéndose muy endeble.

Esa persona trata de inhibirte y poseerte, aludiendo a que vuestro amor es muy fuerte. Por ejemplo, si esa persona no quiere que hagas ninguna actividad sin ella, porque «os queréis tanto que es más bonito compartirlo todo», eso no es romántico, es un generador estupendo de dependencia emocional, aislamiento y, por tanto, de relaciones tóxicas o abusivas. Y, de la mano de esto, la persona acaba creyendo que tu tiempo, intereses, etcétera le pertenecen exclusivamente a ella y es posible que tú termines normalizándolo también porque, aparentemente, solo trata de pasar el máximo tiempo contigo porque te quiere mucho.

Llegados a este punto, quizás ya ves más claro por qué los celos se entienden como un signo de amor, porque las conductas poco sanas que se emplean a menudo para gestionarlos se maquillan de otras supuestamente más deseables, como son la protección, el interés o la priorización. Por eso es tan importante saber identificar adecuadamente los puntos que te acabo de comentar.

De este modo, los celos no son un signo de amor, sino de inseguridad, y esta inseguridad se puede gestionar de manera sana si esa persona habla contigo claramente de lo que le preocupa asumiendo la gestión de sus propias emociones, sin pretender controlarte, sino escuchando lo que tú tienes que decir, confiando y, si esto no fuese suficiente, buscando ayuda profesional.

Queda claro que celos y amor son cosas muy diferentes, porque provienen de emociones diferentes, y su origen dista muchísimo el uno del otro. Así, tampoco es sano justificar que «un poquito de celos son necesarios», porque se está asociando erróneamente los celos con el interés o el amor y, en realidad, los celos están asociados a la inseguridad, la percepción de amenaza e, incluso, al narcisismo, del que hablaremos más adelante. Por lo tanto, puede haber amor sin celos y puede haber celos sin amor.

La media naranja, el príncipe azul y demás familia

El mito de la media naranja, también conocida como «el amor verdadero», «el alma gemela» o «el destino», se basa en la idea de que en algún momento conocerás al único amor de tu vida. Un amor verdadero que será una especie de ser de luz perfecto, hecho a tu medida, que estaba esperando a que llegases, porque estáis predestinados, para sentiros completos. Parece precioso, ¿verdad? Ay, amiga, pues de primeras, sí, pero, aparte de que la realidad dista bastante de este mito, quizás lo que parece tan bonito no es más que un regalo envenenado. Veamos por qué es tan insano.

Este mito da a entender que solo existe un amor verdadero, es decir, que en tu vida solo tendrás una única elección posible de pareja «correcta» y solo amarás una vez. ¿Qué puede causar esta idea? Que creas que esa relación tóxica que tuviste o en la que estás es tu destino, lo que deja tu capacidad de decisión en manos de algo externo e incontrolable, único e irreversible. Así, este es otro mito del amor romántico que favorece que te quedes en un vínculo disfuncional esperando a que cambie por sí solo en algún momento, porque esa persona es tu alma gemela. La buena noticia es que esto no es cierto para nada, que en la vida puedes amar de verdad miles de veces, a un montón de personas diferentes, y que quizás eso es más bonito aún que tener un único amor.

La media naranja, como su propio nombre indica, habla de una mitad, es decir, que da a entender que tú eres la mitad de un todo y que, hasta que encuentres tu otra mitad, no estarás completa. Esto es ideal para poner en riesgo tu autoestima, ya que da a entender que, ni eres válida sin una pareja, lo que te obliga a estar en una búsqueda constante, ni estarás «completa» hasta que encuentres a la persona que se complementa a la perfección contigo. Cuánto tiempo buscando una media naranja, cuando tú ya eres una naranja completa, y puedes elegir quedarte como estás, estar con otra naranja completa, con tres limones o hacer una macedonia si te apetece y durante el período de tiempo que te apetezca.

Este mito también fomenta la idealización de tu supuesto amor verdadero, el famoso príncipe azul. Dicho en otras palabras, se da por hecho que, cuando encuentres a tu media naranja, esa persona será la perfecta para ti, cuadraréis a la perfección en todo, no habrá discusiones, ella no cometerá nunca ni un solo error, etcétera. Esto genera unas expectativas sobre las personas que conoces y sobre el amor en general que son completamente irreales e inalcanzables. No hay ninguna persona perfecta, ni hay ninguna persona hecha para ti. Precisamente, una fase importante del amor es cuando, después del subidón de hormonas inicial, comienzas a ver que esa persona tan perfecta deja la tapa del váter levantada, se pone borde cuando ha tenido un día malo en el trabajo o, a veces, se ríe de chistes crueles, y entonces piensas: pero ¿no se supone que esta persona era mi príncipe azul? Pues bueno, quizás sí, o quizás no, o quizás durante un rato. Encontrar cosas de tu pareja que no te gustan o que ella encuentre cosas tuyas es lo más normal del mundo, pero, a veces, estos mitos te hacen pensar que eso es un signo de alerta, de que la relación no va bien, y no tiene por qué. La clave está en que esa persona no intente cambiarte, lo cual también es una falta de responsabilidad afectiva, y que no se rompa el vínculo a la mínima ya que, como has visto hasta el momento, todo vínculo requiere unos cuidados mutuos.

Otra falta de responsabilidad afectiva que promueve este mito es que esa media naranja te haga creer que debes responsabilizarte de su bienestar. Es decir, que esa persona con la que estás quedando podría hacerte creer que su felicidad depende de ti, porque no ha estado completa hasta conocerte y, ahora que te conoce, todo tiene que ser perfecto gracias a ti. Y, claro, cuando no lo sea, que es lo más normal del mundo, es fácil que te culpe a ti por no ser cómo deberías o no comportarte como ella esperaba. Ojo con esto, la culpa no es tuya, es de que te vendan que debes completar a alguien.

El amor a primera vista

Es muy difícil decir qué es el amor porque, probablemente, es algo distinto para cada persona, porque entran en juego valores, expectativas, necesidades emocionales, preferencias, etcétera. Pero en lo que sí parece haber bastante consenso entre los investigadores que lo han estudiado es que es un sentimiento que se construye, que no aparece un día sin más de manera abrupta. Lo que sí aparece a primera vista es la atracción. Y puede que en una primera conversación sientas que tienes una conexión con esa persona que te hace querer seguir hablando o, incluso, volver a verla otra vez. Pero de ahí al amor hay un trecho, porque el amor es algo mucho más profundo y complejo, precisamente por todo el cuidado que requiere y todos los aspectos en conjunción que tienen que darse.

Algo que fomenta que a veces creamos en este mito es que la memoria puede hacer de las suyas inconscientemente y crear un relato de los acontecimientos que nos venga bien. Me refiero a que, a veces, después de conocer a una persona e iniciar una relación sentimental, el cerebro activa una especie de mecanismo de supervivencia que adapta tus recuerdos presentes a los del pasado, es decir, que si sientes amor por esa persona hoy, como ese sentimiento es tan nítido, tu cerebro, por simplificar, interpreta que justo ese sentimiento fue el que hubo ya el primer día que os visteis, pero lo cierto es que por el camino os habéis conocido, acercado, han tenido lugar interacciones emocionales intensas y todo eso es lo que ha construido ese sentimiento, no apareció así ese primer día.

Tal y como te contaba al inicio del libro, parece que vivimos en la era de las relaciones superficiales, y este mito ayuda bastante a ello, porque permite entender el amor como algo inmediato y rápido lo que, muchas veces, quizás propicia que inicies una relación profunda con alguien que solo te atrae muchísimo sexualmente, confundiendo una cosa con otra, para acabar viendo, a la larga, que esa relación resulta insatisfactoria porque en realidad no hay amor, sino química sexual. Y, por otro lado, también te podría ocurrir que, a veces, por no sentir al momento esa química inicial con alguien, te pierdas conocer a personas interesantes porque, supuestamente, «no sentías lo que tenías que sentir en un primer momento», y no, el amor no salta como un resorte, se construye día a día.

La pasión eterna

Bastante relacionado con la anterior, otra de las ideas que el amor romántico nos metió en la cabeza es que una relación amorosa sana y duradera debe tener siempre la pasión elevadísima, es decir, que esa sensación inicial de estar flotando todo el día, pensando en la persona continuamente, queriendo encerraros en una habitación de hotel durante un mes entero, etcétera, es algo que debe perdurar de manera estable porque, si no, eso no es amor de verdad. Y nada más lejos de la realidad.

Como te comentaba antes, el amor pasa por diferentes fases, y estas cuatro son las más habituales:

1. **Enamoramiento.** Conoces a una persona y lo único que quieres es estar continuamente con ella, todo en ella te parece increíble, crees que nunca has sentido algo tan intenso como eso y te apetece tener sexo continuamente. Estoy generalizando mucho, ya que hay muchísimas realidades diferentes a la hora de enamorarse: personas que sienten más intensamente que otras, personas asexuales o que no dan tanta relevancia al sexo, etcétera, pero

estoy segura de que, sea cual sea tu caso, sabes diferenciar esta fase, en la que la vida parece más bonita que de costumbre.

2. **Con los defectos hemos topado.** Después de un tiempo considerable conociéndoos, empiezas a identificar los aspectos de esa persona que no te gustan tanto. En esta etapa, ese sentimiento intenso inicial se «desinfla» un poco, pero porque baja la idealización inicial momentánea de la otra persona y también el nivel de hormonas que teníamos ahí trabajando a tope, y esto último es algo meramente adaptativo, ya que imagínate que tuvieses que estar para siempre con la desconcentración y la activación que suele suponer el conocer a alguien que te encanta. Sería muy difícil prestar la atención que merecen a otros ámbitos importantes de tu vida. Una vez aquí, es momento de elegir si quieres seguir con esa persona a pesar de sus defectos o si, por lo que sea, son superiores a ti y, por lo tanto, lo más sano es cortar el vínculo, nunca intentar cambiar a la persona.
3. **Volver a elegir a esa persona.** No hace falta explicar mucho más. Esta fase consiste en darte cuenta de que quieres seguir con esa persona a pesar de todas las cosas que no te gustan tanto de ella, y es así como se pasa a la siguiente fase.
4. **Relación afianzada.** Aquí se reafirman las ganas y la voluntad de seguir juntos, lo que da paso a sentimientos más maduros relacionados con el compromiso, la estabilidad, la tranquilidad, etcétera. De este modo, empieza vuestro proyecto de vida en común. Proyecto de vida o proyecto de unos meses o años, todo es válido.

Solo me puedo sentir atraído por mi pareja

De la mano de la media naranja y todas estas ideas de exclusividad, nace la creencia de que, si te sientes atraída por otra persona mientras estás en una relación, en realidad no quieres tanto a tu pareja.

Sin embargo, ni el amor, ni mucho menos la atracción, son exclusivos. Puedes estar muy enamorada de una persona y, en un momento dado, sentirte atraída por otra, o incluso puedes estar enamorada de varias personas a la vez, es perfectamente válido. Pero justo aquí es donde la responsabilidad afectiva debe entrar especialmente en juego.

Hoy en día, todavía tenemos la cabeza muy puesta en los vínculos con exclusividad sexual y afectiva como la única opción posible, pero lo cierto es que hay muchas más: relaciones de pareja con exclusividad afectiva, pero no sexual, poliamor, anarquía relacional, etcétera.

Está claro que no todos los formatos relacionales tienen que cuadrar contigo, porque eso depende de tus valores y preferencias, pero sí es importante normalizar que todos ellos son válidos mientras estén consensuados y con la responsabilidad afectiva de base. Por otro lado, también hay que normalizar que, incluso estando en una relación monógama, es totalmente natural que te atraigan otras personas y esto no tiene por qué suponer un conflicto si se normaliza y se habla claramente para buscar soluciones en caso de que esa atracción empiece a generar molestias a alguna de las partes del vínculo.

El amor como objetivo vital esencial

Este último mito es la conclusión de todos los demás: que el amor romántico debe ser el centro de tu vida y el objetivo que debes perseguir siempre porque es esencial para alcanzar la felicidad.

De hecho, esta creencia ha generado muchas otras muy distorsionadas sobre lo que implica no tener pareja, que pueden hacerte vivir la soltería como algo indeseable o que debe llevarse de una manera concreta y universal. Conocer estas ideas es importante para tener una visión mucho más realista y coherente de la soltería, porque esto te facilitará no aceptar comportamientos de irresponsabilidad afectiva solo para evitar todas sus connotaciones negativas o la soledad que tanto se asocia con ella. Vamos a desmontar las ideas distorsionadas acerca de la soltería.

- La soltería es un fracaso vital. Si, según los mitos del amor romántico, encontrar el amor es un objetivo vital esencial, estar soltera debe entenderse como un fracaso. Seguro que has oído frases como: «Por algo no tendrá pareja, a saber cómo es», dando a entender que alguien no tiene pareja por algún defecto propio, sin pensar que pueda ser por elección, por no haber conocido a nadie con quien realmente le apetezca iniciar algo serio, etcétera; o «Es que sola no se disfruta igual de la vida», cuando nadie tiene la responsabilidad de que tú disfrutes, aunque pueda influir en ello. Por eso, no sería raro que a veces te pueda costar ir a un restaurante o al cine sola, porque se entiende que te estás resignando, en lugar de tener en cuenta la posibilidad de que lo hayas elegido.

– Estar soltera equivale a estar sola. La soltería se asocia directamente con la soledad cuando, en realidad, en la vida hay muchísimos más vínculos con los que cubrir la necesidad personal de establecer lazos sociales. Además, la soledad se suele asociar con estados emocionales desagradables, con no tener apoyo o sostén por parte de otras personas, con no importar a nadie, etcétera. Y justo por eso se asocia íntimamente la soltería con un estado perjudicial.
– No debería querer tener pareja. Curiosamente, en el panorama social actual, más polarizado que nunca, también se suele asociar el querer tener pareja cuando estás soltera con algo negativo ya que, rápidamente, se pasa del extremo del «amor como motor vital» a «si deseas amor sin tenerlo, es que eres una persona dependiente que lo está buscando de manera desesperada». Y, en realidad, esto tiene muchos matices.

La clave está en si las ganas de tener pareja nacen de la necesidad o de la apetencia. ¿Cómo puedes diferenciarlo? Suele ser necesidad cuando interpretas internamente que, si no tienes pareja, nunca vas a ser realmente feliz (creencia patrocinada por los mitos del amor romántico) y, entonces, empiezas a conocer personas buscando que se fijen en ti y que iniciéis un vínculo estable, sin preguntarte cómo estás tú realmente con esa persona, cómo te hace sentir, si compartís algo o no, etcétera.

En cambio, cuando sientes que estás disponible emocionalmente, en el sentido de no tener miedo a sufrir ni, al mismo tiempo, estar huyendo del miedo a la soledad, y sientes que te apetece compartir con alguien, que alguien te sume a lo que ya tienes en tu vida, etcétera, quizás te estés relacionando desde la apetencia, y esto es perfectamente sano y válido. No tiene que ver con la dependencia, sino con la interdependencia, que es la necesidad humana de dar y recibir apoyo y compañía.

Está claro que no puedes elegir cuándo te enamoras o no, pero eso no quita que te pueda apetecer hacerlo, igual que a veces te apetece establecer relaciones de amistad nuevas o iniciar una afición. Lo importante para que sea sano es que no lo vivas desde la urgencia ni la necesidad imperiosa. Si fuese así, es probable que esté mediando la dependencia emocional, de la cual hablaremos más adelante.

- No debería iniciar una relación justo al terminar otra. Esta también es una idea muy extendida sobre la soltería que no tiene por qué ser cierta en todos los casos. Es cierto que, en general, es sano tomarse un tiempo para re-conocernos tras una ruptura, ya que, tras compartir gran parte de tu vida con otra persona, reencontrarte contigo misma te hace sentir casi como una extraña, y es un proceso que requiere tiempo y espacio.

  Sin embargo, hay relaciones de pareja que llevan agonizando o, directamente, muertas mucho tiempo antes de que se tome la decisión de romper y, en estos casos, todo ese tiempo hasta la ruptura puede suponer un proceso de duelo y reencuadre. Así, cuando llega el final de la relación, ni siquiera sientes tanto dolor como esperabas o tu vida no cambia tanto, porque la relación ya estaba rota. En este caso, si coincide que conoces a alguien y estás a gusto, no hay por qué frenarlo si realmente sientes que el duelo por la relación anterior ya está pasado y ya has podido «rescatarte» de entre los escombros del derrumbe.
- Por fin libre. Debido a la gran influencia de los mitos del amor romántico, es muy probable que haya muchas personas que tengan una idea del amor muy distorsionada, y lo entiendan como una atadura asfixiante que implica conductas de control continuas que aseguren que el vínculo no está «amenazado» por la

presencia de terceras personas. Esto lo vemos en *reality shows* hiperfamosos como *La isla de las tentaciones* en España, en miles de películas que tratan el tema de quedarse soltero y hasta en videoclips.

En este contexto, es normal que haya personas que cada vez le tengan más miedo al amor, porque se entiende de una manera muy diferente a como es en realidad. Y esta idea se refuerza porque, si alguna vez has cortado una relación tóxica o abusiva, probablemente te hayas sentido muy liberada y hayas pensado en que ya no tienes que dar explicaciones a nadie o que «ya puedes hacer todo lo que te dé la gana». Pero esto no quiere decir que solo la soltería sea libertad, el amor también debería de serlo.

Es cierto que en toda relación construida desde la responsabilidad afectiva se establecen unos acuerdos y límites sanos: qué se considera o no una infidelidad, qué cuidados son esenciales para que la relación esté bien, qué no se tolera en situaciones de conflicto, etcétera. Pero estos acuerdos no son para restar libertad, sino para promoverla: la libertad de saber que no le harás daño al otro si haces algo en concreto; la libertad de saber que hay comunicación fluida y, por tanto, podréis hablar de lo que haga falta; la libertad de ir hablando sobre la marcha y modificando los acuerdos previos siempre que lo necesitéis, etcétera. Eso es amor, y el amor es responsable y libre.

– La soltería es un estado de paso. Si se entiende que el amor es el objetivo vital máximo, no es muy difícil creer que la soltería tiene que ser un estado transitorio. Y esto no es cierto. Estar sin pareja es un estado tan válido como estar en pareja. Vivir la soltería como algo que tiene que acabarse, aparte de que te obliga a estar en una búsqueda continua, te manda todo el tiempo el mensaje de que «algo estás haciendo mal en la vida, porque esto ya se está alargando demasiado», con el deterioro de la autoestima que conllevan este tipo de automensajes.

Además, cuando estás soltera, todo el mundo te da lecciones sobre cómo debes «sobrellevarlo»: que si tienes que salir muchísimo de fiesta, que si tienes que descargarte Tinder, que si por qué no conoces a ese amigo tan mono que te quieren presentar... Pero en realidad no hay nada que sobrellevar. No hay una manera única de vivir la soltería de manera sana, simplemente debes vivirla como te nazca, pero desde la aceptación de que es un estado natural tan válido como cualquier otro, y no algo de lo que debes huir en cuanto puedas.

– Terminar sola y rodeada de gatos. Hay muchas frases hechas que relacionan la soltería con algo terrible y refuerzan su vinculación con la soledad. Parecen frases sin más, pero, en realidad, invalidan constantemente que puedas estar tranquila y plena estando sin pareja, o que puedas construir un proyecto de vida propio que sea tan satisfactorio o más que uno construido en pareja. Además, ¿quién dice que sea malo terminar rodeada de gatos si te encantan los gatos?

  Otras frases de este tipo son: «Se te va a pasar el arroz», «A esta edad no estás ya para ponerte exquisita, busca pareja», «Te vas a quedar para vestir santos» o «En algún momento necesitarás a alguien que te cuide». Amiga, en la vida conocerás a muchas personas con las que establecer lazos estrechos y disfrutar de ellos, y no tienen por qué ser necesariamente tus parejas si tú así lo decides.

Ahora voy a escucharme: ¿soy quien debo o quien quiero?

Ahora que has visto la gran cantidad de mandatos que pueden estar influyendo en cómo entiendes el amor en todas sus formas, es buen momento para pararte a pensar en cuáles de ellos sientes que han estado muy presentes a lo largo de tu vida y han podido influir en cómo te quieres a ti y cómo quieres a los demás.

Puede que, incluso, se te ocurra alguno que yo no he tratado en este capítulo.

La idea de este ejercicio es que identifiques la gran losa que suponen a veces estos mandatos, y que puedas cuestionarlos para ver si quieres seguir rigiéndote por ellos, porque realmente te encajan, o si, por el contrario, alguno está influyendo en ti sin tú quererlo. Liberarte del peso de lo que crees que esperan la sociedad o los demás de ti es también un elemento esencial para tener relaciones con responsabilidad afectiva.

De nuevo, te animo a que reserves un momento de autocuidado y, con papel y boli en mano, contestes las siguientes preguntas:

1. ¿Qué mandatos de los que salen en el capítulo has tenido más presentes a lo largo de tu vida? ¿Ha habido alguno más?
2. ¿Dónde has aprendido estos mandatos?
3. ¿Todos ellos cuadran con tus valores?
4. ¿Te hace sentir tranquila y liberada seguir estos mandatos? ¿Por qué?
5. Ahora mismo en tu vida, ¿qué quieres a la hora de relacionarte y qué sientes que debes hacer a la hora de hacerlo? Escríbelo en dos columnas.
6. ¿Hay más «quiero» o más «debo»? ¿Cuántos «quiero» coinciden con los «debo»? ¿Qué quieres hacer a partir de ahora con los «debo» que no coinciden con ningún «quiero»?

CAPÍTULO 4

PRIMERO ME QUIERO A MÍ: LA AUTOESTIMA COMO BASE DE LAS RELACIONES SANAS

En este capítulo vamos a ir un paso más allá para desentrañar por qué tanto tú como las personas con las que te encuentras os relacionáis como lo hacéis y cómo detectar cuándo esto es sano y cuándo no. Para hacerlo, vamos a centrarnos en cómo te estás queriendo a ti, porque eso define el amor que das, el que crees merecer y el que sueles buscar. Así que vamos a ver cómo ha podido influir en tu autoestima todo lo que hemos visto hasta ahora y cómo tu autoestima influye en la calidad de tus relaciones.

Además, también aprenderás a diferenciar la autoestima sana del narcisismo, y verás que lo segundo es uno de los principales factores en la aparición de comportamientos de irresponsabilidad afectiva difíciles de reconocer.

La autoestima, entendida como el afecto y el amor que te tienes a ti, depende en gran parte de otro elemento llamado autoconcepto: la opinión o imagen que tienes sobre ti. El autoconcepto está muy influido por tus experiencias tempranas de apego, los mandatos familiares y sociales, las experiencias vinculares previas, etcétera. Así, a veces, puedes tener un autoconcepto muy distorsionado, lo que dificulta bastante quererse y tener una autoestima sólida. Por eso, en este capítulo también quiero que te pongas frente a frente con tu autoconcepto y lo cuestiones y reformules para reforzar tu autoestima o reconstruirla, algo esencial para hacer frente a todos los comportamientos de irresponsabilidad afectiva que ya no quieres permitir.

LA ARQUITECTURA DE TU AUTOAMOR: CÓMO SE CONSTRUYÓ TU AUTOESTIMA

Para entender el eco que tus vivencias han dejado en tu autoestima, te interesa saber que tus primeras experiencias de apego son las principales generadoras de las representaciones mentales que te han ido guiando inconscientemente hasta hoy. Estas representaciones suelen estar basadas en tu cuidador principal; y extrapolas esa información a cómo es más probable que se comporten contigo los demás. Con eso, terminas construyendo tu idea de qué es lo que mereces y, por lo tanto, cómo eres tú (tu autoconcepto) y cómo debes quererte y valorarte en función de eso (tu autoestima). Es decir, que no se genera una única representación de todo lo externo ni de ti como ser individual, sino que se crean varias representaciones de ti en interacción con el mundo. Entonces, ¿cómo se construyó tu autoestima a través de tus relaciones de apego?

– Si de niña estableciste un apego seguro predominante con tus cuidadores, es probable que los representases como personas disponibles, atentas, afables y que no dejaban de quererte, apoyarte o aceptarte incluso cuando no estaban presentes físicamente. Así, al crecer, extrapolaste esto a tu visión de los demás y lo que podrías esperar de ellos, y como adulta, lo más probable es que sientas que puedes confiar en ellos, abrirte emocionalmente, poner tus límites sanos y aceptar los suyos sin miedo a que la relación se rompa. Sabrás, en definitiva, que tienes derecho a ser tú misma y mostrarte así abiertamente.

  De este modo, construyes la imagen mental de ti como una persona digna de ser querida e importante para los demás, que merece su cariño y respeto. Por lo tanto, haber vivido un apego seguro predominante no solo propicia que construyas tus relaciones en la edad adulta de una manera más sana y consciente, sino que hace que tu autoestima sea bastante sólida, y te considerarás una persona bastante independiente, optimista y segura.

- Si de niña estableciste un apego ansioso con tus cuidadores, tu representación de ellos establecerá que son personas en las que no puedes confiar, porque no logras predecir su comportamiento, por lo que pueden irse en cualquier momento y dejarte desvalida. Así, de adulta tendrás la idea de que el mundo no es un lugar seguro y que no debes tener confianza ciega en los demás, sino estar siempre alerta, porque tienden a comportarse de manera «interesada»; a veces serán amables y otras no, por lo que entenderás que es difícil que alguien te esté queriendo de verdad.

  Así, tu autoestima se ve gravemente afectada porque sientes que no eres importante y que te pueden abandonar con facilidad, lo que es tu mayor miedo. Interpretas que necesitas a los demás para todo porque tú no eres lo suficientemente fuerte o válida y esto supone un conflicto tremendo, porque tienes la certeza de que las demás personas no son de fiar.
- Si de niña estableciste un apego evitativo predominante con tus cuidadores, lo habitual es que los representaras mentalmente como seres incapaces, sin motivación para estar disponibles para ti y tus necesidades.

  Así, de adulta das por hecho que nadie te atenderá cuando lo necesites, por lo que construyes una autoestima artificial, que no es sana, y que se sostiene sobre una fachada de autosuficiencia e independencia totales con respecto a los demás, sin dar muchas muestras de afecto. Pero, aunque parezca que esto te sale natural y te protege de las faltas de responsabilidad afectiva de los demás, lo que hace es que ni te vincules de manera estrecha cuando quizá te apetecería hacerlo, ni identifiques estas irresponsabilidades afectivas como tales ya que, en el fondo, sientes que eres una carga, asumes que no mereces atención y que solo podrás sobrevivir si reprimes tus necesidades.
- Si de niña conformaste un apego desorganizado predominante con tus cuidadores, lo más común es que los representaras como «malos», seres que solo saben hacer daño y causar sufrimiento, aunque, al mismo tiempo, los veías como las personas de quienes

dependías para sobrevivir, lo que te generaba un conflicto interno entre acercarte, alejarte o agredir.

Por ello, has terminado entendiendo que las personas son, por naturaleza y generalmente malas, por lo que debes protegerte de ellas con desconfianza y aislamiento; lo que es muy probable que te ponga en una hipervigilancia constante que no te permita relajarte y conlleve un excesivo «miedo al mundo», que puede incluso derivar en fobias varias. Así, lo más habitual es que hayas desarrollado una autoestima muy deficiente, y que te representes mentalmente, incluso, como una persona mala que merece castigos, de los que, al mismo tiempo, te intentas proteger con ese estado de hiperalerta.

No sería raro que te sientas o te hayas sentido muy culpable por el maltrato o la negligencia que has recibido. Este fenómeno de culpa es habitual en niños que se encuentran en una situación que no pueden explicar (como el maltrato), porque la culpa, aunque sea dañina, aporta una explicación «sencilla» para ese comportamiento que, como niños, no tienen recursos cognitivos para explicar de otro modo. Así, construyen la idea de: «La única explicación posible de que mis padres me hagan esto es que yo esté haciendo algo mal. Yo soy el culpable». Y esto es algo que se suele arrastrar a la edad adulta, y que puede propiciar relaciones tóxicas encadenadas.

En esta explicación me he centrado en el impacto de tu apego sobre tu autoestima, pero también te habrás encontrado a lo largo de la vida con personas con problemas de apego de base y una autoestima muy deficiente que, siendo conscientes o no, hayan cargado en ti todo esto y te hayan hecho sentir responsable de lo que ocurría en la relación o de sus faltas de responsabilidad afectiva. De modo que saber todo esto no solo es importante para conocer mejor tu autoestima, sino también para que puedas intuir cómo es la autoestima de la persona a la que estás conociendo y su impacto sobre cómo se comporta contigo.

A continuación, vamos a ver en qué hay que fijarse para saber si tu autoestima o la de los demás está muy distorsionada y, por lo tanto, no es sana. Vamos a tener en cuenta los dos extremos posibles: que la autoestima sea frágil y deficiente o tan magnificada que exista un problema de narcisismo. Me detendré bastante en este último punto, porque las personalidades narcisistas, aunque no lleguen a conformar siempre un trastorno mental de personalidad como tal, son las que más problemas suelen tener con la responsabilidad afectiva y, por tanto, es muy importante saber identificar este tipo de comportamientos, para protegerte de ellos.

LAS GRIETAS DEL AUTOAMOR: CUANDO LA AUTOESTIMA ES DEFICIENTE

Seguramente, a lo largo de tu vida, ha habido momentos en los que tu autoestima ha estado más fuerte y otras más débil, y eso es totalmente normal, porque la autoestima fluctúa. Además, como hemos visto, no solo depende de ti ni mucho menos de tu voluntad, sino también de la imagen que los demás te devuelven, de la que tú interpretas que los demás tienen sobre ti, de la relación con tu cuerpo y con tus emociones, etcétera.

Sin embargo, cuando esta fluctuación es muy rápida y pasas de un extremo a otro, de adorarte a odiarte, es cuando hablamos de autoestima frágil. Esta autoestima frágil aparece cuando solo valoras lo que te ocurre, lo que tienes o lo que haces, es decir, todo lo externo a ti, que, a veces, está en tus manos, pero otras veces no. Al hablar de responsabilidad afectiva es muy importante tener en cuenta la autoestima frágil, ya que en consulta veo muy a menudo cómo la autoestima de algunas personas a las que acompaño en su proceso terapéutico se vuelve muy frágil en el momento en el que establecen relaciones de pareja. ¿Cómo puede suceder esto si se supone que una relación de pareja es algo que suma?

A menudo, el hecho de no tener un estilo de apego predominante precisamente sano unido a los mandatos familiares y sociales sobre las relaciones y que quizás no estés pasando por un buen momento en alguna área importante de tu vida puede hacer que pongas toda tu valía personal en que la relación amorosa o afectivo-sexual que estás creando con alguien vaya bien y, al mínimo tropiezo, tu autoestima caiga en picado y se vuelva frágil. Y esta es la semilla de la dependencia emocional, de la que hablaremos también en este capítulo.

¿En qué puedes fijarte para reconocer una autoestima deficiente? Por supuesto, esto no es una ciencia exacta y no todas las autoestimas deficientes se presentan igual, pero vamos a ver algunas de las características más habituales de las personas con una autoestima baja.

- Indecisión constante. Dudar sobre la propia capacidad genera una inseguridad que, a su vez, alimenta las dudas.

  Esta indecisión puede hacer que una persona entre y salga de tu vida constantemente: un día te cuenta una anécdota de su infancia con pelos y señales y, al otro, te deja en visto en WhatsApp durante tres semanas. Y, como ya sabes, esto es una falta de responsabilidad afectiva, porque no está comunicándote de manera clara qué quiere realmente contigo (quizás porque ni siquiera lo sabe). Así, la relación termina siendo incómoda y ambigua, porque nunca sabes qué esperar.
- Miedo a los cambios. La inseguridad de la que acabamos de hablar puede hacer que las personas con baja autoestima tengan pavor a los cambios y los eviten. Y si una persona no toma decisiones por miedo a lo que puedan implicar, difícilmente puede ser justa consigo misma y con la otra persona en el vínculo. Así, todas esas veces que sentiste que tu rollete estaba contigo por estar, que tú ya no sabías qué más atenciones darle para que la relación mejorase o que empezaste a pensar que estabas loca porque esa persona te decía que no pasaba nada (un poquito de luz de gas para ti), quizás te estabas enfrentando a una persona con baja autoestima con mucho miedo a los cambios.
- Inhibición. Cuando una persona duda constantemente de sí misma y no se siente a gusto con quien es, suele construir una burbuja imaginaria a su alrededor para no mostrarse al mundo, que implica no tomar la iniciativa ni hablar sin que le pregunten,

ser escueta en su discurso, etcétera. Es decir, inhibirse y quedarse en su zona de confort. Esta conducta también le dificulta poner límites sanos, lo que tiene un impacto aún más negativo sobre su autoconcepto y facilita que acabe en relaciones asimétricas en las que, si coincide con otra persona que tenga la autoestima deficitaria, no existirá una comunicación que permita conocerse de verdad y vincularse profundamente, ni manejar los conflictos que puedan surgir ni establecer acuerdos acerca de qué es esencial en la relación, etcétera. Como ves, la inhibición, tuya o de la otra persona, dificulta notablemente que haya responsabilidad afectiva.

- Miedo a qué pensarán los demás. Este miedo está muy ligado a la indecisión. Ya hemos dicho que la autoestima no solo depende de tu autovaloración, sino también de lo que tú intuyes que piensan los demás de ti. Así, a veces, por miedo a lo que anticipas que pensarán los demás de ti, no tomas decisiones que realmente te gustaría tomar. Por eso, cuando te encuentras con alguien con este miedo muy arraigado, es muy difícil establecer una relación sincera y natural.
- Autocrítica férrea. En muchos casos, unida al miedo a la opinión de los demás, aparece también la autocrítica, que tiene una función protectora ya que, al activarla, la persona se anticipa al juicio negativo que cree que va a recibir y crea una especie de escudo. Además, esta actitud promueve que los demás vean que eres consciente de tus limitaciones, lo que proyecta una imagen de persona cabal que contrarresta la idea interna de que los demás solo van a emitir juicios negativos. Lo peor de esta autocrítica férrea es que, a base de acumularla, la persona crea un discurso negativo sobre sí misma que nunca contrastará por miedo, lo que hará que cada vez le suene más cierto, porque no tendrá ninguna prueba que desmienta sus ideas irracionales sobre sí misma.

La autocrítica desmedida no siempre tiene por qué conllevar problemas de responsabilidad afectiva. Sin embargo, si se usa para recibir validación social y que te digan continuamente cosas positivas, esto construye una autoestima artificial y frágil que depende exclusivamente de recibir esta validación y, en este contexto, la responsabilidad afectiva es bastante difícil de aplicar, ya que se entra en un círculo complicado de «tú te autocriticas y yo te valido» que puede conducir a una relación tóxica de salvador y salvado.

– Tendencia a la comparación. Muchas personas con baja autoestima tienden a compararse injustamente con otras. Si te sientes identificada con esto, te animo a que reflexiones sobre qué es lo que tienes en cuenta cuando te comparas con los demás, ya que, habitualmente, los ingredientes son estos:

  - Lo que NO me gusta de mí.
  - Lo que YO VEO en la otra persona (solo una pequeña parte de todo lo que es).
  - Mi imagen IDEALIZADA de lo que veo de la otra persona.

Esta suma de elementos no constituye una realidad completa y objetiva, por lo que, si te comparas con ella, siempre sales perdiendo y estarás alimentando tu autoimagen negativa.

También es importante estar atenta a esto porque, si te pasas la vida comparándote, no vives ni disfrutas el presente y te encallas en una imagen tan negativa de ti que acabas por sentir que no tienes derecho a pedir lo que necesitas, poner límites sanos o, simplemente, mostrarte tal y como eres, dejarte conocer y construir relaciones reales y profundas. Esto hace que sea más sencillo que te encuentres una y otra vez con los mismos comportamientos de irresponsabilidad afectiva y, aunque eso no depende exclusivamente de ti, si sabes lo que vales y lo que mereces, es mucho más difícil que los toleres.

¿Cómo es el narcisismo?

Si la autoestima fuera una línea, en un extremo tendríamos la autoestima frágil, de la que acabamos de hablar y, en el otro, el narcisismo.

Pero, ojo, porque estos extremos se tocan más de lo que parece. Te cuento.

En psicología, cuando existe un exceso desmesurado de supuesto amor propio, se habla de trastorno de la personalidad narcisista, una psicopatología que se diagnostica cuando una persona presenta determinados rasgos (creerse por encima del bien y del mal, creerse mejor o con más éxito que nadie o carecer de empatía), y estos generan un deterioro significativo en las principales áreas de su vida.

Sin embargo, hay personas que, sin tener este trastorno, sí han integrado algunos de sus rasgos característicos en su estructura de personalidad, que son los patrones emocionales, de pensamiento y comportamiento por los que se rigen. Estos patrones narcisistas se relacionan con causas neuropsicológicas y también con la crianza recibida. Pueden aparecer por una sobreidentificación con unos progenitores narcisistas; o por haber sido sobreprotegido o sobrevalorado y no haberse podido desprender de estas creencias; o, por el contrario, por haber tenido unos progenitores excesivamente críticos, lo que provoca una respuesta en forma de patrones narcisistas como mecanismo de defensa.

Y es precisamente en eso en lo que quiero que te fijes, ya que las personas con una estructura de personalidad predominantemente narcisista son las que tienen mayores dificultades para poner en práctica la responsabilidad afectiva. De hecho, les resulta prácticamente imposible.

¿Por qué? Pues porque su estructura de personalidad les impide ver que tienen un problema. Se sienten muy a gusto con su forma de comportarse y, además, como se creen superiores a todo el mundo, nunca piden ayuda ni acuden al psicólogo, a no ser que los «obligue» algún familiar o pareja o que este tenga un prestigio brutal y, aun así, dedicarán el tiempo a intentar desafiarlo y demostrar su superioridad.

No obstante, más que demonizar a las personas, lo que a mí me gusta es señalar los comportamientos tóxicos. De hecho, yo no creo que existan las personas tóxicas, porque esto las eximiría de toda responsabilidad de sus actos (porque como son tóxicas, no se puede esperar otra cosa de ellas) y prácticamente les negaría la posibilidad de pedir ayuda (porque si no hay nada que hacer, para qué perder el tiempo). Por eso yo solo hablo de relaciones y comportamientos tóxicos, porque el problema no es la persona, sino lo que hace y la responsabilidad que asume. Y es cierto que, a veces, lo sano es alejarse de determinadas personas, pero lo esencial es aprender a identificar comportamientos, y no tipos de persona.

Los patrones de narcisismo son especialmente peligrosos, porque suelen incluir conductas de manipulación, que pueden hacerte sentir culpable o que debes aguantar en el vínculo porque, al fin y al cabo, estás con una persona que tiene cualidades casi sobrehumanas. Por eso, vamos a aprender a identificar las características narcisistas más comunes y su relación con la responsabilidad afectiva.

– Exagerar las cualidades y logros propios y desear elogios por ellos. Las personas con un patrón de personalidad narcisista tienden a mostrarse continuamente como personas con unas capacidades y cualidades fuera de lo normal, sencillamente perfectas y únicas. Aunque la pregunta del millón es: ¿se lo creen? Las investigaciones han dado distintas respuestas, pero la que yo considero más ajustada a la realidad, desde mi experiencia, es que las personas narcisistas, sin ser conscientes de ello, esconden una autoestima muy frágil y un gran complejo de inferioridad que las empuja a exagerar y presumir de sus supuestos logros una y otra vez en busca de elogio y admiración para engordar su autoestima y poder sentirse cómodas en el vínculo. Así, la estructura narcisista podría entenderse, según algunos autores, como un supermecanismo de defensa ante una autoestima muy frágil.

  Por desgracia, es muy probable que alguna vez en la vida te hayas encontrado con alguien así: aquella cita de Tinder que no paró en toda la cena de hablar de lo increíble que era en su trabajo sin preguntarte nada sobre ti, o aquella persona que te hizo *ghosting* cuando tú no elogiaste su supuesta potencia sexual, muy superior, según ella, a la de cualquier otra persona con la que te hubieras encontrado. Como ves, estos rasgos narcisistas derivan en comportamientos de cero responsabilidad afectiva: *ghosting* si no muestras la admiración esperada, *gaslighting* para hacerte creer que tu incomodidad en el vínculo no tiene que ver con esa persona, gestión muy inadecuada de la ira, con gritos e insultos si le haces cualquier pequeña broma que le haga sentirse vulnerable, etcétera. En resumen, todo lo que no sean halagos por tu parte será respondido con un ataque de irresponsabilidad afectiva.

– Ausencia de inteligencia emocional, escucha y empatía. Con todo lo que ya sabes, es obvio que este aspecto de la conducta narcisista es el mayor lastre para la responsabilidad afectiva. Como ya hemos dicho, las personas con esta estructura no se relacionan de manera sincera y natural, por el puro placer de establecer vínculos satisfactorios, sino de manera instrumental, para conseguir esa admiración excesiva de la que ya hemos hablado. Y esto es causa y consecuencia a la vez de una total ausencia de inteligencia emocional.

Así pues, puedes reconocer este rasgo narcisista evaluando:

- Si te sientes escuchada y comprendida por la otra persona o si, en cambio, ella te ignora o, incluso, te rechaza.
- Si recuerdas algún momento en el que la otra persona te haya hablado de sus emociones o si, por el contrario, parece un témpano de hielo excepto cuando se muestra eufórica por sus superlogros.
- Si la otra persona atiende a tus emociones o si las cuestiona, invalida y quiere cambiar de tema continuamente cuando hablas de ellas.
- Si, en general, sientes que puedes ser tú en la relación con la otra persona o, por el contrario, crees que tienes que ocultar continuamente quién eres para no sentirte inferior o muy incómoda.

Si te sientes más identificada con la segunda parte de todos estos enunciados, lo siento, pero puedes estar ante una persona con rasgos de personalidad narcisista.

- Ausencia de vulnerabilidad. Todos los seres humanos sentimos vulnerabilidad en algún momento, por lo que, más que de ausencia de vulnerabilidad hablamos de la imposibilidad de conectar con ella y mostrarla a los demás, ya que eso pondría en riesgo su imagen de superioridad.

  Si una persona no conecta con su propia vulnerabilidad es imposible que exista responsabilidad afectiva. Así, aunque una persona narcisista sea perfectamente consciente de que sus actos tienen consecuencias en las otras personas, lo que *a priori* sería un indicio de responsabilidad afectiva, esto les da igual, porque lo que buscan es, precisamente, influir en ellas para ensanchar su ego.

  Para identificar este rasgo, fíjate en las conversaciones sobre cómo te sientes con esa persona (que no serán precisamente agradables). Seguramente, la otra persona dará enseguida la vuelta a la tortilla para señalar tus supuestos defectos y, sin saber cómo, la conversación estará versando sobre lo que tú haces «mal» y no sobre el problema real que querías atajar.
- Intolerancia a las críticas. Como era de esperar, otra característica típica del narcisismo es no aceptar las críticas, porque en el momento en el que alguien articula una crítica, está rompiendo sus defensas ante ese complejo de inferioridad que la otra persona ha tapado tanto que ya ni es consciente de que lo tiene.

  La reacción habitual de una persona narcisista ante una crítica es hacerse la víctima con una hostilidad descontrolada para hacerte sentir culpable y que cambies tu discurso o, directamente, romper el vínculo sin más explicación. Ambas cosas son faltas de responsabilidad afectiva.
- Búsqueda continua de control. Las personas narcisistas suelen intentar controlar todo lo que sucede a su alrededor para mantener intacta su imagen. De hecho, aunque puedas pensar lo contrario, las personas narcisistas no suelen ser muy amigas de las redes sociales, porque es un entorno que no controlan del todo; por ejemplo, no pueden filtrar continuamente los comentarios que reciben.

Esto se aplica también a sus personas cercanas, a quienes intentan controlar y, en muchas ocasiones, llegan a aislar de cualquier otra persona de su círculo que perciban como una amenaza. Esto tiene un nombre: maltrato psicológico.

- Manipulación y mentiras. Para llevar a cabo este control del que acabamos de hablar, la manipulación y las mentiras están a la orden del día. Conductas que emplean, sobre todo, para ensalzar sus supuestos éxitos y logros.

  ¿Cómo se pueden identificar estas mentiras? Aunque no es infalible, te recomiendo fijarte en si esas proezas de las que habla son fácilmente comprobables o demostrables, o no. Por ejemplo: si alguien te cuenta que se sacó una doble titulación en la Universidad de Harvard y que la terminó en tiempo récord, pero no hay título, ni fotos ni nada que atestigüe su paso por allí... sospecha. Aunque seguramente esa persona también tendrá alguna excusa para eso.

  En cuanto a la manipulación, estas son sus formas más habituales. Es importante que aprendas a identificarlas lo antes posible, porque las personas narcisistas pueden llegar a ser muy seductoras.

- Fingir normalidad después de que haya pasado algo grave. Por ejemplo, estar como si nada después de haber tenido un ataque de ira intensa hacia ti y que, cuánto más le preguntes, más te haga creer que estás exagerando y que no ha pasado nada. El principal objetivo de esta manipulación es hacerte creer que tú eres una loca y él un ser cabal y tranquilo que no se inmuta por «tonterías».
- Luz de gas. Ya hemos hablado de este mecanismo. Su objetivo es hacerte dudar de tu percepción y cordura.
- Victimismo. Surge cuando intentas poner límites o emites alguna crítica y su objetivo es hacerte sentir culpable para que desistas y le des tu aprobación. Algunos ejemplos de esto son: que alguien te diga que tomó drogas después de vuestra discusión porque se sentía fatal (aunque nunca te habla de sus sentimientos); que alguien intente convencerte de que ha hecho un

sacrificio por ti y que tú no estás correspondiendo; que alguien justifique un error suyo achacándolo a una necesidad o carencia, por ejemplo, «Te puse los cuernos porque tú no me das sexo y me haces sentir totalmente indeseable». Así, la persona narcisista queda como quien se esfuerza y «sacrifica» por el vínculo.

- Disfraz de protección. Surge cuando alguien justifica conductas de control diciendo que lo hace «porque te quiere» o «porque se preocupa por ti». Por ejemplo, cuando alguien trata de prohibirte quedar con un amigo después de hacerte creer que no es una buena influencia y que seguramente te hará daño. Así, esa persona colma su necesidad narcisista de ser única y especial mostrándose como alguien imprescindible para ti, sin la cual no sabes manejarte bien.

LOS CIMIENTOS FRÁGILES EN UNA RELACIÓN: LA DEPENDENCIA EMOCIONAL

Todos los factores que hemos comentado hasta ahora que afectan a los vínculos se relacionan entre sí como las fichas de un dominó al caer: problemas de apego, mandatos familiares y sociales, experiencias más o menos traumáticas en vínculos anteriores y problemas de autoestima.

La siguiente ficha de esta sucesión son los patrones de dependencia y codependencia emocional.

Sostenerte para sostenerme: dependencia y codependencia emocional

Todo empieza con una persona que tiene una herida, vamos a llamarla Lidia. Lidia padeció un déficit afectivo muy importante, como el que genera un estilo de apego ansioso o desorganizado, que le provocó una herida de abandono. Así, en sus relaciones adultas, Lidia solo desea ser querida y reconocida, y le da igual quién sea la persona con la que se vincula o cómo sea la relación.

Como Lidia siempre siente que la van a abandonar y, en el fondo, cree que no merece ningún cariño, casi siempre acaba involucrada en relaciones en las que obtiene precisamente eso: grupos de amigos con valores muy diferentes a los suyos, relaciones de pareja con personas casadas, rolletes con el típico macarra que no se quiere comprometer, pero la convence para tener sexo casual, etcétera. Parecería que Lidia se ha acostumbrado tanto al abandono que, inconscientemente, cree que ese es su lugar, aunque lo que de verdad desea es ser amada.

Y como ese es su deseo inconsciente, se muestra siempre sumisa hasta que las dudas al respecto de si va a ser abandonada la llevan a activar conductas de control sobre su pareja, que le aseguren que no la está dejando de querer. Pero esa preocupación siempre la supera y, haga lo que haga su pareja, Lidia lo interpreta todo como un acto de que, en realidad, ya no la ama. Así, su pareja, cansada de aguantar el control, las dudas constantes y las dificultades inherentes al propio vínculo (que, recordemos, ya partía de un lugar poco equilibrado), termina dejando a Lidia y confirmando su peor temor: ha sido abandonada. La herida se abre un poco más.

Lidia empieza a pensar que quizás lo que falla en sus relaciones es su excesiva dependencia emocional de su pareja. Ella siempre ha oído decir que el amor es el centro de la vida y que el amor todo lo puede y, por eso, cuando está en una relación, lo único que hace es intentar complacer a la otra persona y preocuparse por el posible abandono. Pero empieza a pensar que quizás eso no es amor, sino dependencia. Y Lidia no va nada desencaminada.

Así, un buen día, Lidia conoce a Jacobo. Jacobo siente que Lidia es una persona muy vulnerable, necesitada de cariño y sin nadie que la escuche; necesita a alguien como él. Empiezan a quedar y, al poco, inician una relación de pareja. En ella, Jacobo siente que su objetivo principal debe ser salvar a Lidia, y él se siente muy cómodo con ese poder. Sin embargo, haga lo que haga, ella no se calma, sigue pensando que él no la quiere, y Jacobo se desespera, porque cree que es el único responsable de que Lidia se sienta así. Ante esta situación, Jacobo se esfuerza aún más en hacer feliz a Lidia: evita poner límites sanos; minimiza o tapa los comportamientos desadaptativos de ella, como que quiera controlarlo o le pida explicaciones de dónde sale y con quién; nunca le dice que no a nada, aunque a veces lo desee, etcétera. Lo que haga falta para salvarla. Además, él cree que está siendo responsable afectivamente en el vínculo con Lidia, ya que la empatía, el respeto y los cuidados están totalmente presentes en sus actos.

Por su parte, Lidia, que es la primera vez que tiene a alguien que la atiende de esta manera, empieza a tener cada vez más dificultades para tomar decisiones cotidianas sin la aprobación de Jacobo; solo hace planes con él, porque tiene mucho miedo a separarse y que él cambie de idea con respecto al vínculo que están creando; intenta que ninguno de los dos vea a nadie más porque cree que solo están realmente felices cuando están los dos solos, etcétera. Todo esto le resulta muy cómodo a Lidia quien, además, empieza a idealizar a Jacobo y, como le parece una persona tan increíble, empieza a asumir incluso como propio su sistema de valores y creencias. Lidia sigue teniendo miedo, pero este miedo se calma cada vez que controla a Jacobo, así que cree que esta vez es amor, y no dependencia.

Por supuesto, Lidia no puede estar más equivocada. Es verdad que este vínculo es diferente a los que ha tenido hasta entonces, pero, sin darse cuenta, está reforzando su dependencia emocional más que nunca. ¿Qué está pasando realmente? Que Lidia se está relacionando desde el lugar que conoce, la dependencia emocional, y Jacobo también se está relacionando desde el lugar que conoce él, la codependencia emocional.

Dependencia y codependencia emocional son dos caras de una misma moneda, la consecuencia de la caída de las fichas de dominó que, en este caso, provoca que el gran problema de autoestima de Lidia solo pueda aliviarse dependiendo de una persona y que Jacobo solo se sienta realizado si se responsabiliza de las emociones de Lidia y orienta la relación únicamente a cuidarla y salvarla, anteponiéndola a sus necesidades más básicas. Y todo esto, aunque ellos aún no lo saben, constituye una relación muy tóxica, porque su autoestima solo puede «llenarse» a través del otro, es decir, son otro ejemplo de lo que hemos denominado autoestima frágil.

¿Responsabilidad afectiva o codependencia?

Al principio del libro hemos comentado que la responsabilidad afectiva no solo es empatía, respeto y cuidados. Ahora vamos a ver por qué. En nuestro ejemplo, Jacobo piensa que está siendo responsable afectivamente porque prioriza esos tres factores. Sin embargo, al intentar ser tan responsable con las emociones de Lidia, se acaba responsabilizando completamente de su estado de ánimo, y lo antepone a sus propias necesidades.

Y, como has visto hasta ahora, la responsabilidad afectiva o es bidireccional o no es, es decir, que Jacobo debe atenderse también a sí mismo. Por otro lado, la responsabilidad afectiva no es sinónimo de responsabilizarse de las emociones ajenas, sino de cuidar tus actos entendiendo que estos pueden repercutir en dichas emociones, pero la gestión de estas es responsabilidad exclusiva de la otra persona, Lidia, en este caso. ¿En qué se diferencia la codependencia de la responsabilidad afectiva? Vamos a verlo.

En la codependencia, la finalidad de los cuidados no es cuidar, aunque la persona lo sienta así, sino sentir poder, sentirse válida y mejorar la autoestima propia. En cambio, en la responsabilidad afectiva, los cuidados, además de ser recíprocos y equilibrados, tienen como finalidad cuidar la relación, porque surgen de manera natural y altruista.

En la codependencia hay una persona que se responsabiliza de las emociones del otro, porque es lo más «medible» que tiene a mano para evaluar su propia autoestima: «Si mi pareja está contenta, yo me siento válido; si mi pareja está triste, yo me siento inútil». En cambio, en la responsabilidad afectiva, cada persona se responsabiliza de sus actos, pero las emociones de la otra persona pertenecen a esa otra persona. Por ejemplo: si Jacobo le dice a Lidia que, como ella siempre se pone celosa cuando él queda con su amiga Míriam, va a dejar de quedar con ella para que Lidia esté bien, Jacobo está responsabilizándose de las emociones de Lidia. En cambio, si Jacobo le dice a Lidia que lamenta que se sienta así, pero que pueden hablar del tema todo lo que necesite y que la anima a pedir ayuda para gestionar sus celos, Jacobo está siendo responsable afectivamente, porque atiende al tema con empatía, ofrece cuidados, pero también una alternativa para que Lidia se haga cargo de sus emociones y pueda aprender a gestionarlas.

En la codependencia no se ponen límites sanos, porque se entiende que eso creará un conflicto innecesario en la relación y que forma parte de los cuidados evitarlo. En cambio, responsabilidad afectiva es también poner límites sanos para que la relación esté equilibrada entre ambas partes.

¿Amor o dependencia emocional?

Lidia está convencida de que lo que siente en estos momentos es amor, pero en realidad es dependencia. Aunque en otras relaciones anteriores lo había podido identificar, en esta, al encontrarse con una persona que la atiende y la cuida, cree que eso tiene que ser el amor del bueno del que tanto se habla. ¿Por qué lo que está sintiendo Lidia no es amor, sino dependencia? Si te sientes o te has sentido identificada con ella, te interesa conocer las principales diferencias entre amor y dependencia emocional.

Dependencia	Amor
· Estás con la otra persona para evitar el sufrimiento: en el caso de Lidia, el sufrimiento de ser abandonada. · Si tu pareja no está, todo te parece imposible de manejar. Esto es muy común, por ejemplo, si has podido acceder por primera vez a un grupo de amigos a través de tu pareja. · Los acuerdos los pones tú y son innegociables. Por ejemplo, pones normas rígidas y aceptas las de la otra parte sin cuestionarlas por miedo al abandono.	· Estás con la persona porque te hace sentir genial: es decir, te suma felicidad, sin ser tu única fuente de ella. · Tu pareja hace tu vida más fácil, pero sin ella también puedes vivir. Eliges estar con ella porque te suma, no te aferras a ella para que no te reste. · Negociáis y os adaptáis. Aunque hay ciertos límites innegociables (que no haya agresiones, por ejemplo), en general es importante que los acuerdos se construyan y modifiquen a lo largo de la

· Sueles tener dudas acerca de si eso es de verdad «estar bien juntos». Por ejemplo, para que la relación «esté bien» deben cumplirse una serie de normas y estereotipos como ir a cenar siempre juntos los sábados y, si no pasa, dudas. · Si no eres la prioridad de la otra persona, la relación no funciona. Sientes inseguridad cada vez que tu pareja dedica tiempo a sus aficiones u otros planes. De ahí que Lidia intente evitar que Jacobo haga planes sin ella. Asociar la ausencia de priorización con la ausencia de amor es un error.	relación según las diferentes fases y necesidades. · Sabes con certeza que estáis bien cuando estáis juntos, porque simplemente lo sientes así. No existen unas expectativas rígidas sobre «cómo debe ser la relación», simplemente se disfruta de la experiencia de estar juntos. · Sabes que eres importante para la otra persona y eso te hace sentir bien. Cada miembro de la relación tiene su propia parcela vital aparte de la parcela de la pareja. A veces priorizará la pareja y a veces otras cosas, y está bien.

La relación entre Jacobo y Lidia es una relación de pareja, pero la codependencia y la dependencia también son habituales en relaciones familiares y de amistad. Lo que acabamos de explicar se aplica también a este tipo de vínculos.

Destruir los cimientos frágiles: amar sin dependencia

Como ves, la dependencia emocional se desarrolla a partir de tantos factores vitales que, si sientes que la sufres, te recomiendo que vayas a terapia, porque afrontarla no es un trabajo fácil que pueda hacerse a solas con una misma. Lo mismo sucede con la codependencia. No obstante, sí quiero explicarte algunas cosas que puedes intentar poner en práctica contigo si crees que te has relacionado desde la dependencia o la codependencia alguna vez. Todos valen para ambos casos porque la persona dependiente depende de la codependiente y la codependiente, de la dependencia de la persona dependiente. Sí, parece un trabalenguas, pero lo que quiero decir es que ambos fenómenos son una forma de dependencia, por eso estas ideas sirven en ambos escenarios.

- Sé honesta contigo. Con la información de este capítulo puedes identificar estos patrones en ti, en tu pareja, amistades, familiares, etcétera. Así que lo primero es sentarse e identificar el problema, por duro que sea y a pesar del miedo a que eso implique romper algún vínculo importante.
- Derriba creencias limitantes sobre la relación. Entre ellas, los mitos del amor romántico u otras muy extendidas, como que «si tu pareja no te muestra celos a menudo, es que en realidad no te quiere» o que «si no estáis hablando por WhatsApp a todas horas, es que realmente no hay interés». Este tipo de creencias no tienen ninguna base y, a veces, las creemos tan a rajatabla que las relaciones dejan de ser naturales y se convierten en una especie de examen donde todo debe hacerse de una manera concreta para no «suspender». Y el amor no es eso, es algo que requiere cuidados y trabajo mutuo, pero también que es natural y satisfactorio.
- Abre más tu círculo social. En ocasiones, la dependencia está muy relacionada con el hecho de no contar con más vínculos satisfactorios. Sé que construir vínculos nuevos, y que estos sean de calidad, no siempre es trabajo fácil, pero quizás apuntarte a alguna actividad, curso, voluntariado, etcétera, te haga coincidir con otras personas con las que, además, ya tendrás algo en común.
- Valora el coste de seguir en la relación en estas condiciones. Seguro que muchas veces has pensado en lo difícil que sería cortar ese vínculo tan importante para ti: contárselo a todas las personas cercanas, cambiar muchas de tus rutinas, buscar espacios nuevos para el disfrute, etcétera. Es verdad que este no es un proceso fácil pero ¿seguir donde estás sí lo es? Quizás hacer lo que haces cada día para poder continuar con la relación es mucho más duro que zanjarla. Y, ojo, a veces, una relación de dependencia puede

convertirse en una relación sana, pero para eso son imprescindibles dos requisitos: que todas las partes del vínculo estéis de acuerdo e implicadas en trabajarlo, y que lo trabajéis con un profesional que os pueda guiar, ya que solos es muy complicado, por todas las creencias y patrones inconscientes arraigados que siguen retroalimentando la dependencia.

- Toma contacto con los defectos de la otra persona. Es decir, fíjate en todo aquello que no te gusta tanto, pero que hace humana a esa persona. Esto no es ni para tratar de cambiarla ni para echárselo en cara continuamente, sino para romper la idealización que mantiene el círculo de dependencia o codependencia. Esa persona es humana, como tú, con sus luces y sus sombras.
- Tu vida y emociones te pertenecen solo a ti, y créeme que esto es una buena noticia. Como te decía antes, cuando te relacionas mediante un patrón de dependencia emocional sientes que la otra persona es la responsable de tus emociones, porque eso te permite tener algo a lo que agarrarte cuando no tienes ni idea de cómo regularlas. Sin embargo, saber que la responsable de tus emociones y decisiones eres solo tú, aunque los actos de la otra persona influyan en ellas, te empodera y te da la libertad que necesitas para aprender a regularte por ti misma en la medida de lo posible, sabiendo que no necesitas que otra persona se encargue de esto, aunque te pueda ayudar, porque somos seres sociales, pero llevando tú la voz cantante.
- Pasa de la dependencia emocional a la interdependencia. Esto es lo más difícil y lo que más se suele trabajar en terapia. En esta sociedad individualista que se ha ido fraguando en los últimos tiempos, no se habla mucho de la interdependencia, pero es un concepto crucial que podría definirse como una dependencia sana. Sí, como lo lees. Los seres humanos somos seres sociales, es decir, necesitamos el contacto con los demás para nuestro bienestar, por lo que dependemos en cierto modo de generar vínculos satisfactorios con otros para lograr cierta calidad de vida. Esto es la interdependencia.

La principal clave para diferenciarla de la dependencia emocional es entender que, a lo largo de tu vida, tu dependencia de los demás ha cambiado, es decir, no dependías igual de tus personas cercanas cuando tenías cinco años que ahora, tengas la edad que tengas. Así, para que la dependencia de los otros sea sana, esta debe estar adaptada a la edad o etapa vital, para que no sea desproporcionada, y estar centrada en relaciones de apoyo mutuo, es decir, equilibradas. Vamos a ver las principales diferencias entre ambas cosas.

Dependencia emocional	Interdependencia
· Una de las personas del vínculo es la que más a menudo proporciona cuidados a la otra.	· Ambas personas dan y reciben apoyo y cuidados de manera mutua y equilibrada.
· Una de las personas se siente responsable cuando le sucede algo malo a la otra, hasta el punto de que este suceso le dificulta seguir con su vida con normalidad.	· El estado de ánimo de ambas personas se ve afectado cuando una de ellas lo está pasando mal, pero ambas pueden seguir con su vida y ninguna se siente responsable de ello.
· Una de las personas acaba fusionando tanto su identidad con la otra que termina perdiendo su criterio.	· Se tiene intimidad y se muestra vulnerabilidad sin vivirlo con incomodidad.
· Una de las personas solo se siente segura en presencia de la otra.	· Ambas personas se sienten seguras juntas, pero también en otros vínculos y en soledad.
· Una de las personas toma sus decisiones en función de la opinión de la otra.	· Ambas personas piden opinión a la otra cuando lo consideran necesario, pero su criterio es clave para tomar la decisión final.

CONSTRUIR NUEVOS Y SÓLIDOS CIMIENTOS: LA AUTOESTIMA SANA

Ahora que ya conocemos todas las implicaciones de los problemas de autoestima, ha llegado el momento de identificar cómo es una autoestima buena o sana; lo que coloquialmente llamamos una autoestima alta (que a veces se confunde con el narcisismo, pero nada más lejos de la realidad). Conocer estos aspectos te puede ayudar a identificar qué partes de tu autoestima están sanas, qué otras podrías trabajar si así lo deseas para sentirte mejor y, también, a detectar cuándo te estás relacionando con alguien con una autoestima sana, lo que es un buen factor predictor de relaciones sanas. Así es una autoestima sana.

- Te aceptas tal y como eres, aunque haya aspectos de ti que te gusten menos que otros. Es común oír que, para poder quererte, te tiene que encantar todo de ti, pero esto es falso. Es normal que haya partes de ti que no te gusten tanto, pero eso no tiene que impedirte aceptarte como un todo ni hacer que estas te definan por completo. La aceptación no significa sentirte perfecta, sino dejar de estar en guerra contigo y valorarte como el ser único que eres.
- Trabajas en mejorar lo que no te gusta de ti sin obsesionarte y desde el amor. Aceptar las partes de ti misma que no te gustan tanto no está reñido con querer mejorar algunas porque esto te vaya a reportar beneficios. Es decir, puedes querer cambiar algo de ti, pero aceptar igualmente el estado actual. Por ejemplo, pensando en el físico, puedes cuidar tu cuerpo desde el «mi cuerpo es horroroso, así que voy a hacer ejercicio para cambiarlo» o desde el «acepto mi cuerpo por todo lo que me permite hacer y, como estoy tan agradecida, quiero cuidarlo dándole lo que necesita para sentirse mejor: ejercicio». Por otra parte, es importante también ser consciente de los propios límites y capacidades. Habrá cosas de ti que quieras cambiar y no puedas, y otras que sí podrás cambiar, pero no quieras, y todo es válido.

- Cometes errores y te responsabilizas de ellos sin fustigarte. Eres consciente de que cometer errores forma parte de la condición humana y haces lo posible por repararlos, cuando es posible, o aceptarlos, tratando de aprender de ellos y sin que la culpa por haberlos cometido te impida avanzar.
- Reconoces tus logros. Esto a veces cuesta, porque se asocia con prepotencia o falta de humildad, pero no es así. Se pueden (y se deben) reconocer y valorar los logros propios de manera totalmente humilde y sin que eso implique alardear.
- Eres autocompasiva, te mimas y consuelas cuando lo necesitas. Es decir, te tratas como tratarías a la persona que más quieres, comprendiéndote, escuchándote y dándote lo que necesitas cuando lo necesitas. Por ejemplo, si has tenido un mal día y te apetece darte un baño relajante para sentirte mejor, no te pones «peros» como que «es una pérdida de tiempo» o «tampoco me va a solucionar la vida», lo haces porque es lo que tu cuerpo te está pidiendo.
- Sabes expresar tus emociones sin temer en exceso que te juzguen por ellas. No tienes miedo al contacto social, así que puedes hablar de lo más profundo de ti, como tus emociones, que más o menos conoces, sin miedo a que sean juzgadas, porque sabes que ese juicio no tiene por qué definirte.
- Disfrutas con tu propia existencia y dejas espacio a tus emociones desagradables. Como sabes escucharte y atenderte, también sabes permitirte disfrutar cuando tu estado de ánimo está en consonancia y parar y atenderte cuando estás más tristona.

Por otro lado, me imagino que te preguntarás qué puedes hacer si no te identificas con nada de lo anterior o si quieres reforzar tu autoestima con herramientas que te sirvan para hacer frente a comportamientos de irresponsabilidad afectiva en tus vínculos. Construir o reforzar tu autoestima no siempre es trabajo fácil, pero aquí tienes unas pautas para dar los primeros pasos. Si ves que te cuesta, te recomiendo ir a terapia.

- Identifica y trata de modificar tu discurso interno. El discurso interno es la forma de hablar contigo misma, las cosas que sueles decirte, cómo interpretas lo que haces, etcétera. Para ello, es interesante identificar: qué te dices cuando algo no te sale tan bien como esperabas, qué defectos te repites una y otra vez y de qué forma concreta te los dices, y si crees que empeñas la misma proporción de tiempo en corregirte que en felicitarte.

  Una vez que tengas esto identificado, es hora de comenzar a hacer pequeños cambios que, al principio no te saldrán naturales, pero que, si eres constante y lo haces con conciencia, se irán integrando. Por ejemplo, algo que oigo bastante en consulta son términos relacionados con la capacidad. Muchas personas se dicen que ya no son «útiles» o ya «no sirven», es decir, ponen su valía global en el hecho de no ser capaces de hacer algo en un momento dado. ¿Cuál sería una manera más saludable de hablarse en esos momentos? En lugar de decir «No puedo, así que no sirvo», prueba a decirte: «estoy aprendiendo a...», «estoy en camino de...», «todavía no puedo hacer...» o, incluso, «no puedo hacer esto, pero eso no define mi valía».

  Respecto a los defectos que te repites una y otra vez como «soy un desastre», «soy tonta», «soy torpe» etcétera, párate a pensar si de verdad muestras esa supuesta faceta de ti en absolutamente todos los momentos de tu vida. Seguramente verás que no es así o, incluso, que ni siquiera está presente de una manera tan habitual ni contundente como te dices a ti misma. Cuestiónate la película mental que te montas con esto y, aunque te dé vergüenza o miedo, exponte a situaciones en las que te puedas demostrar que no eres tan «lo que sea» como te dices. A menudo, mantienes este discurso porque no te expones a estas situaciones y reconfirmas una y otra vez tu película mental, sin opción de refutarla.

  Y, por último, cuando identifiques más o menos cuánto tiempo dedicas a felicitarte y cuánto a corregirte, te darás cuenta de que debes dedicar un poco más a darte una palmadita en el hombro por lo que estás haciendo bien. Esto es esencial, porque a lo que no se le presta atención, no existe.

Hacer todo esto es ser responsable afectivamente contigo, porque te permites tratarte como crees que se merecería la persona que más quieres, y porque es la única manera de que puedas establecer las relaciones que mereces.

– El método de la piedra gris para hacer frente al narcisismo. Si estás en una relación con alguien que tiene un patrón de narcisismo bastante importante, lo más recomendable es que zanjes el vínculo y cortes toda vía de comunicación con esa persona. ¿Por qué? Pues porque en ese tipo de relaciones abundan la manipulación y el abuso, de modo que son muy tóxicas e, incluso pueden llegar a ser de maltrato si existe violencia física y verbal o te sientes completamente anulada, entre otras cosas.

Sin embargo, soy consciente de que esos vínculos no siempre se pueden zanjar del todo o, al menos, no inmediatamente, ya sea porque son con un familiar con el que convives, o con tu expareja, con la que tienes un hijo en común, o con un compañero de trabajo que tienes que ver todos los días, por ejemplo. En estos casos, puede resultarte útil el método de la piedra gris, aunque priorizando siempre el contacto cero o teniendo en mente aplicarlo en cuanto sea posible.

El método de la piedra gris no está validado científicamente, por lo que hay que entenderlo como una herramienta que quizás puede ser útil en un momento dado, pero ni es la panacea ni está pensada para el largo plazo, ya que de una relación abusiva lo ideal es salir en cuanto puedas. Fue mencionado por primera vez en 2012 por la psicóloga Skylar y, básicamente, consiste en convertirte en una persona tan «aburrida» como una piedra ante la persona narcisista: no iniciar tú ninguna intervención ni ofrecer nada, evitar el contacto visual, contestar con mucha brevedad y sin ápice de emoción en tu discurso, etcétera.

Como ya hemos dicho, la personalidad narcisista se alimenta de tu admiración y elogios mediante un mecanismo que en psicología llamamos refuerzo positivo: una conducta tiene más probabilidades de repetirse cuanto más estímulos agradables reciba la persona que la emite en el momento de emitirla. Si no existe ese refuerzo, la conducta es probable que se extinga, es decir, que la persona narcisista se canse y se vaya a otra cosa mariposa. De todos modos, eso no significa que de repente vaya a tratarte genial o la relación se vuelva sana, ni mucho menos, como te digo, es una técnica con un uso puntual.

- No tienes que ser perfecta para ser válida ni querida. ¿Acaso lo son todas las personas a quienes quieres y valoras? A veces, para mantener la autoestima alta hay que moderar el perfeccionismo, porque nunca vas a llegar a la excelencia, ¡ni falta que hace!
- Experimenta. Atrévete a hacer eso que siempre te ha apetecido, pero que nunca te atreviste por miedo, ya sea pequeño o grande. A veces esta es una muy buena manera de reforzar tu autoestima, porque, encerrada en tu zona de confort, quizás nunca te pase nada malo, pero quizás tampoco nada bueno. Ha llegado el momento de lanzarte porque, si no lo pruebas, nunca sabrás todo lo que puedes ser, hacer y conseguir. Ensayo y error.
- Sé consciente de qué está en tu control y qué no. Las cosas de las que te responsabilizas y de las que no, influyen en tu autoestima, y para poder responsabilizarte de algo, esto tiene que estar bajo tu control. En el caso de los vínculos, está totalmente fuera de tu control lo que los demás digan o hagan y si esto te afecta o no. En muchos libros de autoayuda te dirán que eres tú quien permites que algo te afecte, pero esto es totalmente falso, y creértelo es lo que hace que te responsabilices de cosas que, en realidad, no vas a poder controlar quieras o no, con la culpa consiguiente por no ser capaz de hacer algo que supuestamente deberías. Lo que sí está bajo tu control es poner límites, decidir con quién pasar tu tiempo, perdonar o no los actos de otras personas, etcétera. Por eso, algo que te puede ayudar bastante a potenciar tu autoestima es decirte a ti misma y a los demás «esto no es mi responsabilidad» cuando te atormenten elementos fuera de tu control. Esto te empoderará y te dará mayor seguridad cuanto más presente lo vayas teniendo.
- Diversifica tu autoestima. A menudo solo nos valoramos mediante algún ámbito de nuestra vida, por ejemplo, lo buenos que

somos en el trabajo, lo bien que nos desenvolvemos en círculos sociales, lo maravillosos que somos como pareja. Y, al valorarte solo en este ámbito, es muy probable que pierdas de vista todos los demás y, por tanto, que tu autoestima no esté equilibrada ni sea sólida. Imagina que tienes un barquito de juguete donde quieres meter muchas piezas. Si las acumulas todas en un único lado del barco, este se hundirá desde ahí. En cambio, si repartes las piezas por todo el barco, este estará equilibrado, flotará y podrá navegar. Pues con tu autovaloración en los diferentes ámbitos de tu vida pasa exactamente lo mismo: aunque en algunas etapas algún ámbito pese más que otros (por ejemplo, el ámbito social en la adolescencia), en general, es primordial que atiendas y cuides todas tus esferas importantes, para ver lo valiosa que eres en cada una de ellas, con tus capacidades y tus limitaciones, y que tu autoestima, al estar equilibrada, esté también muy sana.

Ahora voy a escucharme: carta a la persona más importante de mi vida

Acabamos de hacer un viaje por todo lo que supone tener problemas de autoestima, sobre todo en los vínculos que construyes. Por eso, me encantaría que des un primer paso en el camino de quererte mejor porque, si vamos a construir amor del bueno, lo justo es que el primero sea de ti para ti, ¿no crees?

Para ello, te propongo que escribas una carta a la persona más importante de tu vida. Y no sé en quién estarás pensando, pero yo me estoy refiriendo a ti, porque tú eres quien te va a acompañar toda la vida, tu mejor amiga, quien te protege de quienes te quieren hacer daño y tu mejor guía, aunque quizás ahora no lo sepas. Sé que a veces te enfadas contigo, o te decepcionas, pero hoy quiero que te hables como hablarías a la persona que más quieres en el mundo. Porque quiero que seas la persona a la que más quieres en el mundo.

Al escribirte esta carta a ti misma quiero que trates los siguientes puntos:

Empieza diciéndote cómo estás de manera sincera.

1. Dedica las primeras frases o párrafos a la niña que fuiste y agradécele todo lo que hizo bien. No te quedes en «gracias por todo lo que hiciste bien», sino piensa una por una en todas las cosas que tengas que agradecerle a esa niña y escríbelas. Si hay algo por lo que quieras pedirle perdón, hazlo también.
2. Ahora, pensando en quién eres hoy en día, escríbete todas las cosas que te hacen estar orgullosa de ti y los recursos que has puesto en marcha para conseguirlas. Por ejemplo: «Estoy muy orgullosa de que hayas conseguido irte a vivir sola, eso demuestra lo valiente y fuerte que eres».
3. A continuación, cuéntate todas las características positivas que tus personas cercanas te han dicho a lo largo de tu vida. Algunas te las creerás y otras no, pero tú escríbelas todas. Escribe en qué crees que se basan para decir lo que dicen de ti, y párate a pensar y escríbete también qué crees que conseguirías si te creyeses todas esas cosas positivas que te han dicho. Por ejemplo: «Mi hermana siempre me ha dicho que soy muy inteligente, pero yo no me lo creo. Creo que se basa en que siempre se me ha dado bastante bien lidiar con los conflictos familiares. Nunca había considerado eso una característica de inteligencia, pero quizás, si me lo empiezo a creer, pueda sentirme mucho más segura cuando hay conflictos familiares y hablar con ellos más claramente de lo que siento y necesito».
4. Para finalizar, escríbete qué vas a hacer de ahora en adelante para mimarte más. Piensa en todo lo que no sueles darte porque crees que no te lo mereces o que es una pérdida de

tiempo. Puede ser desde permitirte descansar cuando terminas de trabajar o estudiar hasta hacer en cuanto puedas ese viaje que siempre has querido.

5. Una vez terminada la carta, que puede ser todo lo larga que quieras, siéntate frente a un espejo, mírate y léete la carta. Esto parece muy místico, pero en realidad se trata de algo tan sencillo y que hacemos tan poco como pararnos un rato con nosotras mismas y hablarnos, exactamente igual que harías de vez en cuando con la persona a la que más quieres.

CAPÍTULO 5

ESTA VEZ SERÁ DISTINTO (O NO): LA ELECCIÓN DE PAREJA Y OTROS VÍNCULOS

Ha llegado el momento de profundizar en cómo eliges tus vínculos, porque ser consciente de ello será lo que más te ayude a no repetir los patrones que terminan en relaciones tóxicas y a facilitar que la responsabilidad afectiva esté bien presente.

A continuación verás cómo has estado eligiendo tus vínculos hasta ahora y conocerás desde qué lugares no es saludable relacionarse. También hablaremos de por qué no eres capaz de terminar un vínculo que te hace daño o de por qué siempre terminas en el mismo tipo de relaciones. Identificar esto te dará más opciones de poner en práctica las herramientas para salir de un vínculo tóxico y para construir amor del bueno que te daré en el último capítulo.

E igual de importante que saber cómo eliges pareja también lo es que reconozcas cuando una ruptura no se está gestionando con responsabilidad afectiva, ya que, según los patrones de apego y las heridas que ya conoces, hay más tendencia a romper de una forma u otra. Conocer esto es esencial para saber qué te está frenando inconscientemente a veces a dar el paso, o entender por qué una persona de tu vida rompió contigo como lo hizo, lo que te permitirá abandonar la culpa que puedas acarrear.

Por último, hablaremos de qué es una relación consciente y qué puedes hacer para conseguirla.

¿TROPIEZAS CON LA MISMA PIEDRA POR CASUALIDAD?: LA ELECCIÓN DE TUS VÍNCULOS

Quizá te estés preguntando: «Pero ¿la elección de vínculos no es aleatoria? Al fin y al cabo, ¡yo no sé cómo van a ser las personas antes de conocerlas!». Pues no, no es aleatoria, influyen mecanismos tanto conscientes como inconscientes. Hablaremos de esto tomando como ejemplo el amor en pareja, que suele ser el vínculo que, si deseas establecerlo, más influye y más importante es en la edad adulta. Sin embargo, todo esto puede aplicarse a la elección de amistades, así que tenlo en cuenta.

Como decíamos, existen ciertos mecanismos conscientes que influyen en que te vincules con una persona o con otra: la atracción intelectual y física, la química sexual, los intereses en común, etcétera. Pero de lo que realmente quiero hablar es de los mecanismos inconscientes, porque son los que no se notan y los que más influyen tanto en el proceso como en los mecanismos conscientes, entre otras cosas, a través de los mandatos familiares y sociales. Por ejemplo, existe un canon social sobre qué personas son deseables como pareja, más allá de los gustos personales: personas con la cara simétrica, delgadas, inteligentes, simpáticas, exitosas, etcétera.

A continuación, profundizaremos en todos estos mecanismos inconscientes.

Tu relato sobre tu experiencia de apego

Como ya has visto, el apego establecido en la infancia con tus cuidadores y las heridas que pudiera dejarte una relación tóxica con ellos deja una gran huella en tu manera de entenderte y entender el mundo. Así, a medida que transitas por las diferentes etapas vitales, las relaciones que forjas conforman un entramado de expectativas, patrones de comportamiento interiorizados y representaciones mentales de ti misma y de los demás cada vez más complejo. Y este entramado influye notablemente en cómo eliges tus vínculos y en cuales sueles «quedarte». Esta elección de los vínculos es una de las principales diferencias entre los que creaste en la infancia y los de la adolescencia, ya que la elección fue cada vez más libre a medida que ganabas autonomía. Además, el grupo de iguales (amigos y compañeros) cobró especial fuerza en la adolescencia, así como las primeras experiencias amorosas y sexuales.

Como sabes, desde el punto de vista del inconsciente, las elecciones vinculares nunca son libres del todo, precisamente por todo lo que tienes integrado a nivel psicológico, empezando por el estilo de apego. Y ese es el primer paso hacia las relaciones sin responsabilidad afectiva, porque tanto tú como ellos estáis influidos por vuestras heridas. Esto no es ninguna justificación, pero sí un primer punto esencial que hay que tener en cuenta para romper el círculo de relaciones tóxicas en el que quizás te encuentres.

Sin embargo, el apego no es algo estático, sino que se va modificando, ampliando, cuestionando, etcétera, con las diferentes experiencias vinculares a lo largo de la vida y también con el grado de conciencia que tengas sobre ellas. ¿Qué es el grado de conciencia? El relato interno que construyes sobre tus vínculos: qué ocurre en ellos, por qué ocurre lo que ocurre, qué papel tienes tú en eso, qué papel tiene la otra persona, etcétera. En otras palabras, la interpretación interna de lo que vives a nivel relacional en todos y cada uno de tus vínculos, una interpretación que suele darse en forma de narrativa, es decir, una especie de «libro interno» que guardas en tu cabecita y donde te vas explicando todo lo que te sucede en las relaciones.

Este relato no existía como tal durante la infancia porque, en esa etapa, construyes las representaciones mentales de tu mundo vincular, pero es difícil conformar un relato con ellas por falta de recursos cognitivos. Como mucho, puede existir un minirrelato que asocie estas representaciones entre sí de manera muy simple, como es lógico. Así, este relato se empiezas a construir a medida que se adquieren los recursos cognitivos y emocionales, por eso la adolescencia es una etapa clave.

Quizá te preguntes por qué es tan importante de repente el relato interno. Pues porque la narrativa que construyes sobre tus vínculos es lo más importante para medir el impacto de tu estilo de apego a la hora de elegirlos. El hecho de que este relato sea único para cada persona explica que, por ejemplo, dos hermanos que hayan vivido una experiencia vincular similar por parte de sus cuidadores desarrollen maneras de relacionarse muy diferentes.

La construcción de este relato depende de muchos factores psicológicos más allá del impacto de la vivencia en sí: hay personas con más o menos facilidad a la hora de dar coherencia e integrar su relato sin dolor. En esto también influyen la autoestima, la capacidad de crecerse ante eventos dolorosos, la red social más allá de la familia, los recursos cognitivos, etcétera. Además, como el apego depende sobre todo de la disponibilidad y el afecto recibidos de los cuidadores, aunque hayas vivido situaciones muy traumáticas o difíciles en la infancia, si tu apego ha sido seguro, es más probable que tu relato esté mucho más integrado y, por tanto, tengas más probabilidades de relacionarte de manera sana. Es decir, se puede tener un relato coherente a pesar de haber vivido una infancia difícil, porque esta narrativa está influida por múltiples factores.

Así, las personas que consiguen darle más coherencia y sentido a su relato (entender qué ha pasado en el vínculo y por qué) suelen «liberarse» más fácilmente de las secuelas de un apego inseguro en la infancia. De hecho, ayudar a dar coherencia a la narrativa de cada persona es justo lo que hacemos en terapia en estos casos. Sin embargo, construir un relato que puedas integrar de manera sana no suele ser tarea fácil si has tenido un apego inseguro predominante.

Vas a ver que, según el tipo de relato que construyeras sobre las experiencias de apego vividas en tu infancia y adolescencia, hoy eliges tus vínculos de una forma u otra, sin saber exactamente qué es lo que está mediando.

¿Cómo influye en la elección de pareja el tener un apego seguro?

Si tienes un apego seguro predominante, seguramente tengas un relato bastante coherente de lo vivido en los primeros vínculos de tu vida, y lo vivido ha sido generalmente positivo: has percibido seguridad y disponibilidad por parte de tus cuidadores, has aprendido de manera sana a ser independiente a tu ritmo sin que eso influya en la calidad de la afectividad, etcétera. Por lo general, cuanto más sana y satisfactoria es la experiencia vincular, menor disociación, y al contrario: a mayor disociación, menor conciencia de lo vivido y menor coherencia con el relato.

Así, las personas con un estilo de apego seguro no suelen tener miedo al compromiso, ni dudar de si el vínculo es lo suficientemente sólido o si lo hacen, no tienen problema en comunicarlo, ya que saben cómo expresarse emocionalmente. Por eso suelen elegir pareja, sin saberlo, buscando lo mismo que dan, y tienen bastantes probabilidades de formar relaciones conscientes, es decir, con responsabilidad afectiva. Saben que las relaciones hay que cuidarlas, y que no tienen por qué durar para siempre para ser felices, sino que deben hacerlo hasta que dejen de ser sanas o dejen de sumar.

¿Cómo influye en la elección de pareja el tener un apego ansioso?

El relato de las personas que arrastran desde la infancia un estilo de apego ansioso no suele ser muy coherente, ya que los recuerdos que tienen de la relación con sus cuidadores en la infancia les generan habitualmente mucha angustia e inquietud y no han podido llegar a integrarlos como parte de su historia vital. Esto se debe sobre todo al abandono que han percibido por parte de sus cuidadores, que se hacía aún más doloroso porque en ocasiones no lo percibían, y creían que ya no volverían a sentirse abandonados; pero no era así, lo que ensanchaba la herida. Esta representación de sí mismos como «personas susceptibles de ser abandonadas» y la ambivalencia recibida hacen muy complicado que la persona pueda tener un relato ordenado y claro de las vivencias infantiles con sus cuidadores.

Así, al llegar a la edad adulta buscan una cercanía e incondicionalidad extrema a la hora de elegir pareja. Lo que ocurre es que su herida de abandono es tan profunda que, inconscientemente, se sienten atraídos una y otra vez por relaciones conflictivas, es decir, relaciones que desde un primer momento se ve que van a ser muy complicadas o inestables y que muy probablemente fracasen.

Como ya hemos dicho, tienden a involucrarse en relaciones de dependencia emocional, con personas casadas, muy inestables emocionalmente, con malas intenciones, narcisistas, etcétera. Así, por desgracia, son propensas a terminar en vínculos abusivos porque eligen, sin quererlo, situaciones complicadas. Para paliar la sensación de inseguridad que les genera un vínculo así, es habitual que utilicen el sexo como mecanismo de búsqueda de proximidad.

Otras veces se sienten muy atraídos por personas codependientes, porque les dan todo lo que siempre han buscado: alguien que quiera «salvarles» de su miedo al abandono y, por consiguiente, no los abandone. Lo que suele pasar al final es que la dependencia y codependencia crecen como un monstruo al que se alimenta cada día.

Tanto si la relación es conflictiva como codependiente, ahí no queda espacio para la responsabilidad afectiva, ya que no se parte de la consciencia de cómo su relato interno influye en sus elecciones, y esto aboca a estas personas a repetir lo mismo una y otra vez hasta que se dan cuenta de que podrían pedir ayuda profesional.

¿Cómo influye en la elección de pareja el tener un apego evitativo?

El relato que suelen construir acerca de su vivencia relacional las personas con un apego evitativo suele ser desde la distancia emocional, es decir, restando mucha importancia a lo ocurrido en los vínculos principales de su infancia desde una posición de defensa.

Como ya hemos dicho, son personas que aprendieron a reprimir sus emociones y necesidades en la infancia, escondiéndose tras una falsa fachada de autosuficiencia e independencia. Este fue el recurso que tenían más a mano para «sobrevivir», ya que percibían claramente que sus cuidadores no estaban dispuestos a escuchar ni atender sus necesidades reales.

Sin embargo, en el presente, cuando hablan de esas experiencias infantiles, en ocasiones justifican el trato de sus figuras de apego, y prácticamente las idealizan, porque las personas con este estilo de apego tienden a filtrarlo todo desde la racionalidad y no desde la emocionalidad, por lo que es probable que hablen de lo ocurrido con sus figuras de apego en términos de «es que mi madre es así, qué más da», «es que mi padre trabajaba muchas horas, es normal que no pudiese atenderme». Con esto no quiero decir que estas justificaciones no sean en parte o totalmente verdad, pero imposibilitan conectar con el dolor que generaron esas situaciones.

Así, como la emocionalidad queda completamente tapada, no pueden crear una narrativa basada fielmente en la realidad vivida, porque, si lo hicieran, desmontarían todas las defensas edificadas durante años y romperían la única «protección» que tienen: la represión. Y lo que se reprime no puede sanarse, por eso el relato interno que construyen no suele ser funcional.

Así, la elección de pareja de los adultos con un estilo de apego evitativo suele orientarse a las relaciones esporádicas y superficiales, ya que solo se sienten mínimamente cómodos en los vínculos cuando no hay compromiso, implicación o intimidad.

No obstante, a veces, las personas con apego ansioso se sienten muy atraídas por personas con apego evitativo, por su tendencia a embarcarse en relaciones imposibles. Esto desata el caos, porque la dupla de apegos que tiene más probabilidad de convertirse en una relación muy tóxica y con menos responsabilidad afectiva es el dúo ansioso-evitativo. Una parte hará *ghostings* intermitentes mientras la otra se saltará todos los acuerdos establecidos (si se llegan a establecer) con tal de evitar un abandono, y las conductas de control probablemente estén muy presentes. El reino de las faltas de responsabilidad afectiva, vamos.

Las personas con apego evitativo suelen vincularse así porque en el fondo no se creen capaces de sostener una relación en el tiempo, ya que la intimidad les genera mucha inseguridad. Si te vinculas con una persona con apego evitativo, te será difícil verlo desde el principio, ya que al inicio del vínculo, como todavía no hay la suficiente cercanía, la persona no se siente amenazada y, por lo tanto, está relajada y eso es lo que tú percibes. Sin embargo, a la larga verás que la relación se vuelve cada vez más inestable, cuando todo parecía ir bien, y no entenderás nada y probablemente te culparás. Pero ahora sabes que no es culpa tuya.

¿Cómo influye en la elección de pareja el tener un apego desorganizado?

En este caso, el relato de lo vivido ya no es que sea coherente o incoherente, es que directamente es muy difícil que pueda existir, y esto se debe principalmente a la disociación, que prácticamente imposibilita el acceso a ciertos recuerdos y, por tanto, elimina cualquier posibilidad de dar orden ni sentido a todo lo vivido.

Así, como ni siquiera existe un relato como tal, las dificultades a la hora de elegir pareja de manera sana son notorias y están caracterizadas principalmente por huir de la intimidad, sin tener muy claro cómo acercarse a los demás, y la desconfianza que provoca el simple hecho de pensar en relacionarse con alguien que, en su representación mental, existe como ser potencialmente peligroso (basado en sus vivencias previas con sus principales figuras de apego).

Establecer relaciones de pareja es algo bastante complicado para estas personas, porque las viven como algo peligroso, y les resulta muy complicado identificar sus sentimientos hacia alguien. Así, parecen vivir en una confusión constante que los lleva a repetir un patrón de comportamientos erráticos, de manera similar a como solían actuar con sus cuidadores. Si crees que tienes un patrón de apego desorganizado predominante, es muy probable que, en tus relaciones, y sin quererlo, o bien repitas tal cual el patrón de relación que tenían tus padres, o bien te vayas al extremo contrario, y lo evites a toda costa para no volver a sufrir el trauma que supuso para ti vivir el vínculo de pareja que tenían entre ellos.

En este contexto, la responsabilidad afectiva no va a surgir de manera natural y será bastante difícil trabajarla en pareja, ya que tampoco se establece una relación consciente, sino relaciones cuya motivación principal (e inconsciente) es repetir unos patrones que, aunque sean horribles, proporcionan seguridad porque son conocidos, o bien evitarlos a toda costa, para no revivir el trauma. Sin embargo, para establecer relaciones conscientes, la motivación principal debe estar centrada en lo que te aporta el vínculo y cómo te sientes en él.

La repetición o evitación de los patrones de relación entre tus progenitores

Y quien dice progenitores, dice cuidadores, uno de tus progenitores y su pareja, etcétera. Como acabamos de decir al hablar del apego desorganizado, es común que, en algunos casos, lo que más influya en la elección de pareja no tenga nada que ver con una atracción genuina, sino con repetir o evitar patrones a toda costa y sin darte cuenta. Es importante no perder esto de vista.

¿En qué casos se suelen repetir los patrones vinculares parentales? Además de en casos de apego desorganizado, donde se busca una supuesta seguridad en lo «ya conocido», existe otro caso habitual: cuando existe durante mucho tiempo una idealización o identificación con un cuidador.

Por ejemplo si existe mucha idealización e identificación entre una madre y una hija, es probable que se cree entre ellas una relación fusional, es decir, que lo compartan todo tanto que ya no tengan muy claro dónde empieza y dónde acaba la identidad de cada una. Así es muy probable que, en el futuro, la hija elija sus vínculos replicando el mismo rol que tenía su madre en la relación con su pareja, ya que su identidad no se ha podido desarrollar de manera autónoma, sino totalmente filtrada por la identificación con su madre.

¿En qué casos se suelen evitar los patrones vinculares parentales? Principalmente cuando la criatura vive la relación de sus progenitores como una relación sin amor o cuando algo pasó en ella que le resultó muy traumático. Veamos dos ejemplos:

- Si siempre percibiste mucha falta de compromiso, mentiras, infidelidades y desapego, en general, en la relación de tus progenitores es muy probable que hoy en día establezcas relaciones de notable dependencia o codependencia. Esto sucede porque tu cerebro más inconsciente interpreta que, estrechando el vínculo hasta que sea asfixiante, «compensa» de algún modo toda aquella distancia entre tus padres que tanto te hizo sufrir.

- Si tus padres se separaron y esta ruptura fue traumática para ti: con muchos gritos e incluso agresiones, con problemas económicos, cambio de domicilio, etcétera, puede que tu psiquismo más inconsciente interprete que exponerte a una unión es exponerte a revivir el trauma, por lo que quizás desarrolles relaciones desde un intenso miedo al compromiso.

La proyección idealizada de ti

Como ya hemos dicho anteriormente, hay muchas personas que se relacionan desde la codependencia o la dependencia emocional para compensar de alguna manera su falta de autoestima.

En esta misma línea, existen personas que eligen a su pareja buscando lo que ellas anhelan tener o perciben que les falta, como una manera de compensar esas supuestas carencias.

Por ejemplo, si siempre te ha avergonzado tu timidez, e incluso has sido diana de burlas y críticas por ello, esto puede haberte causado una herida de humillación, y puede ser que te relaciones desde ella buscando personas muy extrovertidas y divertidas. Así, esa persona sería la proyección idealizada de ti y, para sentirte segura, lo más probable es que acabases generando una relación de fusión con ella: pocos espacios separados, compartirlo prácticamente todo, comunicación constante, etcétera. Esto te haría sentir elegida por alguien que reúne las características que siempre has sentido que te faltan y que tantos problemas te han acarreado, lo que haría aumentar tu autoestima. Sin embargo, recuerda que una autoestima que depende de factores externos no es sana y, además, esto muy a menudo da pie a relaciones de dependencia que, como ya sabes, comportan faltas de responsabilidad afectiva, ya que dejarías de lado hasta cierto punto tu identidad, para fusionarte con la de la otra persona, obteniendo el aparente beneficio de sentirte «la elegida» por alguien que reúne esas características que tú siempre has percibido carentes en ti y que tantos problemas te han traído.

Cuando la piedra te termina molando: la eterna repetición de vínculos dañinos

El tema de la memoria humana es tan amplio como complejo, pero debes saber que los recuerdos tienen un papel central en los patrones de relación que aprendes de manera inconsciente. Es decir, todo lo que aprendes se queda en tu memoria y lo usas para establecer nuevos vínculos, que quedan filtrados por ese aprendizaje anterior. Quizá estás pensando que no estaría mal que fuera igual de fácil aprender qué cosas no te funcionan a la hora de relacionarte para dejar, así, de repetir patrones tóxicos en las relaciones. Sin embargo, en la práctica, dejar de repetir patrones que te hacen daño, e incluso identificarlos, es muy complicado. ¿Por qué sucede esto? Porque los seres humanos tenemos dos tipos de memoria que actúan siempre de manera análoga y a la par: la memoria explícita y la memoria implícita.

La memoria explícita es la más consciente, y se encarga de almacenar y rescatar la información contenida en experiencias previas. Por ejemplo, la memoria explícita es la que se pone en marcha cuando tienes que recordar a qué hora tienes cita en la peluquería o aquella anécdota de tu 12.º cumpleaños. La memoria explícita se divide en otros tipos de memoria, pero no es necesario profundizar en ello para el tema que nos ocupa: ¿por qué nos resulta tan difícil aprender a relacionarnos de manera más sana?

Aparte de la memoria explícita existe otro tipo, la implícita, que fue nombrada por primera vez en 1985 (antes de ayer, vaya), por Graf y Schacter. La memoria implícita es mucho más inconsciente que la explícita y se encarga de aunar el conocimiento adquirido a través de distintas experiencias previas para que esté accesible en el momento de necesitarlo. Veamos un ejemplo. Si en algún momento aprendiste a ir en bici, seguramente recuerdas las instrucciones que te dieron en su día (siéntate en el sillín, pon los pies en los pedales, comienza a pedalear...): esas instrucciones están almacenadas en tu memoria explícita. No obstante, cada vez que te subes a la bici y te desplazas en ella no repites toda esta información como un mantra, sino que, sencillamente, vas en bici sin ser muy consciente de todo lo que haces;

pues bien, este conocimiento que te permite ir en bici sin tener que rescatar ningún recuerdo explícito en el momento, procede de la memoria implícita.

¿Y qué tiene todo esto que ver con la manera en que nos relacionamos? Pues muchísimo, porque la memoria implícita no solo recopila tu habilidad para ir en bici, conducir o cocinar, sino también todas las emociones que has vivido a lo largo de tu vida en distintas situaciones, por eso, a veces, también la llamamos memoria emocional.

Así, cada recuerdo almacenado en tu memoria explícita lleva también asociado un recuerdo implícito, emocional. Por ejemplo, si ahora mismo buscas en tu memoria un recuerdo feliz de tu infancia o de hace un tiempo, seguramente recuerdes más o menos tanto lo que pasó en orden cronológico como sensaciones agradables de alegría, ternura, orgullo, satisfacción, emoción, etcétera.

Sin embargo, no siempre evocamos las cosas de forma tan clara, ya que nuestro cerebro acostumbra a activar mecanismos de defensa cuando vive una situación muy estresante, dolorosa o directamente traumática. Uno de estos mecanismos, del que ya hemos hablado, es la disociación. Y lo que se disocia son, precisamente, estas dos memorias, es decir, que por un lado quedan los recuerdos explícitos y, por otro, los emocionales e inconscientes.

Así, si en algún momento de tu vida has sufrido alguna circunstancia muy dura e impactante, o una sucesión de situaciones estresantes, es probable que tu cerebro separara las dos memorias y que, o bien recuerdes una parte de tu vida con cierta sensación desagradable, pero te cueste recordar qué sucedió exactamente, o bien recuerdes casi con todo lujo de detalles alguna situación concreta, pero te cueste mucho evocar o recordar qué sentías exactamente entonces. Existen muchos grados de disociación, pero eso es material para otro libro.

La pregunta del millón en este caso es si la disociación solo nos protege o también nos perjudica. Porque lo que pretende nuestro cerebro con ella es «anestesiarnos emocionalmente», sin embargo, aunque la memoria emocional queda encapsulada aparte de la memoria explícita, esto no significa que quede eliminada. Y ese es el gran problema. Fue el psicólogo Gordon H. Bower quien introdujo por primera vez el término «memoria dependiente del estado», que define la capacidad de nuestra memoria de evocar más fácilmente recuerdos tristes cuando sentimos tristeza en el presente o alegres si sentimos alegría. Esto explica por qué es un problema que ambas memorias se disocien.

Si al vivir un estado de ánimo en concreto sueles conectar automáticamente con los aprendizajes vividos en un estado de ánimo similar en el pasado, podríamos pensar que, en el ámbito de las relaciones, al vivir algo que a tu cerebro le recuerda mínimamente una situación pasada, evoca un estado de ánimo similar que te da muchas pistas para tomar decisiones. Sin embargo, si en algún vínculo pasado has vivido una situación muy estresante o dolorosa, es muy probable que el recuerdo explícito esté desligado de las emociones vividas en ese momento. ¿Y qué ocurre entonces? Pues que, a menudo, estás en vínculos que tu cerebro interpreta como amenazantes, peligrosos, inseguros, etcétera, solo porque has percibido algo que te ha llevado a un estado emocional similar al vivido en una relación anterior disfuncional, pero, como no puedes acceder al recuerdo consciente que lo asocia todo, crees que te sientes así porque esas amenazas están teniendo lugar en el presente cuando, en realidad, son fruto de recuerdos pasados. Además, tu cerebro puede etiquetar como similares situaciones que, en realidad, son muy diferentes, porque el recuerdo previo lo pone en hiperalerta para protegerse. Vamos a ver mucho más claro todo esto con un ejemplo.

Diana es una chica de veinticinco años que, en su infancia, estableció un apego evitativo predominante con su madre, su única figura cuidadora, ya que el padre las abandonó a las dos antes de que Diana naciese. Este apego evitativo se debe, entre otras cosas, a que la madre de Diana pasaba muchísimas horas trabajando fuera de casa y la dejaba todo el día con alguna amiga suya porque no tenía mucha más familia (los abuelos de Diana ya habían fallecido). El tiempo que Diana pasaba con su madre no era muy agradable, porque ella se mostraba fría y distante, y siempre le decía que no tenía tiempo para escucharla porque estaba haciendo cuentas, o buscando más trabajo, etcétera. Así, Diana fue aprendiendo poco a poco y de forma inconsciente que ni sus necesidades ni sus emociones eran importantes. Esto le generaba una tristeza muy concreta que tuvo que aprender a esconder y tapar rápidamente para poder seguir adelante, ya que no tenía a nadie que pudiese regular dicha tristeza ni enseñarle a hacerlo por sí misma de ninguna otra forma que no fuese reprimiéndola.

En el presente, Diana ha comenzado a salir hace pocos meses con un chico llamado Marcos. Marcos es muy cercano con Diana y está muy implicado en el vínculo, pero nota que ella se pone muy ansiosa y molesta cada vez que él le habla de avanzar en la relación proponiéndole cosas como conocer a sus respectivos amigos. Diana no tiene ni idea de cómo se siente, pero nota que está incómoda con Marcos, aún más cuando él le expresa sus emociones o le demuestra cariño. No obstante, a Diana le da mucha rabia sentirse así, porque no entiende cómo puede ser que, siendo Marcos tan amable, atento y bueno, ella se sienta tan fuera de lugar y tan molesta. Además, no es la primera vez que le pasa, ya lo ha vivido en muchas otras relaciones esporádicas anteriores.

¿Qué le está pasando a Diana? Que en la infancia vivió un apego muy inseguro, que sigue arrastrando en el presente con los vínculos importantes que va forjando. La formación de apego de Diana fue un hecho estresante y doloroso, pero su cerebro, para protegerla, separó sus recuerdos de la infancia de ese dolor y, además, ella aprendió a reprimir sus emociones para poder seguir vinculada con su madre y, por tanto, sobrevivir.

Lo que sucede en el presente es que la memoria implícita de Diana se activa cada vez que ella establece una relación de cercanía con alguien, porque la vive como algo extraño y, por lo tanto, potencialmente peligroso, ya que ha aprendido implícitamente a «alejarse de la cercanía», que conecta inconscientemente las situaciones de su infancia en que ella buscaba una cercanía con su madre que nunca llegó. Sin embargo, como ambos sistemas de memoria están disociados, Diana solo se siente así en determinados momentos y no entiende por qué, ya que no puede conectar sus sentimientos con los recuerdos conscientes que los generaron.

Así, los seres humanos no tenemos ningún manual que nos explique los sentimientos que se repiten una y otra vez y dan lugar a patrones de comportamiento en los vínculos que también se repiten, sin que sepamos cómo frenarlos. Ese manual, que sería la memoria explícita, se disocia de la emocional cuando alguien vive algo tan doloroso como un apego disfuncional o inseguro, y, así, cada vez que vives un vínculo, tu cerebro considera que, por todo lo aprendido y para protegerte, debe conectarte emocionalmente con todo lo que experimentaste en aquellos primeros vínculos, aunque tú no seas consciente de ello. Por eso en el apego desorganizado es donde más a menudo se presenta la disociación, porque cuánta más disfuncionalidad, más disociación y recordemos que este apego es el único que siempre es patológico.

Como ves, la memoria y el cerebro son ámbitos muy complejos y es esta complejidad la que a veces te dificulta tanto vincularte de manera consciente y dejarte llevar en relaciones afectivamente responsables como salir de relaciones con faltas de responsabilidad afectiva constantes que quizás ni eres capaz de detectar.

CUANDO SUELTAS LA PIEDRA: RUPTURAS CON RESPONSABILIDAD AFECTIVA

La responsabilidad afectiva empieza con el vínculo, crece a medida que lo hacen la cercanía y la intimidad de la relación y termina con el final de esta, manteniendo siempre la coherencia con la decisión de romper si no cambian los sentimientos. Por eso, el momento en el que cesa el vínculo es clave en la responsabilidad afectiva, ya que se manejan emociones muy frágiles y se abre un duelo.

El duelo es la reacción emocional que se activa en los seres humanos al vivir una pérdida y aparece precisamente para que podamos elaborarla e integrarla y adaptarnos paulatinamente a la «nueva vida» sin eso que antes sí estaba. Y digo «eso» porque solemos asociar las pérdidas a los fallecimientos y a pensar que solo existe duelo cuando muere una persona querida. Sin embargo, siempre que hay pérdida hay duelo, y la pérdida puede ser un empleo, una meta no alcanzada, una mascota, una jubilación, una enfermedad, un aborto, etcétera. Y, por supuesto, también hay duelo cuando se rompe una pareja, una amistad o una relación familiar. A continuación voy a centrarme en las rupturas de pareja o vínculos afectivo-sexuales, pero recuerda que todo lo que diré puede aplicarse a la ruptura de cualquier otro tipo de vínculo cercano.

¿Por qué hay personas que hacen *ghosting* casi sistemáticamente para romper sus vínculos? ¿Por qué no eres capaz de estar sin pareja prácticamente ni dos días después de haber finalizado una relación? ¿Por qué necesitas volver una y otra vez a vínculos que te hacen daño cuando ya has terminado esas relaciones? Con todo lo visto hasta ahora, seguramente ya intuyes las respuestas. El estilo de apego, los mandatos interiorizados y la calidad de la autoestima son los factores sobre los que se sostiene cómo viven y gestionan las personas sus rupturas y el duelo correspondiente.

Las rupturas vividas por alguien con apego seguro predominante

En general, estas personas no son tan sensibles al rechazo como quienes construyen apegos inseguros, por eso, cuando alguien las deja o rompe con ellas viven su duelo de una manera más sana, entendiendo que una ruptura no implica necesariamente un rechazo y que, aunque así sea, vivir un rechazo no es lo mismo que «ser rechazable», es decir, que no se definen a partir del rechazo que pueden provocar. Está claro que esto no los exime del dolor de sufrir una ruptura, sobre todo si no es deseada, no obstante, acostumbran a permitirse sentir ese dolor y transitarlo, no taparlo, reprimirlo u obviarlo, y esto son indicadores de un duelo saludable.

Este tipo de apego es también el que más facilidad percibe para ser responsable afectivamente tanto al dejar como al ser dejado: se comunica de manera clara y directa, con sinceridad y empatía, es coherente con sus decisiones, etcétera. Esto también le permite atenuar la culpa, el dolor, la tristeza, la rabia y demás emociones habituales cuando una relación se acaba, lo que le hace ser más justo consigo mismo y con los demás, respetando sus tiempos y los del otro, pero siendo firme en su decisión o en la aceptación de la de la otra persona.

Al hablar de rupturas es habitual referirse a la idea de «contacto cero», que implica cortar todo tipo de comunicación y contacto con la persona con la que se ha roto para poder establecer límites sanos que protejan nuestra integridad psicológica y recuperar nuestro espacio personal. Este contacto cero es especialmente importante cuando la relación que acaba ha sido de maltrato o muy tóxica, pero también puede ser de gran ayuda al finalizar una relación sana, porque facilita «desligarse», sin que eso implique «malos rollos». Ser capaz de aplicar el contacto cero, aunque al principio duela, es un signo de madurez emocional, porque te permite priorizarte, darte espacio y no dejarte llevar por la dependencia natural que se establece con personas por quienes hemos sentido un mínimo de afecto y conexión, y que es saludable que se corte al acabarse el vínculo.

A menudo, se confunde el *ghosting* con el contacto cero, cuando no tienen nada que ver. Estas son las principales diferencias.

Ghosting	**Contacto cero**
· Sucede sin previo aviso cuando la relación parece estar yendo bien. · La persona desaparece porque no tiene recursos emocionales para hacerse cargo de lo que implica cortar un vínculo. · Solo tiene en cuenta las necesidades individuales. · Es probable que quien desaparece vuelva a aparecer en algún momento según sus	· Se suele comunicar la intención y el motivo de cortar el contacto, siempre que la relación no sea de abuso. Las relaciones de abuso son motivo más que suficiente para cortar la comunicación sin aviso, ya que en este caso no es una falta de responsabilidad afectiva, sino autoprotección. · Es un signo de madurez emocional, ya que se renuncia a

necesidades individuales, que nada tienen que ver con mantener un vínculo sincero: para mantener de nuevo relaciones sexuales sin que la otra parte sepa que eso es lo único que se pretende, para no sentirse solo, pero sin sentir nada por la otra persona, etcétera.	la inercia y a la dependencia natural de seguir vinculado con alguien con quien, en realidad, ya no quieres estar, para proteger y permitir a ambas partes sanar libremente y a su ritmo. · Prioriza la necesidad propia, pero sin pisar las del otro y teniéndolas en cuenta. · Cuando el contacto cero se aplica de manera adecuada, no vuelve a haber contacto mientras siga habiendo sentimientos o el duelo no esté lo suficientemente elaborado como para volver a hablar con esa persona sin pensar en retomar la relación.

¿Por qué hablo del contacto cero precisamente en el apego seguro? Porque las personas con este tipo de apego son las que tienen menos problemas para aplicarlo. Me explico. El contacto cero nunca es fácil de implementar porque, como te decía, es ir en contra de la inercia de tus necesidades emocionales más inconscientes e instintivas: «sé que no quiero seguir con esta persona o esta persona no quiere seguir conmigo, pero yo necesito tenerla de la misma forma que hasta ahora por una cuestión meramente social: la interdependencia que establecemos con los vínculos cercanos». Pero, a pesar de que no sea fácil establecer un contacto cero, las personas con apego seguro predominante son quienes lo pueden mantener en el tiempo con mayor facilidad, ya que son el estilo de apego que menos ansiedad por separación percibe en los vínculos.

Las rupturas vividas por alguien con apego ansioso predominante

Por lo general, las personas con apego ansioso no suelen ser quienes toman la decisión de dejar una relación, ya que, una vez que establecen un vínculo con alguien, desean mantenerlo a toda costa para evitar la sensación de rechazo y abandono.

Estos son los fenómenos más habituales en una ruptura con apego ansioso. Todos constituyen irresponsabilidades afectivas tanto para quienes los efectúan como para quienes los reciben:

- Chantaje emocional. Aparece cuando una persona establece una dinámica basada en el miedo, la culpa y el deber con la otra. En el caso de las rupturas, lo que sucede es que una persona pretende hacer sentir culpable a la otra de su decisión, por ejemplo, intentando convencerla de que «hará alguna locura» si la otra persona la deja, recurriendo a alguna condición de salud que «puede empeorar» con la ruptura, haciendo referencia a alguna situación vital de la que es «víctima» y que ahora se agravará con la ruptura.
- Relaciones liana. Este término define la dinámica de establecer una relación nueva casi inmediatamente después de terminar la anterior. De ahí lo de «liana», porque cada vez que sueltas una te agarras a la siguiente para poder seguir avanzando. Las personas con apego ansioso suelen desarrollar bastante esta dinámica por el miedo al abandono, que es lo que quieren evitar por encima de todo. Con esta estrategia, el «abandono» se cubre con la presencia de una relación nueva que hace volver a comenzar el círculo.

  El problema principal de esto es que la dinámica evita el duelo, de forma que resulta imposible transitarlo y procesarlo, y retroalimenta cada vez más la dependencia emocional, porque nunca se llega a tener un espacio propio en el que aprender a encontrar un punto cómodo con uno mismo sin necesidad de una pareja que cubra la gran carencia del pánico a ser abandonado.

- *Hoovering*. Esta técnica de manipulación, de la que ya hemos hablado, es muy habitual en personas con un componente alto de narcisismo, pero también en personas con un estilo de apego ansioso, ya que el motivo para reaparecer en la vida de la otra persona es el miedo a «no estar en una relación» y la necesidad imperiosa de estarlo de nuevo.
- *Love bombing*. Como sucede con el *hoovering*, el *love bombing* suelen practicarlo personas narcisistas, pero también personas con apego ansioso, ya que esta dinámica reproduce perfectamente la dinámica vincular ambivalente interiorizada por una persona con apego ansioso: ahora me acerco y siento que este amor es único, ahora me alejo cuando la otra persona se implica más, luego vuelvo a acercarme, etcétera.

Las rupturas vividas por alguien con apego evitativo predominante

Las personas con este estilo de apego dominante suelen vivir las rupturas mediante una primera fase de euforia y liberación: cualquier vínculo de pareja o afectivo-sexual conlleva un mínimo de intimidad y esto es un factor angustiante para estas personas. Sin embargo, estas sensaciones no son del todo reales, sino más bien una defensa psicológica que el subconsciente construye para protegerse.

Así, estas personas no expresan tristeza, dolor o rabia en sus rupturas, ya que ni siquiera pueden acceder a sentirlas de manera consciente. Por eso, es habitual que las personas con apego evitativo predominante vivan este duelo «tapándolo» con numerosas relaciones sexuales con personas nuevas o, incluso, de su pasado, y con nuevos proyectos laborales mediante los cuales construir autoestima: «si hago todo esto, si tengo éxito laboral, seré más válido, porque, cuánto más hago, más válido soy». Este último es un pensamiento irracional muy común en personas con apego evitativo, que suelen poner su valor únicamente en lo externo y en lo que consiguen «haciendo», más que «siendo».

De este modo, es muy común que las personas con un apego evitativo predominante rompan las relaciones de manera irresponsable afectivamente, muy a menudo mediante *ghosting*. Parece bastante lógico pensar que, si una persona tiende a evitar emociones, cercanía, necesidades propias, etcétera, también evite la incomodidad y el posible dolor de un momento de ruptura. Por eso tienden simplemente a desaparecer y «hacer como si nada hubiera pasado».

Por otro lado, el fenómeno de *breadcrumbing* también es bastante habitual en personas con apego evitativo, ya que, a menudo, no saben cómo cortar la relación y ni siquiera tienen claro si quieren hacerlo, por lo que comienzan a «dar bandazos» y a mostrar a veces una ligera cercanía y en otras una total frialdad y ausencia.

Entender todo esto no debe servir para justificar la victimización de quien está siendo irresponsable afectivamente contigo (¡como ha construido un apego evitativo puedo perdonarle que se comporte conmigo como le dé la gana!: error), sino más bien para identificarlo, entender la dimensión de las heridas de la infancia y apegos inseguros y, aunque nadie pueda cambiar lo que ya pasó, tener en cuenta que siempre estamos a tiempo de trabajar en nosotras mismas para aprender a ser responsables afectivamente.

Las rupturas vividas por alguien con apego desorganizado predominante

Las personas que han establecido un apego desorganizado predominante no tienen un patrón habitual de comportamiento, sino que son totalmente imprevisibles y erráticas a causa de sus traumas y sus disociaciones correspondientes, sobre todo en la infancia.

Lo que sí es habitual es que las personas con este apego no sean capaces de permitirse sentir las emociones que brotan de una ruptura, ni romper relaciones que les hacen daño (recordemos que suelen entrar en una dinámica de sumisión-agresión), ni estar tranquilas y seguras en una relación de pareja que parece ir bien, porque ellas no tienen una representación mental clara de lo que significa que una relación «vaya bien» ni prácticamente lo contemplan como una opción. Por eso, es bastante complicado que gestionen las rupturas con responsabilidad afectiva, porque les cuesta serlo consigo mismas, ya que no pueden ni identificar adecuadamente lo que sienten.

¡YO ELIJO MIS PIEDRAS!: PERSONAS EN RELACIONES CONSCIENTES

Ahora que ya hemos visto cómo se sostiene la tendencia a encontrarse con personas que no han desarrollado responsabilidad afectiva, vamos a ver qué características tienen las personas capaces de establecer relaciones conscientes, que constituyen el extremo opuesto.

Son conscientes de la repetición de patrones relacionales, de sus heridas emocionales y del lugar desde el que se relacionan

Estas tres características son las que me gustaría que adquirieras con este libro: que identifiques tu estilo de apego predominante y el que tengan las personas con las que te vinculas, qué heridas hay detrás de los comportamientos que repites en tus vínculos y si te relacionas desde el deseo de «salvar» a la otra persona, de ser tú la salvada, para huir del sentimiento de soledad, etcétera. Esto es una base importantísima para construir relaciones conscientes, porque te permite conocer los principales factores que mediatizan tus relaciones, lo que te permite saber de qué debes responsabilizarte y de qué no, porque pertenece a la otra persona.

Si eres una mujer, esto último es especialmente importante, ya que nosotras nos hemos socializado bajo unos mandatos de género que nos hacen creer que nuestro rol es siempre el de cuidar e hiperresponsabilizarnos de todo lo que ocurre en el vínculo, pase lo que pase. Quizás por eso tendemos a sentir más culpa por las faltas de responsabilidad afectiva de los demás y por eso acostumbro a dirigirme a ti en femenino, aunque este libro sea para todos.

Y al igual que es importante conocer esto de ti, también lo es que las personas con quienes te relacionas lo sean y te lo transmitan. Me imagino que lo ves difícil, pero para construir relaciones conscientes es esencial un mínimo de autoconocimiento y trabajo personal, si no, se siguen repitiendo los mismos patrones de siempre.

La relación consigo mismas es la base de la relación con el otro

Es decir, que es muy difícil que no permitas que los demás sean irresponsables contigo si tú eres la primera en serlo. Por eso es esencial trabajar el autoconocimiento, como estás haciendo al leer este libro y pensar en ti, y también la autoestima. Esta será la base de la gestión de las emociones propias, los límites, la comunicación asertiva, etcétera, que son las herramientas esenciales para construir relaciones conscientes y hacer frente a las faltas de responsabilidad afectiva.

Entienden los acuerdos y los límites como cuidado y autocuidado, no como castigos

Para crear relaciones conscientes es esencial consensuar acuerdos y límites inamovibles, ya que esta es la única forma de tener una especie de «mapa» para la responsabilidad afectiva.

Por ejemplo, si tu amiga se trae a su pareja a un plan que tú esperabas que fuese solo para tu grupo de amigas. ¿Está siendo tu amiga irresponsable afectivamente? Pues depende, porque tal vez no existe ningún acuerdo al respecto. Y esta es una de las grandes complejidades de la responsabilidad afectiva, que hay acuerdos que no existen porque no ha existido la necesidad ni la expectativa sobre ese hecho que ha surgido en determinada situación. Por eso, si tú te has sentido decepcionada o enfadada por lo que ha hecho tu amiga, pero ella no conocía tus expectativas sobre esto, no estaríamos ante una falta de responsabilidad afectiva, aunque sí ha llegado el momento de hablar y consensuar acuerdos y límites. Por ejemplo: «Cuando hagamos algún plan es importante especificar cómo y con quiénes queremos hacerlo o preguntar explícitamente si todas queremos o no que vengan otras personas ajenas al grupo de amigas». Esto puede sonar muy mecánico, pero basta con hablarlo fluidamente y con cercanía, no se trata de firmar ningún contrato ni generar obligaciones, solo de saber cómo se siente cada persona del vínculo ante determinados comportamientos de las demás partes y las consecuencias de comportarse de determinada manera.

Si este tipo de acuerdos y los límites innegociables son parte de tu autocuidado y los cuidados de la relación, y no algo que la entorpece o se utiliza como castigo, estamos hablando de responsabilidad afectiva.

Tienen la empatía como elemento central, pero sin que esto signifique compartirlo necesariamente todo

Las relaciones conscientes requieren una escucha activa y la validación de lo que siente la otra parte, pero eso no implica entender y compartir al cien por cien lo que la otra persona vive, dice o siente. Lo importante es que ambas partes del vínculo se pongan las «gafas» de la otra persona y traten de entender lo que expresa, saliendo por un momento de su lógica para poder contextualizar lo que expresa la otra parte y hacer algo al respecto sin juicios ni presiones.

Por ejemplo: imagina que la persona con la que llevas un tiempo quedando te expresa su deseo de «ponerle nombre» a la relación o tener un vínculo más estable que requiera nuevos acuerdos, como, por ejemplo, que haya exclusividad afectiva y sexual. A esto, tú respondes con sinceridad que no estás en el mismo punto, que no te apetece o no te ves preparada para tener una relación más estable o con exclusividad, pero que agradeces su sinceridad y le propones hablarlo detenidamente. Hasta aquí, hay responsabilidad afectiva por ambas partes. Pero ¿qué pasaría si la otra persona te contesta lo siguiente?: «Esperaba un poco más de empatía por tu parte, no me parece normal que a estas alturas no quieras formalizar el vínculo, me estás mareando y esto no es lo que esperaba». Pues que esta respuesta no es responsable afectivamente, porque te está cargando algo que no te pertenece, que es querer lo mismo que ella. Además, achaca el problema a tu falta de empatía cuando, en realidad, sí estás siendo empática, porque le estás proporcionando un espacio para hablar de algo que sabes que es importante para ella y estás siendo sincera, sin marearla, algo de lo que también te acusa.

Así, para crear relaciones conscientes es esencial hablar de estas cosas con sinceridad, pero también entender bien qué significa de verdad la empatía, para no achacar a la otra persona problemas de responsabilidad afectiva que, en realidad, te pertenecen.

Entienden la relación como un lugar seguro, no como un campo de batalla

Esto parece una obviedad, pero ¿cuántas veces te has encontrado con que tu relación era el lugar donde más insegura o perdida te sentías? Así, lo importante es recordar que una relación consciente es la que favorece el crecimiento individual de cada uno, pero también el conjunto, en la que la pareja o parejas se ven como parte del mismo equipo y no como el enemigo, donde se conocen los límites de todos, se respetan y, cuando esto no puede ser por lo que sea, se corta el vínculo en lugar de pretender cambiar el límite innegociable de la otra persona.

Recuerda que una relación «verdadera» no es la que es para siempre, como nos han vendido los mitos del amor romántico, sino la que dura hasta que deja de ser sana, segura y satisfactoria.

Son conscientes del modelo relacional desde el que quieren relacionarse cada una de las partes

Como te decía al inicio, la responsabilidad afectiva nace a raíz de la necesidad de una «ética afectiva» en relaciones no monógamas, precisamente por la complejidad de afectos, expectativas y demás que existe cuando son varias las personas implicadas en un vínculo afectivo o afectivo-sexual.

Por eso, establecer relaciones conscientes es también relacionarse con quienes compartan el mismo modelo relacional que tú en ese momento de su vida. Por ejemplo, no es responsable afectivamente pretender obligar a alguien que quiere una relación no monógama a darte exclusividad afectiva y sexual. Por eso, antes de forzar a nadie a nada, hay que hablarlo todo y ver si todos los implicados quieren seguir el mismo tipo de camino o no, y, si es que no, lo más sano es cortar el vínculo en ese punto.

Para tenerlo aún más claro, vamos a ver cómo son las relaciones conscientes:

- Son relaciones en las que no te responsabilizas ni te responsabilizan de las emociones de la otra parte. Por ejemplo, tu pareja no te hace creer que su felicidad depende exclusivamente de lo que tú hagas.
- No se repiten una y otra vez los mismos patrones disfuncionales sin hacer nada al respecto. Por ejemplo, conductas de control para gestionar los celos.
- No se esconde información importante para la otra parte. Por ejemplo, si tú necesitas saber si la otra persona quiere tener una relación monógama o no monógama ella no te dará largas y te proporcionará una respuesta clara.
- Se puede hablar de sentimientos con libertad. Por ejemplo, no te da miedo contar algo íntimo, porque sabes que la otra persona no te va a juzgar ni cuestionar.
- La comunicación se rige por las necesidades de todas las partes y no mediante «juegos». Por ejemplo, no piensas cosas como que deben pasar x días antes de volver a escribir a alguien para no parecer «desesperada», o que si fuiste la última en responder en el WhatsApp, no puedes tomar la iniciativa y volver a escribirle, etcétera.
- No se cree que el conflicto no puede existir. Por ejemplo, no se asocia el conflicto a discusiones, peleas o problemas irresolubles, sino a debatir, exponer posturas para llegar a consensos justos y oportunidades de crecimiento, aunque puedan ser desagradables.

- No existen normas rígidas acerca de cómo debe ser la relación. Por ejemplo, no tienes la creencia de que debes adivinarlo todo de tu pareja, porque ya la conoces mucho, ni que deberíais hacerlo todo juntos, o tener sexo x veces por semana sí o sí.
- Se sabe que la relación mejorará mediante el trabajo interno conjunto y no por factores externos. Por ejemplo, nadie tiene la certeza de que la relación mejorará si os compráis una casa, os casáis o tenéis un hijo. Esto, además, constituye un grave error, ya que querer solucionar un problema de pareja tomando una decisión conjunta sobre algo externo que aumenta el compromiso, pero también el estrés, solo debilita aún más la relación.
- No se construye desde la creencia férrea de «a mí solo me gustan las personas que pasan de mí». Como sabes, esto seguramente responde a un patrón de apego ansioso, por lo que es importante trabajarlo en una terapia psicológica para que deje de dirigir tus relaciones.
- No se basa en ser la mejor pareja. Esto puede suceder si pones toda tu autoestima en la relación de pareja (autoestima frágil, ya sabes) y das el doscientos por ciento de ti en la relación, no porque te salga de forma natural, sino porque quieres identificarte a través de la idea de «ser la mejor pareja». Esto hará que tu pareja te idealice y genera unas expectativas poco realistas sobre ti, lo que conduce en última instancia a la decepción, y, al mismo tiempo, que sea muy difícil cortar la relación llegado el caso, ya que la otra persona tendrá la idea de «no puedo romper, porque la relación es perfecta: la otra persona me lo da todo».

Bien, pues ahora que ya has visto cómo son las relaciones conscientes, supongo que te interesa saber cómo se consiguen.

Uno de los puntos es conocerte bien y trabajar tus heridas emocionales, ya que esto te ayudará a saber qué es lo que quieres, esperas y necesitas de un vínculo en este momento de tu vida. Las heridas emocionales están muy ligadas a tu estilo de apego, por eso, lo que más te va a ayudar a crear relaciones donde se genere un espacio idóneo para la responsabilidad afectiva es sanar tu estilo de apego inseguro, si lo tienes. La forma de hacerlo es en una terapia psicológica, ya que así podrás tratar tu caso concreto con todas sus peculiaridades, singularidades y vivencias. Un libro como este puede darte algunas respuestas y la conciencia que necesitas sobre lo que estaba pasando hasta ahora, pero solo la terapia te proporcionará las respuestas concretas e individuales que realmente te permitirán construir un relato mediante el cual unir tus recuerdos explícitos e implícitos. Todos somos únicos y nuestra historia también lo es. Además, en terapia psicológica se utilizan métodos validados científicamente y técnicas que te permiten exponerte a todo el dolor que pueden comportar algunas de las experiencias vividas en el pasado de forma segura y controlada en un entorno terapéutico. Te voy a contar un poco en qué consiste la terapia.

En líneas generales, lo que se hace en consulta es construir un relato nuevo de todo lo vivido. ¿Quiere decir esto que los psicólogos somos magos que podemos cambiar el pasado? Por supuesto que no, pero, lo realmente importante para tu salud mental no es tanto lo vivido, sino cómo lo tienes integrado y cómo te lo cuentas. Por eso, para reescribir el relato de tu vida, irás hilando recuerdos con situaciones del presente, lo que te permitirá entender por qué y para qué te comportas como te comportas, qué buscas en los vínculos, qué situaciones te hacen sentir incomodidad o dolor, qué patrones son los que más se repiten de una relación a otra, etcétera. Todo esto también te facilitará comenzar a cuestionar algunas de las representaciones mentales sobre ti misma y el mundo que se han ido fraguando mediante el apego que has construido. Así, podrás romper la profecía autocumplida que te hace repetir una y otra vez los mismos comportamientos y pensamientos que dañan y propician que elijas parejas con poca o nula responsabilidad afectiva.

Para entender esto un poco mejor, te dejo por aquí un ejemplo de profecía autocumplida bastante habitual en problemas de apego.

Siguiendo con este ejemplo, parte del trabajo que se haría en terapia sería identificar que esto está ocurriendo y empezar a poner nombre a estas necesidades y emociones, validarlas y aprender a comunicarlas de manera asertiva para romper un círculo vicioso causado por un problema de apego.

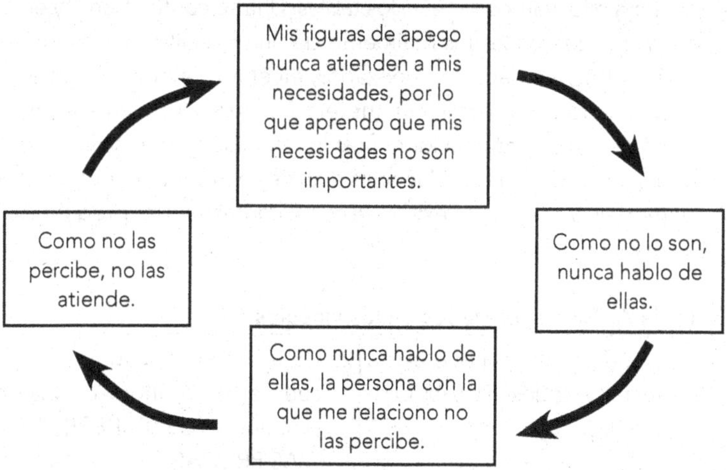

Como ya sabes, el estilo de apego no solo influye en que tú tiendas a relacionarte con personas irresponsables afectivamente, sino también en que estas personas lo sean. Por eso, si estás leyendo este libro porque alguien de tu entorno comete continuas faltas de responsabilidad afectiva contigo, recomiéndale que se lo lea también. Quizás esto le permita hacer el clic que necesita para iniciar una terapia.

Ahora voy a escucharme: mapa para construir una relación consciente

Después de entender la importancia de establecer relaciones conscientes para construir en ellas la responsabilidad afectiva, te propongo una actividad que, aunque no sustituye a una terapia, te ayudará a profundizar un poco más en qué es lo que necesitas que esté sí o sí en tus vínculos y qué no quieres permitir más, cosas que, a menudo, son difíciles de identificar.

Para ello, vamos a crear dos tablas. Una se centrará en ti y en descubrir qué necesitas realmente de una relación más allá de tus heridas, mandatos interiorizados, etcétera. La otra se centrará en qué no vas a permitir en tus relaciones de ahora en adelante, es decir, te ayudará a identificar los límites sanos iniciales que necesitas poner en tus relaciones actuales o futuras. Vamos a ver un modelo y, debajo, te explicaré cómo contestar a las preguntas de cada recuadro.

Tabla A. Tus necesidades en los vínculos

1. ¿Qué es esencial que exista en tus vínculos? TUS PRIORIDADES	2. ¿Qué ha sido lo más frecuente hasta ahora en tus vínculos? TUS EXPERIENCIAS PREVIAS
3. ¿Qué elementos no coinciden entre TUS PRIORIDADES y TUS EXPERIENCIAS PREVIAS? ¿Qué te hace sentir esto?	4. ¿Qué necesidades vas a priorizar de ahora en adelante en tus vínculos?

Tabla B. Tus límites sanos en los vínculos

1. ¿Cuáles son tus heridas emocionales?	2. ¿Qué heridas o intenciones de la otra persona crees que hay detrás de los comportamientos de irresponsabilidad afectiva que has recibido con más frecuencia?
3. ¿Qué comportamientos te duele más recibir? ¿Sobre qué heridas emocionales te afectan?	4. ¿Qué NO vas a permitir en tus vínculos de ahora en adelante?

TABLA A

En el primer recuadro debes anotar los comportamientos, habilidades, actitudes, etc., de la otra persona que son esenciales para ti para estar cómoda y satisfecha en un vínculo. Por ejemplo: escucha activa, respeto, empatía, frecuencia sexual, aficiones comunes, etcétera. No hay respuestas incorrectas.

En el segundo recuadro debes hacer memoria y apuntar las conductas, actitudes, habilidades, etcétera, tanto positivas como negativas, de tus personas cercanas que más crees que se repiten en tus vínculos. Por ejemplo: respeto, poca escucha, poco compromiso, diversión, etcétera.

En el tercer recuadro, y observando lo que has escrito en los dos anteriores, apunta los elementos que no coincidan y escribe cómo te hace sentir esto. Por ejemplo, si has escrito que priorizas la escucha activa y lo que has recibido con más frecuencia es «poca escucha», esto no coincide, así que debes apuntar «escucha» y cómo te hace sentir que esto no suela existir en tus vínculos, por ejemplo: «poco tenida en cuenta».

En el cuarto recuadro, y teniendo en cuenta las no coincidencias y cómo te hacen sentir, apunta las que te hayan generado emociones más desagradables, más difíciles de gestionar o las que más se han repetido en el tiempo. Así obtendrás las necesidades que más vas a priorizar y atender que estén en tus vínculos actuales o futuros. Por ejemplo: si la falta de empatía te hace sentir poco comprendida y esta sensación te resulta muy desagradable y se repite mucho en el tiempo, en tu próxima relación expresarás claramente tu necesidad de empatía y vas a atender a si esta capacidad existe en la otra persona. Si no es así, quizás no sea sano para ti profundizar demasiado en dicho vínculo o darle prioridad sobre otros.

TABLA B

En el primer recuadro apunta las heridas emocionales, miedos, bloqueos o dinámicas disfuncionales con las que te hayas sentido identificada a medida que leías este libro. Por ejemplo: apego ansioso, herida de abandono o dependencia emocional.

En el segundo recuadro apunta los comportamientos de irresponsabilidad afectiva que más veces hayas sufrido y las heridas, dinámicas disfuncionales o intenciones que crees que tenía la otra persona. Por ejemplo, «*ghosting*: creo que la persona que me lo hizo tenía apego evitativo»; «esconderme información importante: creo que la persona no quería comprometerse conmigo, pero no sabía cómo transmitírmelo evitando su incomodidad».

En el tercer recuadro, apunta los comportamientos de irresponsabilidad afectiva que más te haya dolido recibir y a cuál de tus heridas crees que se asocian. Por ejemplo, «*ghosting*: a mi herida de abandono».

En el cuarto recuadro, y teniendo en cuenta todo lo anterior, escribe lo que no quieres volver a permitir en tus vínculos. La idea de este recuadro es que identifiques cuáles van a ser tus límites sanos en las relaciones y, a su vez, cómo escogerás a tus parejas según esto, de ahí la importancia de escribir qué heridas/intenciones crees que hay detrás de los comportamientos, así los tendrás claros a la hora de vincularte y, también, podrás expresarlos de forma explícita. Por ejemplo, «al buscar una relación de pareja estable, no permitiré que se me esconda información importante acerca del estado del vínculo cuando yo quiera saberlo y hablar de ello».

El principal objetivo de esta actividad es el conocimiento, no solo de tus necesidades emocionales o tus límites sanos, sino también de otros de los puntos que aparecen en las tablas: heridas emocionales (de cara a plantearte trabajarlas en una terapia), comportamientos de irresponsabilidad afectiva que más veces has recibido, de qué manera te afectaron y qué herida de la otra persona crees que había detrás (entenderte mejor y liberarte de culpas), etcétera. Una vez que lo hagas, te recomiendo tenerlo bien a mano para que te sirva como guía de qué debes tener en cuenta para formar relaciones conscientes.

CAPÍTULO 6

LA HORA DE LA VERDAD: CONSTRUIR UN AMOR DEL BUENO

Después de este largo camino llegamos a la parte más dulce del libro: qué puedes hacer tú, aquí y ahora, para construir solo amores de los buenos, tanto con parejas o rolletes, como con tu familia y amistades.

Está claro que en los vínculos no todo depende de ti, precisamente en eso se basa la responsabilidad afectiva (todo lo que haces afecta al otro, y viceversa) y, además, tú no puedes controlar cómo piensa, siente o actúa la otra persona (y menos mal, porque menuda carga). Pero mientras decidas estar en el vínculo, me gustaría que tuvieras ciertas herramientas que te ayuden a hacer frente a las faltas de responsabilidad afectiva y contribuyan a generar un espacio de escucha, empatía y comunicación fluida que haga que esa relación te sume y no te reste.

Y aunque debes tener claro que tú no tienes la obligación de reeducar a nadie si no está siendo responsable afectivamente contigo, ni muchísimo menos aguantar carros y carretas para «salvar» una relación (eso nunca, por favor), a veces, hacemos las cosas mal porque no sabemos cómo hacerlas. Por eso, si tú y ese vínculo en el que estás pensando ahora estáis dispuestos a aprender a relacionaros de una manera más sana, estupendo y, si no, quizás esto te ayude a romper todas esas relaciones que no te están aportando nada bueno y empezar a trazar un camino hacia vínculos más sanos, sólidos, satisfactorios y responsables afectivamente.

CONSTRUIR DESDE DENTRO: TUS EMOCIONES Y SU GESTIÓN

El primer paso para construir un amor del bueno basado en la responsabilidad afectiva es saber identificar, validar y expresar/gestionar adecuadamente tus emociones. Y como no somos seres individuales, sino que coexistimos con otros, también es importante saber atender a las emociones de los demás, aunque su gestión ya no es tu responsabilidad. ¿Por qué es vital esto? Porque si la responsabilidad afectiva tuviese un idioma, este sería el de las emociones, es decir, todo lo que sientes y siente la otra persona es el vehículo de vuestra relación: os llevará lejos si sabéis usarlo y no llegaréis ni a la vuelta de la esquina si lo obviáis o no sabéis cómo manejarlo.

Como ya hemos explicado, se suele hablar de emociones positivas y negativas, pero definirlas así me parece un error, ya que debido a sus connotaciones es probable que solo prestes atención a las «emociones positivas» y que intentes tapar las «negativas». Sin embargo, todas las emociones tienen su función y hay que escucharlas para tener una vida lo más plena posible. Diferenciar entre positivas y negativas propicia que se olvide que las emociones son indicadores, señales que envía el cerebro para indicar que hay algo que no va bien, que necesitas, que tienes que hacer más veces para disfrutarlo más, etcétera. Es decir, son indicadores que aparecen para que tomes decisiones buenas para ti. Por eso, a mí me gusta mucho más hablar de emociones agradables y desagradables, porque es cierto que algunas son muy incómodas de sentir, y que en el momento solo desearíamos librarnos de ellas. El problema es que hemos aprendido a hacerlo de maneras que no suelen ser saludables: como reprimir, obviar, tapar, invalidar, etcétera. Y, así, en lugar de cumplir su función e irse, se enquistan. Por eso a mí tampoco me gusta hablar de controlar las emociones, sino de regularlas o gestionarlas, porque, en realidad, no se pueden controlar, ni ese es un objetivo saludable. El objetivo saludable es permitirte sentirlas, escucharlas tratando de identificar para qué están y, a continuación, ver qué haces para cubrir la necesidad o carencia que dicha emoción está poniendo sobre la mesa.

Otra cosa que quiero destacar para que entiendas la importancia de las emociones es que sin gestión emocional es imposible que exista responsabilidad afectiva. Cuando una persona no sabe qué hacer con sus emociones, suele lanzarlas hacia fuera echando la culpa a otra persona, criticando, discutiendo sin un objetivo claro, etcétera. En resumen, actuando con cero responsabilidad afectiva. Por eso es importante aprender a regular las emociones, porque te ayudará, en primer lugar, a poner límites sanos, zanjar vínculos tóxicos, comunicar tus necesidades y proponer acuerdos, etcétera. Además, las emociones son la clave de la empatía, básica para la responsabilidad afectiva: si una persona aprende a identificar y validar sus emociones, es mucho más probable que también sepa hacerlo con las de los demás. Recuerda que, en el segundo caso, la finalidad nunca es responsabilizarse de su gestión, solo de los actos que las provocan.

Así, ¿qué pasos podrías seguir en tu camino hacia una gestión saludable de tus emociones? Yo te propongo tres: identificar, validar en ti y expresar/gestionar.

1. ¿Cómo se llama esto que siento?: identificación de las emociones

Algo que me encuentro muy a menudo en consulta cuando trabajamos las emociones es que me digan: «Pero, Marta, ¿cómo voy a decirte lo que siento si no lo sé ni yo?». Y lo entiendo, porque, como te decía, las emociones son nuestro vehículo principal, pero, en general, no solo no nos han enseñado a conducirlo, sino que, directamente, no sabemos ni si es un coche, un barco, una bici o un patinete.

Por eso, lo primero que necesitas es saber poner nombres muy concretos a tus emociones, que precisen sus matices, y al mismo tiempo aprender a detectarlas y diferenciarlas. Para facilitarlo, aunque existen muchas clasificaciones, te puede ayudar diferenciar entre emociones primarias y secundarias. Según la clasificación más extendida, propuesta por el psicólogo Paul Ekman, las emociones primarias son seis: miedo, tristeza, alegría, asco, ira y sorpresa.

Sin embargo, no todo se limita a fluctuar entre estas seis emociones y, por eso, existen las emociones secundarias, que surgen de la combinación entre las diferentes emociones primarias. Debido a su complejidad y a que no se asocian a expresiones faciales tan características, las emociones secundarias resultan mucho más difíciles de identificar, disimular, fingir, etcétera. Y este es el primer escollo en la gestión de las emociones, por eso, para que puedas aprender a conocerlas y a identificarlas mejor, al final del libro, encontrarás un anexo donde se recogen las principales emociones que existen.

Una vez que puedas nombrarlas, llega el momento de empezar a reconocerlas. Veamos dos preguntas que puedes hacerte para conseguirlo:

– **¿Qué las caracteriza?** Como decíamos, las emociones secundarias son más difíciles de identificar que las primarias, porque no tienen una expresión facial característica asociada, mientras que las primarias sí. Por eso, fijarse en algunas expresiones faciales, en el tono de voz o en la postura corporal puede ayudar bastante a identificar tanto tus propias emociones como las de los demás y empezar a tirar del hilo que te permita etiquetarlas de manera concreta. Aunque seguro que ya conoces muchas de estas características, como a veces lo obvio es lo que pasa más inadvertido, te dejo una tabla con algunas cosas en las que puedes fijarte para reconocer las diferentes emociones que vayas experimentando.

EMOCIÓN	EXPRESIÓN FACIAL	VOZ	POSTURA CORPORAL
MIEDO	• Estiramiento e incluso apertura de los labios. • Tensión en los párpados inferiores y elevación de los superiores. • Tensión muscular (sobre todo en cuello y hombros).	• Entrecortada, temblorosa, irregular, grave, lenta.	• Tensa y retraída.

SORPRESA	• Mandíbula caída. • Párpados superiores muy abiertos, sin tensión en los inferiores. • Cejas elevadas.	• Rápida, alta, irregular, acentuada.	• Contracción y movimiento de manos.
IRA	• Mandíbula en tensión (incluso apretando los dientes). • Párpados tensos y mirada fija. • Cejas fruncidas en el entrecejo.	• Alta, rápida, fuerte, aguda, brusca.	• Si se reprime: manos y piernas en tensión, puños cerrados con fuerza. • Si se expresa: brazos en tensión, pero muy abiertos, ocupando mucho espacio.
ASCO	• Párpados ligeramente entrecerrados. • Nariz arrugada. • Labio superior elevado.	• Interrumpida y alta.	• Postura de evitación: volverse, alejarse, separarse.
TRISTEZA	• Cejas subidas desde el centro y párpados caídos. • Labios horizontales o caídos desde las comisuras. • Mandíbula elevada.	• Grave, lenta, suave.	• Hombros caídos, cuerpo encorvado.
ALEGRÍA	• Mejillas elevadas, labios curvados hacia arriba desde las comisuras. • Ojos entreabiertos.	• Alta, aguda, enérgica, rápida.	• Erguida, brazos abiertos.

Por otro lado, al hablar de tus emociones, contigo o con otras personas, es importante evitar términos amplios y ambiguos, como bien, mal o regular. Para eso también te puede ayudar mucho el listado de emociones del final del capítulo. Cuanto más precisa y concreta sea la etiqueta que le pongas a tu emoción, menos te costará «escucharla» y saber qué hacer con ella. Esto es importante porque existen muchas emociones que, de primeras, se parecen entre sí, pero que, en realidad, tienen matices importantes muy diferentes. Por ejemplo, si dices que estás «mal», es porque estás experimentando una emoción desagradable, pero esa emoción desagradable puede ser tristeza, ira, frustración, decepción, vergüenza, culpa... y cada una tiene una función muy distinta a la que hay que atender de forma también distinta.

- **¿Para qué aparecen?** Si hay algo esencial en cuanto a la identificación de emociones es detectar para qué han aparecido, es decir, qué función pretenden cumplir, incluso aunque sean muy desagradables. Todas las emociones tienen una función adaptativa, es decir, que aparecen básicamente para que sobrevivas, para poder identificar qué está bien y qué está mal socialmente (función moral) y, muy ligado a esto, para que puedas relacionarte con otras personas de la manera más satisfactoria y sana posible, o alejarte de los vínculos que no te aportan esto (función social).

Como te puedes imaginar, esta función social de las emociones nos interesa mucho de cara a la responsabilidad afectiva, porque nos permite no solo elegir mejor los vínculos, sino también saber cómo estar en ellos y cómo queremos que estén los demás. Vamos a ver varias de las funciones principales de algunas emociones muy presentes a la hora de relacionarnos. Saber escucharlas y detectarlas es esencial para gestionar luego adecuadamente esas emociones y determinar o mejorar, si es posible, la calidad del vínculo.

EMOCIÓN	FUNCIÓN
TRISTEZA	Permite identificar el impacto de algo desagradable y pedir ayuda. Por ejemplo, te permite hablar con alguien cuando lo necesitas o pedir un abrazo que te hará sentir mejor.
MIEDO	Permite identificar amenazas hacia ti o tu seguridad y tomar decisiones enfocadas en supervivencia o seguridad. Por ejemplo, alertarte para protegerte cuando tu pareja te maltrata.
ABURRIMIENTO	Alerta del deseo de buscar otras situaciones que tengan más significado o interés. Por ejemplo, romper la monotonía en tu vínculo, que puede ser algo que lo esté deteriorando considerablemente.

ENVIDIA	Permite detectar una desigualdad en la que salgas perdiendo y, si la gestión es adecuada, contribuye a la motivación. Por ejemplo, si envidias lo bien que se comunica tu amiga y lo encajas desde esta función, puede ayudarte a identificar qué no te gusta de tu forma de comunicarte y, quizás, aprender un poco más sobre ello.
IRA	Permite identificar injusticias, defenderse y protegerse de amenazas o ataques. Por ejemplo, bien gestionada, es lo primero que te permite poner límites sanos.
CULPA	Permite reparar daños y comportarse de manera «socialmente aceptable». Por ejemplo, bien gestionada, te permite disculparte y cambiar comportamientos que quizás hacen daño a la otra persona.
ALEGRÍA	Permite repetir los comportamientos que generan bienestar y seguridad y provocar afinidad con los demás. Por ejemplo, como es agradable, te permitirá mantener el vínculo que te aflora esa emoción de manera repetida en el tiempo.

Algo curioso que hay que destacar es que tus emociones no siempre van a ser «coherentes» con lo que te está pasando. Es decir, puedes sentir mucha culpa sin ser culpable de nada en realidad, o sentir miedo de algo que no supone la amenaza que tú imaginas. Aun así, siempre es importante escuchar dichas emociones y reflexionar sobre su función, porque, aunque no esté siendo coherente con la situación real, sí te dará información sobre tus «tendencias emocionales», es decir, lo que sueles sentir con frecuencia en un vínculo, lo que también te dará información importante sobre la calidad de este. Por ejemplo, si sientes culpa sistemáticamente en el vínculo con un amigo, aunque sepas que, objetivamente, siempre estás intentando reparar situaciones que parece que no se acaban de arreglar o que nada de lo que haces es suficiente, quizás el problema no está en ti, sino en la calidad del vínculo. En este caso, gracias a tu culpa atiendes a la necesidad de poner este asunto sobre la mesa con la otra persona, cambiar algo dentro del vínculo o zanjarlo. Recuerda que todas las emociones tienen su función, incluso cuando no son coherentes con la situación concreta.

2. Lo que siento es importante: autovalidación de las emociones

El siguiente paso para una gestión saludable de las emociones propias y ajenas es la validación emocional. Validar consiste en aceptar tu experiencia emocional tal y como es, sin juicios, sin negarla y sin minimizarla, entre otras cosas. La validación emocional es la base de una buena gestión, ya que si no validas una emoción, lo más probable es que la reprimas, con todos los problemas que eso conlleva, como dolores físicos, problemas de sueño, bucles de pensamientos negativos, explosiones en los vínculos, etcétera. Validar emocionalmente al otro es también uno de los pilares de la responsabilidad afectiva y, como puedes imaginar, es el acto clave para cuidar y atender las emociones de la otra persona de una manera responsable, sin hacerte cargo de ellas, solo de los actos que hayan podido provocarlas.

Sin embargo, no solo es importante validar las emociones de los demás y atender a que los demás validen las nuestras, sino que el primer paso de la cadena es autovalidar las propias emociones. ¿Por qué? Porque es esencial para ser responsable afectivamente con una misma y, a la vez, porque facilita identificar cuándo alguien no está siendo responsable afectivamente contigo sin que esto te haga sentir culpable, porque partirás de que tus emociones son siempre válidas, sean coherentes o no con la situación que las dispara, porque siempre te están dando algún mensaje importante sobre tus heridas previas, creencias, tu sensibilidad o tu nivel de estrés en ese momento. Sea por el motivo que sea, son válidas, y debes escucharlas para ayudarte a ti misma y para que nadie te cargue culpas que no te corresponden. ¿Cómo puedes aprender a autovalidarte emocionalmente? Lo esencial aquí es tu diálogo interno.

– No te juzgues, date importancia. Te juzgas cuando te dices: «Parezco tonta por estar tan triste porque Adrián me haya hecho *ghosting*, hay gente que tiene problemas mucho más graves y no se pone como yo por esta tontería». En esta frase te estás juzgando al decirte que no debes sentir lo que sientes, compararlo con «otros problemas de la gente» y tildarlo de tontería. Nada es una tontería si te afecta, no existe un baremo universal que determine qué problemas son tonterías y cuáles son graves. Todo lo que te afecte es importante. Compararte siempre te va a llevar a juzgarte y juzgarte hace imposible que te puedas autovalidar.

Como alternativa para tu diálogo interno te propongo cambiar el juicio por algo así: «Estoy triste porque Adrián me ha hecho *ghosting*, tengo derecho a sentirme como me salga natural, porque eso no depende de mí. Si yo no considero importantes mis problemas, ¿quién lo hará?».

– No te censures, acéptate para detectar detonantes. Te censuras cuando te dices a ti misma: «No quiero y no me voy a sentir así, porque no merece la pena llorar por esta persona». Este es un error muy habitual en la gestión emocional ante emociones desagradables que surgen de una decepción con alguien cercano. Pensamos que negando o censurando las emociones dejaremos de sentirnos decepcionados e, incluso, que hacerlo es una manera de «castigar» a quien nos ha hecho daño. Pero la realidad es que ese «castigo» no nos lleva a ningún sitio bueno y lo que hace es propiciar que se enquisten y se bloqueen las emociones desagradables sin que puedas hacer nada útil con ellas.

Una alternativa saludable para este caso sería: «Me ha dolido ver en los *stories* de Instagram que Elisa ha quedado con Nerea y ninguna de las dos me ha avisado a pesar de ser mis amigas. Me siento decepcionada y, aunque no me gusta sentirme así, es totalmente válido y lo que estoy viviendo no es fácil. ¿Qué es lo que más me duele de esta situación? Que al haber quedado sin mí siento que no me tienen en cuenta, que no soy importante para ellas. ¿Qué puedo hacer para sentirme mejor? Tomarme tiempo para mí y hablar mañana con ellas sobre cómo me ha hecho sentir esto». No tienes por qué tomarte el ejemplo al pie de la letra, ya que no a todos nos ayudan las mismas cosas cuando estamos tristes, enfadados, decepcionados, etcétera. Lo importante aquí es no negar tu emoción, sino que te ayude a rebuscar qué es lo que te ha hecho sentirte así y qué puedes hacer para remediarlo.

– No minimices tus emociones, date espacio y tiempo. Minimizas tus emociones cuando te dices: «Bah, es que esto tampoco es para tanto, estoy exagerando, no debo sentirme así de enfadada por esta chorrada». Esto, *a priori*, puede parecer una buena estrategia de gestión emocional, ya que parece que al restarle importancia a lo que te pasa se esfuma el malestar, pero el mundo emocional no funciona así, ya que minimizar tus emociones solo propicia que las reprimas y que, en algún otro momento, exploten de alguna forma que no sea saludable.

Por eso, para autovalidar tus emociones es importante que les des espacio y tiempo, es decir, que conectes con ellas en la medida que puedas y con el tiempo que necesites: «Esto ha sido duro para mí, así que voy a darme tiempo y espacio para escucharme y recuperarme». Es decir, si has tenido una pérdida reciente y todo el mundo te está preguntando cómo estás y te sientes abrumada, tienes derecho a parar, no contestar durante un tiempo y estar simplemente contigo, viendo qué sientes, qué pensamientos tienes, qué necesitas, etcétera. Y, cuando estés preparada, habla de ello como necesites hacerlo. Ser responsable contigo misma también implica saber que tienes derecho a priorizar tu salud mental ante cualquier otra cosa, aunque eso implique a veces decepcionar a alguien o estar ausente. Siempre habrá ocasión de explicarlo, pero lo primero es lo primero: darte tiempo y espacio para recomponerte y, luego, todo lo demás.

– No finjas, permítete ser vulnerable. Con fingir me refiero, por ejemplo, a hacerse la dura: «Me siento muy triste por el comentario que me acaba de hacer Mario acerca de lo supuestamente borde que soy, pero no le voy a demostrar que me ha dolido, porque tampoco es algo tan importante». Como ves, fingir suele ir de la mano de minimizar y juzgar la emoción, y puede llevar a reprimirla, ya que a base de fingir te lo crees («tampoco es algo tan importante») y, así, la emoción queda totalmente invalidada y termina encapsulada en algún rincón del cerebro mientras tú haces esfuerzos inconscientes para convencerte de que eso no te ha dolido tanto.

Sin embargo, para validar tus propias emociones es imprescindible que te permitas ser vulnerable, todos lo somos, y obviarlo nos hace perder muchas vías saludables para afrontar y gestionar nuestras emociones con sinceridad. Así, una alternativa mucho más saludable para tu diálogo interno, según el ejemplo, sería: «Me siento muy triste por el comentario que me ha hecho Mario. No sé todavía si es algo que quiero compartir con él o no, pero en mi interior sé que esto me ha dolido y que tengo derecho a que me duela. Soy humana, no un robot».

– No te culpes ni te victimices, sé autocompasiva. Culparse o victimizarse son dos extremos de una misma línea, y ambos son igual de dañinos tanto para ti como para los demás. Relacionarse desde la responsabilidad afectiva no va de culpar, porque no es lo mismo responsabilidad que culpa, aunque a veces se usen como sinónimos. La culpa te bloquea, porque se centra en lo que hiciste «mal», la responsabilidad te permite avanzar, porque se centra en cómo puedes reparar la parte que te corresponde de lo que hiciste mal.

Así, con las emociones, es común que te culpes cuando te dices algo similar a: «Debería haber sido más fría en la relación con mi ex, y ahora no me sentiría tan decepcionada». Esta frase está totalmente centrada en lo que supuestamente hiciste mal, como si eso fuera la única causa de cómo te sientes ahora. Es cierto que, a veces, tus comportamientos pueden generar diferentes estados emocionales, y esa es tu parte de responsabilidad afectiva con respecto a ti y a los demás. En cambio, muchas otras veces, asociamos erróneamente nuestros actos con nuestro estado emocional, cuando hay muchos factores externos que influyen sobre cómo nos sentimos: el comportamiento de la otra persona, cómo era o es vuestro vínculo, etcétera.

Y, como te decía, también existe la victimización, que consiste en responsabilizar a los demás de todo nuestro mundo emocional. Igual que te mostraba la diferencia entre culpa y responsabilidad, también es importante hablar de la diferencia entre víctima y victimismo. Tú eres víctima de algo o alguien cuando ese algo o alguien te hace daño; en cambio, el victimismo se da cuando, aun siendo víctima, comienzas a definirte y a relacionarte únicamente desde ahí, es decir, a estancarte en ciertas emociones desagradables porque o bien no eres capaz de desengancharte de ellas, o bien quedarte ahí conlleva beneficios como recibir más atención, cariño, etcétera. Esto, al final, es una falta de responsabilidad afectiva que puede que te hayas encontrado en algún momento de tu vida, porque cuando alguien se victimiza, no se permite responsabilizarse de la parte que le toca. Y eso que le toca a veces no es reparar nada porque, efectivamente, fue víctima del comportamiento de otros, sino responsabilizarse de recuperar su amor propio. Por ejemplo, Guille se estaría comportando de forma victimista si, ante una infidelidad de su pareja, se dijera a sí mismo y a los demás reiteradamente: «Es horrible lo que me ha hecho esta persona, nunca más voy a volver a confiar en alguien. Me siento muy decepcionado y creo que siempre me voy a sentir así». Está claro que todos podemos tener pensamientos como este cuando algo nos decepciona y duele mucho, la disfuncionalidad aparece cuando la idea principal de esta frase rige totalmente el comportamiento de Guille y todas sus emociones pasan por el filtro de «pobrecito yo, lo que me hicieron». Que es verdad que no está bien lo que le hicieron a Guille, y es saludable darse ese espacio para validarlo, pero, a continuación, es importante ser autocompasivo y permitirse avanzar.

¿Y a qué me refiero con ser autocompasivo? A ser amable y comprensivo contigo como lo serías con la persona que más quieres, para ayudarte a transitar esas emociones y poder estar mejor a la larga. A veces, la autocompasión se entiende como tener lástima de uno mismo y no es eso en absoluto, sino tener empatía contigo, que ya sabes que también es responsabilidad afectiva. Una idea de diálogo interno autocompasivo para no culparte ni victimizarte es: «Hice esto lo mejor que supe y pude en el momento. Es normal que me sienta (inserta la emoción desagradable que corresponda), pero también voy a aprender de esto para el futuro».

3. Ya sé qué hacer con lo que siento: expresión y gestión emocional

Una vez etiquetadas y autovalidadas tus emociones llega el momento de valorar si te apetece y si va a ser útil para ti y el vínculo expresarlas. Este es un momento clave, ya que es donde mejor puedes identificar si la otra persona se relaciona contigo desde la responsabilidad afectiva o no, cosa que observarás en cómo recibe las emociones que le expresas, si se responsabiliza de los actos que han podido desencadenar alguna de ellas, si te expresa las suyas o si intenta hacerte totalmente responsable de ellas (recuerda que tú no eres responsable de las emociones de nadie, solo de tus actos).

Si, por lo que sea, decides no expresar tus emociones, sigue siendo importante que las gestiones, es decir, que las integres y las experimentes de una manera saludable y útil para ti ya que, de no hacerlo, lo más probable es que las reprimas y eso afecte a tu salud mental. Supongo que te preguntarás qué significa «integrarlas y experimentarlas de manera saludable», así que voy a plantearte varios puntos para un posible plan de gestión de tus emociones con responsabilidad afectiva contigo e identificando si la otra persona del vínculo lo es o no y qué podéis hacer al respecto.

Punto 1: ¿quiero expresarle mi emoción a la otra persona?

Para saber si quieres expresar o no tu emoción, lo interesante es saber qué propósito tiene hacerlo, es decir, que es importante que sepas si expresar esa emoción va a beneficiarte a ti o al vínculo. Vamos a ver algunos ejemplos.

- Vas a expresar tu emoción (desagradable) para desahogarte, lo que supone una forma de gestionar tu emoción desde la ventilación emocional (decírsela a alguien que te escucha suele generar que te sientas mejor) y la regulación por parte de la otra persona, por ejemplo, mediante la validación emocional: «Tienes derecho a sentirte así, estoy aquí para ti y para escucharte». Si la otra persona sabe escuchar y validarte, te sentirás mejor y esa emoción desagradable se apaciguará y se integrará en ti de manera saludable.

– Vas a expresar tu emoción para resolver un conflicto. La finalidad es que, al expresar cómo te sientes ante determinado acto de la otra persona, ella tome conciencia de su impacto sobre ti y, si es negativo, busquéis vías para hacer las cosas de otro modo.

Si identificas alguno de estos propósitos o cualquier otro que suponga un beneficio para ti o el vínculo, por ejemplo, reforzar la relación, solucionar un problema que se repite en el tiempo o sentirte acompañada, ya tienes claro el primer paso para dicha gestión: expresar lo que sientes.

Punto 2: ¿cómo recibe mis emociones la otra persona?

La otra persona es responsable afectivamente contigo si valida tus emociones. En cambio, si no lo hace, aunque tenga las mejores intenciones del mundo con su discurso, no estará siendo responsable afectivamente, porque es probable que tú termines sintiéndote peor sin saber por qué. Por eso es importante conocer la validación emocional, porque a veces queremos ayudar diciendo frases que invalidan en lugar de apoyar, y esto complica mucho la responsabilidad afectiva, ya que la parte que expresa sus emociones se siente peor que al principio y la otra parte piensa que lo ha hecho todo bien. Vamos a ver unos ejemplos de la importancia de la validación emocional tanto con emociones agradables como desagradables.

EMOCIÓN AGRADABLE

Invalidación emocional	Yo me siento: alegre por compartir una buena noticia con mi pareja. Mi pareja dice: un monosílabo y cambia de tema. Yo recibo: «Vaya, quizás no debería haber compartido esto con ella, porque no parece que le importe ni le alegre mi felicidad». Ahora yo me siento: inadecuada, avergonzada, frustrada.
Validación emocional	Yo me siento: alegre por compartir una buena noticia con mi pareja. Mi pareja dice: «Me alegro muchísimo por ti, te lo mereces. ¡Vamos a celebrarlo!». Yo recibo: «Qué guay es compartir la alegría propia con las personas queridas. Es bonito ver que se alegra así por mí, por el afecto que me tiene». Ahora yo me siento: más alegre, motivada y con más energía.

EMOCIÓN DESAGRADABLE

Invalidación emocional	Yo me siento: triste tras haber recibido una mala noticia, y lo comparto con mi pareja. Mi pareja dice: «Va, no llores, que no es para tanto». Yo recibo: «Estoy exagerando, le estoy haciendo sentir incómodo. No debería llorar y, en cambio, es lo único que me sale». Ahora me siento: triste, impotente y avergonzada.
Validación emocional	Yo me siento: triste, tras haber recibido una mala noticia, y lo comparto con mi pareja. Mi pareja dice: «Entiendo que te sientas así, llora todo lo que necesites». Yo recibo: «Me está entendiendo. Me siento segura aquí, puedo dejarme fluir. Tengo derecho a expresar mi tristeza». Ahora me siento: triste, pero acompañada y validada, por lo que la tristeza se hace menos intensa.

Por eso es importante la validación emocional de quienes te rodean, porque modifica tu estado de ánimo, es decir, te ayuda a regular tus propias emociones. Eso no quiere decir que esas personas sean responsables de tus emociones, sino que somos seres sociales, y sus actos nos influyen para bien o para mal. Vamos a ver unos cuantos ejemplos más en forma de frases y comportamientos de validación e invalidación emocional.

Frases de validación emocional:

- «Quizás no puedo entender exactamente lo que estás sintiendo, pero tienes derecho a sentirte así. Estoy contigo.»
- «Te acompaño.»
- «Tómate el tiempo y el espacio que necesites, pero no olvides que estoy aquí si me necesitas.»
- «Me alegro de que compartas algo tan importante para ti conmigo, gracias.»
- «Nada que te preocupe me parece una tontería, porque eres muy importante para mí.»
- «Estoy contigo decidas lo que decidas.»

Gestos de validación emocional:

- Mirar a los ojos relajadamente (ni evitar la mirada ni fijarla), usar un tono de voz suave y pausado, asentir con la cabeza, mantener una postura corporal sin tensión, adaptar la expresión facial a lo que la persona cuenta, por ejemplo, sonreír cuando te explica algo que le hace feliz.
- Propiciar espacios para la expresión emocional sin juicio ni censura: «¿Y eso cómo te hizo sentir? Cuéntame, si quieres».
- Mantener la mente abierta. Entender que lo que la persona cuenta nace de sus valores, prioridades, aprendizajes previos, etcétera. Por lo tanto, es importante escuchar «poniéndose las gafas» de esa persona y no las propias. Por ejemplo: si tu amiga sabe que para ti la fecha de tu cumpleaños es muy importante y le cuentas que la persona con la que estás quedando se olvidó de felicitarte, tu amiga te estaría validando si te dice algo parecido a: «Te entiendo, eso para ti es muy importante, así que es normal que te duela»; en cambio, si para ella las fechas no son importantes y te dice algo así como «Bah, pero si solo es una fecha, se le olvidaría, qué más da», no te estaría validando emocionalmente.

Frases de invalidación emocional:

- «No llores.»

- «No es para tanto.»
- «A ver, relájate un poco.»
- «Otras personas están mucho peor que tú, valora lo que tienes.»
- «No exageres.»
- «Pon un poco de ganas y estarás mejor.»
- «Deberías hacer...»
- «Lo mejor para ti es, sin duda...»

Gestos de invalidación emocional:

Si la persona prácticamente no te mira y parece que solo está esperando a que dejes de hablar para hablar ella, te da consejos rápidos y universales («No te rayes, que el tiempo lo cura todo», «Si quieres, puedes»), te interrumpe continuamente, solo contesta con monosílabos, solo interviene para decirte «pues a mí me pasó que...», etcétera, no te está validando emocionalmente y esto es una falta de responsabilidad afectiva incluso aunque ella tenga la mejor intención del mundo. Es absolutamente necesario saber validar emocionalmente para ser responsable afectivamente.

Punto 3: ¿y qué pasa con las emociones de la otra persona?

Tanto si has decidido expresar tus emociones como si no, la otra persona tiene las suyas y, evidentemente, no depende de ti que las exprese o no, pero sí puede resultarte útil saber qué es responsable afectivamente y qué no si la otra persona decide hacerlo. Sobre todo, para trabajar conjuntamente en mejorar la comunicación emocional o para decidir sobre el vínculo si detectas que la otra persona no tiene responsabilidad afectiva en el manejo de sus emociones contigo ni quiere mejorarla. Así, la otra persona está manejando sus emociones desde la responsabilidad afectiva si:

- Te verbaliza el propósito de hablarte de ellas: «Necesito hablar contigo de que últimamente me estoy sintiendo desmotivado en el vínculo porque [motivo] y me gustaría saber cómo te sientes tú y que pensemos cómo podemos arreglarlo juntos».

- Se hace cargo de ellas y de sus actos, que no es lo mismo que señalarte un acto tuyo que le ha afectado. Es decir, la persona no te dice «me haces sentir fatal», sino «me siento fatal cuando haces [algo]». La clave está en que sepas qué puedes hacer de otra forma para que la persona se sienta mejor, teniendo en cuenta los límites y los acuerdos de la relación, y no que simplemente te sientas culpable por cómo se siente la otra persona y no tengas ni idea de qué hacer para solucionarlo.
- Te las expresa desde la confianza y el cariño, no a la defensiva. Todos tenemos momentos en los que nos ponemos a la defensiva porque lo estamos pasando mal y no sabemos cómo gestionarlo. No pasa nada, somos humanos. Pero cuando la otra persona te habla reiteradamente de sus emociones como si estuviese enfadada contigo, cuando estas no tienen nada que ver con tus actos, esa persona no está siendo responsable afectivamente contigo, sino que te está haciendo «pagar los platos rotos».

Por otro lado, si una persona no te expresa nunca sus emociones, tengan que ver con alguno de tus actos o no, tampoco está siendo responsable afectivamente contigo. Tal vez no tiene la educación emocional necesaria o su estilo de apego predominante y las heridas de la infancia no le han permitido desarrollar esta habilidad, en cualquiera de los dos casos, una terapia psicológica es una opción estupenda para desarrollar la expresión y la gestión emocional.

También puede que no se sienta tan implicada contigo como dice o como tú crees, que quiera una relación diferente a la que tú buscas, etcétera. Por eso, si sientes que la otra persona no se está expresando emocionalmente contigo, es positivo ponerlo sobre la mesa. Así, después de la conversación, podréis tomar decisiones sobre el vínculo.

Punto 4: ¿cómo gestiono mis emociones conmigo?

Como ya hemos dicho, la regulación de tus emociones mediante las personas que tienes cerca, y viceversa, es una práctica importante para la responsabilidad afectiva, pero también lo es tu regulación emocional personal. Por ello, a menudo, antes de expresar una emoción es importante regularla o «colocarla» en tu interior, porque esto te permitirá expresarla y gestionarla con la otra persona de una manera mucho más saludable.

Otra cosa importante que debes saber es que, igual que es sano expresar tus emociones, sobre todo las que tienen que ver con el vínculo, es igual de sano decidir guardarte algunas para ti, bien porque no tienen nada que ver con el vínculo, bien porque no ves ningún beneficio en expresarlas. La irresponsabilidad afectiva aparece cuando no se expresa absolutamente ninguna emoción, porque ahí se pierde información importante sobre el vínculo.

En cualquier caso, aunque algunas decidas no expresarlas, todas tus emociones requieren atención y gestión por tu parte, y de eso vamos a hablar ahora.

Como ya hemos dicho, todas las emociones tienen una función que puede resultarnos útil. Y en eso se basa la gestión emocional personal. Para verlo mejor, observa la siguiente tabla de las emociones que solemos tener más problemas para gestionar. En ella explico cómo puede serte útil una emoción y cómo no.

EMOCIÓN	LA HACES ÚTIL CUANDO...	LA HACES INÚTIL CUANDO...
IRA	• Te alejas física o mentalmente durante un rato de la situación que la desató, para «enfriar» la intensidad. • Te preguntas ¿qué es exactamente lo que me enfada? y ¿qué quiero yo de esta situación? una vez que te has enfriado un poco. • Con las respuestas anteriores, fijas límites claros, sanos y razonables para ti y las demás personas.	• La expresas «en caliente», justo cuando la estás empezando a sentir y te está desbordando, porque es mucho más probable que lo hagas desde la agresividad o, incluso, la violencia. • La reprimes, porque no llegarás a encontrar sus motivos, ni qué necesitas, ni a expresarla, por lo que lo más probable será que se enquiste y genere conflictos circulares, que se repitan una y otra vez, aumentando cada vez más tu ira.

CULPA	• La conviertes en responsabilidad, porque esto te permite: –No asumir cargas que no te corresponden, solo la parte que realmente está en tus manos. –Ver si se puede reparar el daño que puedas haber causado. –Aprender para otras ocasiones. –Permitirte ser humana: todos cometemos errores.	• Te quedas atrapada lamentándote sobre lo que has hecho mal. • Asumes, sin darle muchas vueltas, que toda la culpa te pertenece y que eres la única parte que tiene que actuar en un conflicto. • Te castigas boicoteándote, privándote de cosas que te gustan, etcétera.
ENVIDIA	• Te paras a intentar identificar qué deseas de esa persona o situación. • Te preguntas si puedes inspirarte en esta persona o situación para construir algo que, a tu manera, te vaya a hacer sentir mejor.	• Dañas a la otra persona para que se sienta inferior. • Te relacionas desde el resentimiento: entiendes la situación como algo que alguien hace deliberadamente y de manera personal para perjudicarte.
TRISTEZA	• Te permites expresarla llorando, hablando, escribiendo, pintando, etcétera. • Te preguntas qué necesitas que cambie para sentirte mejor.	• La reprimes porque sientes que, si no, eres débil. • La invalidas pensando, por ejemplo, que «no es para tanto». • Invalidas las «pequeñas alegrías» que puedes sentir aun estando triste. Recuerda que el hecho de que tu estado emocional sufra fluctuaciones no lo hace menos real.
MIEDO	• Identificas de qué está tratando de protegerte ese miedo. • Identificas si ese miedo te boicotea para no exponerte a algo que realmente te va a reportar más bienestar.	• Te bloquea. • Lo entiendes como una señal inequívoca de que no debes hacer algo.

Sé que no es fácil aprender todo esto de un día para otro y que, aun así, no siempre lo harás a la perfección, y las personas de tu alrededor tampoco, porque, al final, somos humanos, y es totalmente imposible gestionar siempre a la perfección nuestras emociones. Pero sí es importante que recuerdes todo lo que hemos hablado en este capítulo, porque aprender a reconocer y gestionar tus emociones te protege ante comportamientos de irresponsabilidad afectiva, porque te conocerás, sabrás leer lo que necesitas en cada momento y las emociones no te nublarán tanto como para no saber discernir entre realidad y manipulación.

CONSTRUIR EN MOMENTOS DE TORMENTA: LOS CONFLICTOS Y SU GESTIÓN

Si hay un momento en el que la responsabilidad afectiva es más importante que nunca es en las situaciones de conflicto. ¿Y a qué me refiero exactamente con «conflicto»? A desacuerdos, a momentos en los que los miembros de un vínculo tienen posturas y necesidades diferentes. Un conflicto no es nada más (ni nada menos) que eso, pero el primer problema es considerar que conflicto es sinónimo de discusión o pelea. Y no quiero decir que los conflictos sean agradables, porque la mayoría de las veces no lo son, pero no todo va a ser coser y cantar.

La responsabilidad afectiva no equivale a un mundo de luz y de color en el que todos los vínculos son perfectos y sin dolor. Lo que sí puede hacer la responsabilidad afectiva es mejorar la calidad de los vínculos, pero, para hacerlo, hay que pasar por procesos que, a veces, no son tan dulces: conversaciones incómodas, no cumplir con expectativas, asumir responsabilidades, ser vulnerable, desaprender creencias «cómodas» como las del amor romántico, etcétera. La responsabilidad afectiva es una revolución y, como tal, requiere esfuerzo e incomodidad.

Por eso, ahora que ya sabes mucho más acerca de la regulación de las emociones, quiero que aprendas a gestionar adecuadamente la parte que te toca en las situaciones de conflicto que puedan surgir en tus vínculos.

Para ello, vas a aprender a detectar cuándo alguien intenta resolver un conflicto de forma irresponsable afectivamente, lo que solo pondrá un parche y hará que el conflicto se enquiste. También quiero centrarme en el perdón, para que sepas cuándo es sincero y servirá de algo y cuándo no. Y, por último, quiero darte algunas claves de responsabilidad afectiva para que las tengas muy presentes a la hora de enfrentarte a conflictos con otras personas y poder detectar cuándo está presente y cuándo no.

¡Irresponsabilidades afectivas detectadas!: cómo no se resuelven los conflictos

Como decíamos, que un conflicto haga crecer un vínculo o lo estanque depende de nuestra capacidad para gestionarlo. Cuando se afrontan los problemas sin tener en cuenta las emociones de la otra parte, sin escucha activa, sin responsabilizarse de los actos propios, intentando «salir del paso» y evitar la incomodidad de sentarse a hablar con todas las cartas sobre la mesa, etcétera, se afrontan sin responsabilidad afectiva. Es muy importante identificar esto para poder poner en marcha, si es conveniente, herramientas para desviar la conversación hacia una postura que tenga la responsabilidad afectiva por bandera, o bien para replantearte ese vínculo y la prioridad que le das en tu vida. Alguien que no está dispuesto a escuchar y a atender lo que está creando una barrera entre vosotros, quizás tampoco merece un espacio destacado en tu vida.

Vamos a ver qué comportamientos denotan que alguien no está resolviendo los conflictos contigo de manera responsable afectivamente.

Ley del hielo

También llamada «ley del silencio» o «castigo de silencio», esta falta de responsabilidad afectiva, como casi todas, es una forma de violencia psicológica pasiva, por eso a veces es difícil de reconocer. Se basa en que una de las personas implicadas en el vínculo empieza a ignorar a la otra sin que esta tenga ni la más remota idea de qué está pasando ni qué ha producido ese cambio en la relación. Así, la persona afectada queda en una posición de indefensión, porque no sabe qué hacer para revertir la situación ni por qué se ha dado.

Generalmente, las personas que aplican la ley del silencio lo hacen porque han detectado algo que no les ha gustado o ha habido algún desacuerdo y, en lugar de afrontarlo de manera activa y directa, hablándolo con la otra persona, deciden callar, no responder a la otra persona cuando esta les habla o hacerlo solo con monosílabos, evitar el contacto, etcétera. Así, a menudo, la víctima de esta irresponsabilidad afectiva ni siquiera es consciente de que existe un conflicto, mientras que la otra da por hecho que la persona afectada «sabe» lo que está pasando, es decir, que lo adivina porque «ya se conocen mucho» o porque «es evidente lo que le ha sentado mal».

Hay comportamientos que son evidentemente tóxicos (como las agresiones físicas, por ejemplo), pero también existe una numerosa serie de comportamientos que pueden ser tóxicos o, por lo que sea, afectar especialmente a determinadas personas. Como son tantos, lo importante es comunicar para poder resolver. Callar solo sirve para castigar a la otra persona sin darle la oportunidad de, como mínimo, disculparse o compartir su vivencia de los hechos para llegar a un posible punto de encuentro.

Es muy importante no confundir el castigo de silencio con «dar espacio».

Si hay algo de otra persona que nos provoca una tristeza, decepción o ira muy intensas, es habitual y sano que necesitemos alejarnos un tiempo (aunque no más de uno o dos días como muchísimo) para procesarlo y, a continuación, solucionarlo. La diferencia principal de esto con el castigo de silencio es que, cuando necesitamos que nos den espacio de forma responsable afectivamente, comunicamos a la otra persona nuestra intención y el motivo. Por ejemplo: «Oye, me he sentido bastante [emoción] cuando has hecho [acto]. Necesito tomarme un tiempo para que se calmen mis emociones y, después, me gustaría hablarlo contigo para poder arreglarlo». Cuando alguien te aplica la ley del hielo, simplemente se calla y comienza a evitarte mientras tú te montas mil películas mentales sobre qué ha podido pasar, lo que aumenta tu ansiedad en el vínculo.

Ghosting

Ya hemos tratado a fondo este comportamiento a lo largo del libro. Desaparecer sin avisar y cuando las cosas estaban funcionando aparentemente bien en un vínculo nunca es resolver un conflicto, sino añadir otro nuevo que, seguramente, nunca se llegue a solventar, con las consiguientes consecuencias en la autoestima.

«¡Aquí no ha pasao na!»

Hacer como que no ha pasado nada cuando no es así tampoco es resolver un conflicto, sino meterlo debajo de la alfombra para que se acumule con los demás.

Es común que algunas personas afronten así los conflictos porque tienen miedo al juicio de la otra persona, entienden los conflictos como sinónimos de pelea y quieren evitarlos a toda costa, no están dispuestas a asumir su responsabilidad en la resolución, etcétera. Por eso, si ves que esta es una dinámica que se repite a menudo en tus vínculos, es importante que intentes discernir sus causas porque te permitirá resolver el problema de la mejor manera.

Por ejemplo, si siempre se hace como que no ha pasado nada porque la otra persona entiende el conflicto como una pelea, igual debéis planteaos el modelo de comunicación que utilizáis cuando hay desacuerdos, porque quizá es muy autoritario o agresivo, y deba adaptarse a uno más asertivo. Hablaremos de ello más adelante.

En cualquier caso, mi recomendación es que expreses cómo te hace sentir esta situación, preguntes de manera conciliadora a la otra persona por el porqué de este comportamiento y, entre los dos, busquéis vías más saludables para resolver los desacuerdos.

Veamos un ejemplo de cómo plantearlo: «Quiero hablar contigo porque noto que siempre que tenemos algún desacuerdo o a alguno de nosotros le sienta mal algo, solemos hacer como que no ha pasado nada. Pero sí que ha pasado, y eso se queda ahí guardado y puede explotar en cualquier otro momento. Así que me gustaría saber por qué necesitas hacerlo así, ¿hay algo a lo que le tengas miedo? Te escucho. Me encantaría que llegásemos a resolver estas situaciones con confianza y claridad para estar ambos más cómodos y no explotar por todo lo que nos vamos callando».

No entender algo como un conflicto

Esto le puede pasar a cualquiera, porque a veces tienes tan distorsionada la idea de conflicto que puedes considerar que algo no tiene importancia simplemente porque no da pie a ataques de ira desmedida, pero, en realidad, sí es un conflicto y sí es importante ponerlo sobre la mesa, aunque no genere sensaciones lo bastante intensas para desembocar en una discusión.

¿Cómo identificar qué es un conflicto y, por lo tanto, que es importante hablar de ello?

- Si es un desacuerdo que se repite una y otra vez en el tiempo.
- Si notas que hay un ruido de fondo que no te permite estar del todo cómoda en el vínculo.
- Si cada vez que sucede «eso», aparecen dolor, molestia, incertidumbre y otras sensaciones desagradables que no sabes muy bien cómo manejar.

Justificar lo que ocurre en el vínculo mediante circunstancias personales

Esta es una falta de responsabilidad afectiva bastante habitual, así que estate atenta para identificarla bien.

Como decíamos al inicio del libro, responsabilidad afectiva también es hablar con la otra persona acerca de las heridas emocionales que te afectan en los vínculos y que tú conozcas las suyas. Sin embargo, esto no puede usarse para que cualquier comportamiento sea aceptable. Por ejemplo: «Te grito porque lo estoy pasando muy mal en mi situación laboral actual, tienes que entenderme», «Necesito controlar algunos de tus movimientos porque me pongo celoso. Ya sabes que mi ex me hizo mucho daño» o «No te preocupes que seguro que estos problemas que estamos teniendo ahora se resuelven solos cuando pase esta mala racha» son situaciones claras donde se está utilizando un acontecimiento duro o difícil presente o pasado para justificar conductas muy disfuncionales y saltarse los límites y acuerdos de la relación con la intención de que no haya consecuencias.

Ten cuidado porque los conflictos ni se resuelven solos mediante agentes externos ni pueden ser minimizados o justificados por vivencias propias, ya que eso te deja atrapada en esa dinámica por pena, lástima o, incluso, empatía. Y eso es un acto de manipulación, consciente o no, y supone una gran falta de responsabilidad afectiva que está muy lejos de ser una forma saludable de afrontar los conflictos.

Centrarse en tener la razón

Cuando se habla cara a cara un conflicto, pero la conversación está totalmente dirigida a valorar quién tiene razón y quién no, quién es más bueno y quién menos o quién manda y quién no, debo decirte que ahí no se está resolviendo nada, porque se está dejando de lado el objetivo principal que consiste en buscar soluciones y alternativas.

Además, esta dinámica puede llevar a otras aún más disfuncionales, las luchas de poder, y que el vínculo acabe centrado únicamente en quién es mejor que quién.

Tomar decisiones individuales sin consensuarlas

Un conflicto dentro de un vínculo no se soluciona con decisiones individuales que no se comunican ni se ponen en común. Por ejemplo: «De ahora en adelante ya no le voy a decir nunca más lo que pienso y así evito conflictos». Está claro que, para una buena resolución de un conflicto, son importantes las decisiones individuales y conjuntas, pero todas deben consensuarse y hablarse claramente y con detenimiento, porque en eso se basa la responsabilidad afectiva.

Excesivos «peros» detectados: qué no es un perdón

El perdón es un tema muy importante porque creo que la idea que tenemos de él como sociedad no siempre es la más sana, y quiero explicarte por qué. Se supone que el acto de «pedir perdón a alguien» sucede cuando, después de cometer una «falta» con esa persona, le «pides» no ser castigada por ello y que se «olvide» la falta sin necesidad de quedar en «deuda». Esta es la definición «oficial» que, en mi opinión, no tiene en cuenta otros aspectos importantes.

Así, creo que a veces se pide perdón porque se entiende que es lo correcto, y hasta ahí genial, pero ¿qué utilidad tiene eso si no va acompañado de la intención de «reparar el daño» si es posible? O, al menos, de aprender algo de la situación para intentar no volver a cometer la misma falta. El perdón por sí mismo no sirve de mucho. Lo mismo sucede con el acto de «perdonar», que nos venden como algo absolutamente necesario para «liberarse y sanar» y, en realidad, no tiene por qué ser así. Si no te sale de dentro perdonar algo, no lo hagas. Obligarte a perdonar a alguien sí o sí porque sientes que la sociedad te obliga a hacerlo y que es la única vía para «sanar», solo va a hacerte sentir culpable, porque no te va a salir de forma natural.

Por eso me parece interesante hablar de todo aquello que no es un perdón real, aunque se le parezca, porque te puede llevar a legitimar faltas de responsabilidad afectiva que no tienes por qué tolerar o que, como mínimo, no se solucionan con el simple acto de oír la palabra «perdón». Así que quiero que sepas que todos estos actos que vamos a enumerar, aunque vayan acompañados de la palabra «perdón», no son un «perdón real».

Evitar el tema

Evitar un tema que fue o es conflictivo para ti y para la otra persona del vínculo no reparará el posible daño causado ni la situación en sí.

Dar por hecho que no va a volver a suceder un conflicto que se ha repetido mucho en el tiempo

Muchas veces, recibes un perdón acompañado de un «no volverá a pasar» y, en ocasiones puntuales, puede que así sea. Sin embargo, ¿qué ocurre cuando un conflicto se repite una y otra vez y siempre se da por hecho que esa será la última? Que probablemente se repetirá de nuevo, porque no se está hablando claramente de lo que pasa en cada uno de los miembros del vínculo para que eso se repita tanto, ni de alternativas que cada uno puede poner en marcha para que la situación que provoca el conflicto sea de otro modo.

Pedir perdón sin una intención real de cambio

Si te piden perdón con cierta desgana, porque es «lo que toca», sin tener muy claro por qué, pero convencidos de que es eso lo que quieres escuchar, y sin verbalizar qué cambios van a tener lugar para que la situación no se repita, que se enciendan tus alarmas.

Pedir perdón solo para calmar la culpa

Si notas que las palabras de la otra persona van dirigidas exclusivamente a justificarse, minimizar sus actos o a saber si «ya estás bien» con ella, enciende tus alarmas.

Darle la vuelta a la tortilla

Con esto me refiero a cuando el perdón que recibes es algo así: «Te pido perdón por gritarte, pero me pusiste de los nervios. Creo que deberías tener más cuidado con cómo te diriges a mí. Sabiendo que estoy pasando un mal momento en mi vida, me parece bastante desconsiderado por tu parte». Convertir un supuesto perdón en una forma de señalarte que quien hizo algo mal, que le obligó a saltarse un límite de la relación, por ejemplo, no gritaros, fuiste tú. Amiga, si cuando te piden perdón te generan más culpa que alivio, ese perdón no es real.

Por si esto no basta, también quiero que reconozcas cómo es un buen perdón, uno de verdad, que recuerda que debe ir siempre acompañado de actos y que tú no tienes por qué aceptar obligatoriamente, en cualquier caso. Para explicártelo, voy a basarme en el libro de la psicóloga Jennifer Thomas y Gary Chapman, titulado *Los cinco lenguajes de la disculpa*.

1. El perdón real expresa arrepentimiento. Se compone de disculpa + acto por el que te disculpas. Por ejemplo: «Te pido perdón por haberte gritado».

2. El perdón real acepta y expresa la responsabilidad de sus actos. No va acompañado de minimizaciones ni justificaciones. Por ejemplo: «No hay excusas, me equivoqué y lo asumo».

3. El perdón real va acompañado de un plan de cambio. Es decir, no solo se piden disculpas, sino que también se propone un plan de acción para que no vuelva a darse una situación similar. Por ejemplo: «De ahora en adelante, cuando vea que no sé cómo gestionar mi ira en el momento, voy a irme un rato, comunicándotelo antes, y lo hablaremos cuando esté más tranquilo».

4. El perdón real trata de reparar el daño. Es decir, cuenta con la opinión de la persona afectada para ver si hay alguna forma de reparar la circunstancia. Por ejemplo: «¿Qué necesitas tú para arreglar esto?».

5. El perdón real da espacio y tiempo a la persona. Así, por muy bien que se haya hecho todo lo anterior, no sirve de mucho si a continuación se presiona a la persona para que perdone inmediatamente o que «todo vuelva a ser como antes» justo en ese instante. Por ejemplo: «Quiero pedirte perdón por haberte gritado. Tómate el tiempo que necesites para que podamos hablarlo y solucionarlo».

¡Responsabilidad afectiva detectada!: cómo se resuelven los conflictos

No te garantizo que, gracias a este apartado, a partir de hoy todos tus conflictos vinculares se resuelvan siempre y a la perfección, esto depende de todos los miembros del vínculo y de su estado en el momento del conflicto, pero sí que creo que te va a ayudar tener algunas recomendaciones a mano sobre cómo comunicarte en una situación problemática con una persona importante para ti, así como detectar en qué están fallando los demás a la hora de comunicarse contigo en estas situaciones. Así podréis intentar ayudaros a hacer las cosas de una manera que sea buena para todos.

Voy a dejarte una lista de consejos sencillos que debes tener en cuenta para solucionar conflictos de manera saludable:

- Habla desde el «yo siento…», y no desde el «tú eres…», «tú me hiciste…». Si dices: «Es que te estás distanciando de mí porque eres un pasota, y yo no te hice nada», la persona se sentirá atacada y comenzaréis una conversación en términos de ataque y defensa, en lugar de desde la conciliación. Por eso es mejor idea decir: «Me siento muy triste por cómo nos estamos distanciando».
- Enfócalo como dos personas que se enfrentan a un problema y no entre sí. Si dices: «Tú siempre igual, ¡es que no te sabes comunicar bien!», la persona se sentirá señalada y que toda la responsabilidad recae en ella, cuando seguramente ambos podéis poner de vuestra parte para mejorar la situación. Es mejor decir: «Está claro que tenemos un problema de comunicación, ¿qué podemos hacer individualmente y en conjunto para poder solventarlo?».
- Tratad un único problema a la vez. Si os sentáis a hablar de un tema y empiezan a entremezclarse otros mil, no solo no podréis centraros en qué podéis hacer para resolver el conflicto presente, sino que también reavivaréis viejos fuegos que quizás ya estaban apagados, lo que empeorará el conflicto. Un ejemplo de esto sería decir: «Es que aparte de no saber comunicarte, eres muy desorganizado, no lo soporto. Y me fastidia aún más cuando me encuentro la casa hecha un caos al volver del trabajo, sabiendo lo mucho que me estresa mi profesión, cosa de la que ya deberías ser consciente». En esa frase se enumeran varios problemas: que la otra persona no sabe comunicarse, que es muy desorganizada y que no es consciente de que el trabajo de su pareja es estresante. Una opción saludable para reconducir la conversación cuando alguien empieza a mezclar problemas y a llevarla por otros derroteros es decir algo como: «Vamos a centrarnos ahora únicamente en nuestro problema de comunicación. ¿Cómo te sientes tú al respecto?».
- No des por hecho lo que la otra persona siente ni pretendas que adivine tu estado. Esto prácticamente siempre da lugar a confusiones y a montarse películas mentales que, probablemente, poco o nada tengan que ver con la realidad, lo que añade conflictos

que entorpecen el buen desarrollo de la conversación. Un ejemplo de esto sería decir: «Es más que evidente por qué estoy enfadada. Ya deberías saberlo, que me conoces de sobra, pero a ti esto te da totalmente igual, ni te esfuerzas en pensarlo». Esta frase demuestra que la persona que la expresa no solo cree que la otra parte debe adivinar qué le pasa, sino también da por hecho que a esa parte le da totalmente igual resolver la situación. Una alternativa saludable para reconducir la conversación podría ser: «Me gustaría saber qué es lo que te ha enfadado tanto, porque ahora mismo no soy consciente y esto me tiene bastante preocupada». Recuerda: mejor preguntar que suponer, pues la información será mucho más veraz.

- Suelta poco a poco, no explotes. Es muy buena idea que, cuando notes algo que no te gusta en la relación y que eso te está afectando, lo comuniques lo antes posible, ya que, si te lo callas, abres la veda para callarte otras cosas, y así se crea una bola de problemas cada vez más grande que, un día, explotará, y la conversación con la persona tendrá lugar desde la ira, por lo que será mucho más difícil de encaminar de manera sana y respetuosa. Además, es probable que esa «explosión» precipite la toma de decisiones drásticas y extremas que quizás no son las que realmente quieres tomar y a las que se ha llegado sin haber trabajado previamente nada de la relación. Por ejemplo: «Es que tú no sabes todo lo que he aguantado hasta ahora. Ya no puedo más. Estoy harta y no quiero volverte a ver». Sería más sano enfocarlo así: «Necesito hablar de esto contigo para que no siga haciéndose más grande y un día te lo suelte todo desde la rabia o tome decisiones drásticas. Así, ¿nos damos la oportunidad de hablarlo tranquilamente? ¿Qué te parece?».
- No etiquetes a la persona, etiqueta los comportamientos partiendo siempre del respeto. Si etiquetas a la persona por un hecho concreto, aunque se repita, la persona se sentirá atacada, porque estás obviando las demás cosas que también es. Por ejemplo: «Eres la persona más borde del planeta». En cambio, si etiquetas su comportamiento concreto, es mucho más sencillo mostrar

qué es lo que necesitas que la otra persona cambie, sin atacarla directamente y sin que se cierre en banda y tu frustración crezca: «Esa respuesta me ha sentado mal, creo que ha sido una respuesta borde».

- No utilices «siempre» y «nunca», utiliza «ahora». Cuando utilizas palabras absolutas, como «siempre» y «nunca», por ejemplo, «Siempre te comportas como si tuvieses seis años», de nuevo estás etiquetando a la persona y no un comportamiento concreto y puntual. Por eso, te puede ayudar cambiar el «siempre» y el «nunca» por el «ahora»: «Ahora mismo creo que no estás teniendo una actitud madura, y sé que tienes madurez suficiente».
- No utilices preguntas retóricas a modo de reproche. Y con esto me refiero a cosas del tipo: «Te parece estupendo hacerme esto, ¿no?». Este tipo de preguntas se encuadran dentro de un estilo de comunicación pasivo-agresivo o agresivo y, como verás en la última parte del capítulo, estos estilos no ayudan a comunicarse eficazmente y, menos aún, en situaciones de conflicto. Por eso, te propongo que en vez de hacer preguntas retóricas, hables de lo que sientes de forma directa y clara: «Me he enfadado cuando has hecho esto».
- No pongas el piloto automático, escucha activamente. Otro problema de comunicación bastante habitual en momentos de conflicto es centrarse en hablar, hablar y hablar y no escuchar nada de lo que la otra parte quiere decir: «Y me hiciste esto... Cuando yo siempre trato de... Y lo peor es que... blablablá». Por eso, es buena idea atender a que ambas personas tengan su turno de palabra y dejar espacios explícitos para la expresión emocional de ambos: «Ahora que te he dicho cómo me siento, cuéntame tú».
- Responsabilízate de tus actos y no cargues con los ajenos. A veces, este es uno de los factores principales que hacen que un conflicto no avance ni retroceda: «Yo no quería hacerte eso, así que no pienso hacerme cargo. Quien debería hacerse cargo de tomarse las cosas tan a pecho eres tú». Por eso es importante que ambas personas avancéis en la conversación con la idea de ver qué partes de responsabilidad os corresponde asumir y qué temas

mejorar: «No creo que esté mal que me tome esta situación como algo importante, porque me afecta, y no puedo controlar lo que me afecta. Pero sí puedo controlar hablarlo contigo y pedirte que la próxima vez intentes ser más cuidadoso con tus palabras».

- Comunícate con apelativos cariñosos para rebajar la tensión. Puede parecer una tontería, pero usar vuestro nombre especial o los apelativos cariñosos que soléis utilizar entre vosotros, amor, cariño, durante una discusión rebaja mucho la tensión y facilita bastante escucharse y estar abiertos a entenderse.

No obstante, para solucionar los conflictos y construir los vínculos de forma sana, en general, existen otros elementos cruciales que merecen su propio apartado: los límites sanos y los acuerdos de la relación.

CONSTRUIR LAS ARISTAS DEL AMOR: LÍMITES SANOS Y ACUERDOS

Al hablar de las relaciones conscientes hemos mencionado los acuerdos y su importancia en las relaciones personales estrechas, pero quiero profundizar en este tema para que sepas cómo aplicarlo exactamente en tus vínculos, a pesar de que los acuerdos de cada relación son únicos ya que dependen de las necesidades de cada persona, del vínculo y del momento de la relación.

El amor no es incondicional: ¿qué son los acuerdos y límites sanos de una relación?

Como decíamos, los acuerdos de una relación son unos pactos explícitos que se llevan a cabo entre todas las personas del vínculo y que ponen de manifiesto las necesidades personales respecto a este para que se tengan en cuenta, de modo que las acciones o las decisiones que se tomen sean éticas y cuidadosas con las emociones de todas las personas del vínculo.

Estos acuerdos, claro está, no son estáticos ni universales, sino susceptibles de cuestionamiento, revisión y modificación según el vínculo avanza y las necesidades cambian, y también son diferentes para cada persona en cada vínculo. Son importantes en todas las relaciones, pero en especial, en las amorosas, sobre todo en las no monógamas.

Quizás al leer esto te imagines una especie de contrato firmado con la otra persona que haga constar qué actos están «bien» y qué actos están «mal» respecto al vínculo, pero en realidad es algo mucho más orgánico, que se va forjando con una comunicación muy fluida, habitual y clara. Es decir, que es algo que se va hablando con la misma naturalidad y frecuencia con que se puede hablar de cómo te ha ido el día en el trabajo. Sin embargo, esa naturalidad no quiere decir que los acuerdos no deban quedar muy claros y definidos. Esto es importante para que se cumplan lo mejor posible y relacionaros, así, de una manera mucho más cuidadosa y ética.

Por otro lado, los límites sanos, de los que ya hemos hablado a lo largo del libro, son la base de los acuerdos, es decir, lo que no se va a permitir que ocurra en el vínculo, y que tendrá consecuencias, que deben explicitarse también, en caso de incumplimiento. Los límites sanos deben ser razonables, realistas, comunicados a la otra parte y claros, y son otra de las bases de las relaciones con responsabilidad afectiva, ya que permiten crear una línea imaginaria que separa lo que es sano en el vínculo y lo que no.

Dentro de los límites sanos, a mí me gusta diferenciar entre los cuestionables, que pueden variar cuando se modifican los acuerdos, y los límites inamovibles o líneas rojas. Los límites cuestionables se centran en los aspectos que pueden cambiar si cambia algo en la pareja, y los límites inamovibles son todo lo que tiene que ser de una forma concreta, sí o sí, para que la relación sea sana.

Lo veremos mejor con un ejemplo. Imagina que, en el primer momento de una relación amorosa, una de las partes expresa que para ella es importante hablar los conflictos justo cuando suceden. A la otra parte eso le da más igual, pero como entiende que es importante para que la relación fluya, y a ella no le perjudica en nada, se llega a un acuerdo basado en un límite sano: «siempre hablaremos sobre la situación que crea un conflicto justo en el momento en el que lo identifiquemos». También establecen unas consecuencias al incumplimiento del límite: «si esto no se lleva a cabo de esta forma, seremos conscientes de que el conflicto podría enquistarse, lo que nos generaría otros problemas en la relación». Como ves, las consecuencias no son amenazas, ni muchísimo menos, porque, si no, estaríamos manipulando, no acordando; las consecuencias son el resultado emocional o comportamental que generarán los actos de una de las personas del vínculo en la otra parte si este límite se salta.

Ahora imagínate que, más adelante, ambas personas del vínculo o una de ellas sienten que el hecho de hablar las cosas justo en el momento en el que se identifica el conflicto les está comportando otros conflictos importantes: se hablan desde la ira y dicen cosas que no quieren decir, no tienen espacio ni tiempo para procesar la situación y descubrir qué necesidades tienen al respecto, etcétera. Dicho de otra manera, se dan cuenta de que ese acuerdo ya no funciona y que tienen que redefinirlo para poner un límite diferente que puede ser, por ejemplo, consensuar, según el conflicto, la posibilidad de dejar espacio y tiempo para pensar individualmente en lo que ha pasado y hablarlo un poco más tarde, cuando las emociones estén más calmadas. Este sería un ejemplo de límite cuestionable que se modifica según las necesidades y la evolución del vínculo.

Sin embargo, como te decía, existen otros límites innegociables, a los que me gusta llamar «líneas rojas», porque me gusta imaginarlos como una línea real, pintada de rojo, gruesa y llamativa, que nunca debe traspasarse suceda lo que suceda. Este tipo de límites son todos los que van dirigidos a preservar la integridad física y psicológica de todas las personas del vínculo, por ejemplo, no tolerar agresiones, no tolerar humillaciones, no tolerar abusos, etc. Quizás pienses que esto ya se da por hecho en una relación, pero, por desgracia, no siempre es así y por eso algunas relaciones terminan siendo de maltrato sin que la víctima sea capaz de identificarlo, porque quizás nunca hubo unos límites claros o, los que había, se fueron diluyendo a golpe de manipulación por parte de la persona que maltrataba. También es importante saber que estas líneas rojas las decides tú, y la otra persona debe respetarlas o el vínculo cesará (esa podría ser la consecuencia). Esto es esencial porque, a veces, estas líneas rojas pueden referirse a situaciones menos extremas que las citadas hasta ahora. Por ejemplo: hay parejas que realizan juegos sexuales consensuados y consentidos previamente y tan felices; en cambio, hay personas a quienes esos juegos sexuales les harían sentir tal humillación, aunque los hubieran consentido de antemano y los hubieran realizado otras veces, que constituyen una línea roja en toda regla. Recuerda que el consentimiento sexual desaparece en el momento en el que tú no te sientas cómoda, aunque te hayas sentido así en un principio.

Para darte ideas sobre cómo establecer acuerdos y límites en tus vínculos, voy a enumerarte algunos aspectos de las relaciones personales que suelen requerir acuerdos ya que, si no los hay, pueden desembocar en conflictos innecesarios y faltas de responsabilidad afectiva evitables.

Cuidados

Una parte esencial de la responsabilidad afectiva en un vínculo es el cuidado mutuo. Sin embargo, ¿qué significa exactamente cuidar? Todos entendemos que está relacionado con tener en cuenta a la otra persona y sus necesidades, con la empatía, el cariño, la comprensión, etcétera… No obstante, los cuidados importantes en una relación pueden variar mucho entre personas. Por ejemplo: para alguien puede ser muy importante verse con frecuencia en una relación de amistad, aunque solo sea para salir de fiesta. En cambio, para otra, quizás eso no tiene tanto peso en cuanto a cuidados, por lo que puede pasar meses sin hacer planes con la otra persona, pero sí necesita que la comunicación, ya sea por llamadas o WhatsApp, sea fluida y puedan contarse el día a día.

Por lo tanto, quizás lo primero que debes tener en cuenta a la hora de establecer acuerdos sobre cuidados con alguien importante para ti es conocer qué son los cuidados para cada uno, e intentar hacer pactos que cubran al máximo las necesidades de ambos. Si seguimos con el ejemplo anterior, e imaginamos que esas dos personas son amigas, un buen acuerdo podría ser: «vamos a intentar hacer x planes a la semana/al mes juntas y, al mismo tiempo, tratar de llamarnos también x veces a la semana/al mes». De esta forma, se busca un punto intermedio entre lo que ambas necesitan y están dispuestas para que el vínculo se desarrolle lo mejor posible y evitar conflictos innecesarios.

Otros aspectos que tener en cuenta en los acuerdos sobre cuidados pueden ser: la importancia de un espacio personal individual fuera del vínculo, la gestión del tiempo libre juntos, la necesidad de escucha activa y cómo hacerlo, etc.

Exclusividad, lealtad y fidelidad

Estos acuerdos pertenecen sobre todo a las relaciones afectivo-sexuales, ya que son donde está presente la dicotomía entre monogamia y no monogamia. Así, cuando inicias un vínculo afectivo-sexual con alguien y ese vínculo parece que se estrecha y empiezas a darle vueltas a la idea de «ya no quiero quedar con nadie más para tener sexo» o a preguntarte «¿se estará viendo con otras personas?», suele ser importante preguntar y establecer acuerdos al respecto. Para ello, es básico expresar qué quieres tú en este momento (exclusividad o no) y saber qué quiere la otra persona. Una vez abierta la conversación, las posibilidades son múltiples, ya que podéis decidir establecer una relación con exclusividad afectiva y sexual que acuerde que no estableceréis vínculos amorosos con otras personas a nivel emocional ni sexual y que, en caso de que una de las partes empiece a valorar la opción de hacerlo, se lo comunique a la otra parte antes de saltarse el acuerdo; o establecer una relación solo con exclusividad afectiva, en la que acordéis no establecer vínculos amorosos con otras personas, pero sí podréis mantener encuentros sexuales con terceros, por poner solo dos ejemplos.

Por otro lado, también suele ser importante definir qué es una infidelidad para cada uno de vosotros, sea o no una relación monógama. En general, se da por hecho que una infidelidad es que alguien con pareja y exclusividad en el vínculo tenga algún tipo de rollete con otra persona sin que su pareja se entere. Sin embargo, existen más tipos de infidelidad, ya que esta va totalmente de la mano de la lealtad. Así, puede haber actos desleales que para determinadas personas constituyan una infidelidad y tengan consecuencias en el vínculo. Y es importante aclarar esto.

Por ejemplo, Alba y Lucía tienen una relación de pareja monógama, con exclusividad afectiva y sexual. Para Alba, una infidelidad es que Lucía se acueste con otra persona y, en cambio, para Lucía lo es que su pareja sienta atracción por una tercera persona y se lo verbalice, así como que se den algún beso o lleven a cabo algún tocamiento o acto sexual. Como ves, los límites de Lucía son más estrictos que los de Alba, por lo que deberán ser tenidos en cuenta para definir lo que es una infidelidad en esa pareja y las consecuencias de esta: por ejemplo, si, antes de hablarlo entre las dos, alguna de ellas comunica abiertamente a una tercera persona la atracción que siente por ella con la intención de establecer un vínculo desde ahí, la relación entre Alba y Lucía se romperá. Y en este punto quiero detenerme para mencionar que los límites y los acuerdos nunca deben aprovecharse para manipular o coartar la libertad individual de la otra parte, sino que todo debe ser consensuado teniendo en cuenta los costes y los beneficios de ceder o no ante el límite de una de las personas del vínculo.

Expectativas

Muy relacionado con el punto anterior, cada vez que iniciamos un vínculo, principalmente afectivo-sexual, es importante hablar de las expectativas de ambas partes. Es decir, que es importante preguntar y hablar explícitamente de lo que busca cada uno en el vínculo, qué tipo de relación espera, cómo se siente, etcétera. Sé que esto puede resultar algo mecánico, pero recuerda que los acuerdos se van hablando a medida que fluye la relación. No tienen por qué hacerse todos en un día, como si fuese una actividad laboral. Pero sí es importante recordar que estos acuerdos son especialmente importantes, porque, si se hablan y se establecen bien, evitan muchas faltas de responsabilidad afectiva posteriores.

Para construir estos acuerdos es importante hablar de si solo buscáis sexo o si tenéis ganas de una relación estable, si buscáis a alguien con quien quedar de vez en cuando para hablar o hacer algún plan y lo que surja, etcétera. Evidentemente, no somos adivinos y nunca sabemos cómo puede evolucionar un vínculo ni cómo pueden variar las expectativas a medida que avance la relación, pero es importante hablar desde los primeros momentos y decidir qué se quiere hacer, teniendo en cuenta las consecuencias, ya que a veces coincidirán las expectativas y, a veces, no.

Situaciones de conflicto

Para tratar de gestionar y resolver los conflictos que surjan también es relevante tener en cuenta que hay maneras de afrontar los conflictos que son más sanas que otras. Así, para evitar faltas de responsabilidad afectiva a la hora de enfrentarse a los conflictos, es buena idea acordar cómo os gustaría resolverlos: no hablar más de un tema a la vez, hacerlo en un lugar tranquilo intentando veros como un equipo y no como contrincantes, etcétera. A partir de ahí, está claro que todos somos humanos y no siempre podemos gestionar bien ni nuestras emociones, ni lo que ocurre en nuestros vínculos en general, por lo que es crucial ser compasiva contigo cuando veas que algo no sale como esperabas a pesar del esfuerzo, y, al menos, tener presentes estos acuerdos.

Fluidos (en relaciones no monógamas)

Si estás iniciando una relación afectivo-sexual no monógama o si todavía no habéis decidido si queréis monogamia o no y tenéis encuentros sexuales con otras personas, es muy importante que realicéis un acuerdo de fluidos que consiste en el compromiso, entre las personas que se están vinculando, de mantener relaciones sexuales siempre con métodos de barrera (preservativos para penes o vaginas, barreras de látex, etcétera). Este acuerdo tiene como objetivo proteger la salud sexual de todas las personas implicadas en un vínculo no monógamo, para evitar infecciones o enfermedades de transmisión sexual.

Como cualquier otro acuerdo, es revisable, y está pensado para protegeros, no para coartar vuestra libertad, por lo que es muy importante escucharos y detallar algunos puntos si fuera necesario: si se van a utilizar métodos de barrera con juguetes eróticos o sexo oral, cada cuánto tiempo os haréis pruebas de ITS, etcétera. Una falta de responsabilidad afectiva habitual en este tema es pensar o incluso decir que la salud sexual es algo privado y que no hay por qué compartirla ni adaptarse a nadie. Recuerda que todo lo que ponga en riesgo tu salud sí te incumbe y, por lo tanto, la otra persona tiene la responsabilidad, ya no solo afectiva, sino también ética, de informarte de todo lo que pueda afectarte en ese sentido, independientemente de la solidez del vínculo o del formato relacional.

Ahora que ya conoces algunos puntos sobre los que es importante establecer acuerdos, debes prestar también atención a que estos no se establezcan como reglas, ya que existe una gran diferencia entre una cosa y otra. Los acuerdos se viven como algo que hacéis para cuidaros y cuidar el vínculo, no para castigar ni haceros sentir oprimidos, y si alguien se siente así con algún acuerdo, es necesario revisarlo con urgencia. En cambio, las reglas se establecen como método de control y castigo, algo que está muy lejos de la responsabilidad afectiva y solo propiciará que en la relación haya cada vez más toxicidad. Vamos a ver un ejemplo. Rodrigo acaba de iniciar una relación de pareja estable con Isa, y ambos son heterosexuales. Un día, comienzan a hablar sobre hacia dónde quieren y esperan que vaya su relación y tratan de establecer sus primeros acuerdos. Entonces, Rodrigo dice: «A mí me haría sentir mucho más seguro en el vínculo que no hablases con nadie del sexo opuesto, así que querría que acordásemos eso». Si Isa dijera que sí, podría parecer que está aceptando un acuerdo, porque él propone y ella acepta. Pero la realidad es que no es así, porque ese acuerdo que propone Rodrigo no nace de un límite sano, sino de una conducta de control. Es una regla: él priva de su libertad a Isa para sentirse más seguro en el vínculo. Eso es control, y el control es violencia. ¿Cómo podrían Rodrigo e Isa solventar esta situación con responsabilidad afectiva para construir un vínculo sano? Tratando de explorar qué miedo hay detrás de la regla que pretende poner Rodrigo. Las reglas siempre nacen del miedo y, generalmente, explorar ese miedo puede ayudar a establecer un acuerdo sano, siempre y cuando todas las personas implicadas estén de acuerdo. Si no, lo más sano probablemente sea romper el vínculo. Si Isa preguntase y Rodrigo estuviese dispuesto a responder y tratar de buscar alternativas, podrían ver que Rodrigo tiene mucho miedo a las infidelidades por experiencias pasadas en otras relaciones de pareja. Como ya sabes, la responsabilidad afectiva es poder hablar de tus heridas para que la otra persona las tenga en cuenta, pero no para cargar con ellas y que estas limiten su libertad. Por lo tanto, sabiendo esto, Rodrigo e Isa podrían decidir establecer el siguiente acuerdo: Rodrigo acudirá a terapia para trabajar sus heridas, su autoestima y su seguridad en los vínculos e Isa se comprometerá a apoyarlo en el proceso, estableciendo entre ambos una comunicación clara y honesta de sus sentimientos e intenciones. Eso sí es un acuerdo desde límites sanos que, como ves, es muy diferente de una regla como la que establecía Rodrigo al inicio.

Dibujemos las líneas: ¿qué es un límite sano y qué no lo es?

Como sabes, los límites sanos son algo muy personal que funciona en base a las necesidades propias, por lo que algunos de los que te voy a enumerar te cuadrarán y otros no, pero lo importante es que te quedes con la idea de lo que constituye un límite sano y lo que no, y que sepas que deben estar presentes en todo tipo de vínculos: pareja, amistad, familia, etcétera. Algunos ejemplos de límites sanos son:

- No permitir chantajes ni manipulaciones emocionales.
- No permitir invasiones en la parcela de privacidad que quieres que sea solo tuya.

- No permitir faltas de respeto.
- Comunicar sin culpa cuando no quieres hacer algo y cuando sí quieres hacerlo.
- Comunicar tus deseos y decisiones.
- Mantenerte firme sin dejarte llevar por decisiones de otros que realmente no te convencen.
- Tener derecho a cambiar de opinión.

En cambio, todo lo que voy a enumerar a continuación no son límites sanos, aunque puedan parecerlo *a priori*:

- La manipulación disfrazada de cuidados.
- Que rechacen tus límites sanos sistemáticamente por muy bien que te lo justifiquen.
- Usar la agresividad maquillándola de contundencia.
- Actuar constantemente por inercia pensando que todo lo que te duele de la relación no es para tanto.
- Decir que sí o que no por miedo a quedarte sola o a la reacción de la otra persona.
- Que pongan sus deseos por encima de tus necesidades.
- Callarte siempre porque «total, no cuesta nada adaptarse».
- Sentirte mala persona por comunicar tus necesidades.
- Ponerte límites sanos solo a ti misma.
- Evitar constantemente el conflicto.

Quizás la dificultad más grande a la hora de diferenciar un límite sano de algo que no lo es, es detectar la manipulación, ya que la línea entre una cosa y la otra es muy fina, pero las consecuencias son muy diferentes. Por eso, te voy a dejar un cuadro con algunos ejemplos de cómo una misma situación sería un límite sano o una manipulación según como se afronte y exprese.

MANIPULACIÓN	LÍMITE SANO
«Hoy no voy a salir de fiesta con tus amigos porque no me apetece, y tú tampoco deberías, porque no creo que sea normal que vayas sin tu pareja, ya que todos pensarán que sales sin mí para ser infiel.»	«Llevamos muchos días saliendo de fiesta con tus amigos y hoy, la verdad, es que no me apetece ir. Vete, diviértete y, si quieres, hacemos algo nosotros mañana.»
«Si me vuelves a gritar así, soy capaz de hacer una locura. ¿No te das cuenta de lo mala persona que eres? Me haces sentir como una mierda con lo mal que estoy ya, y te da totalmente igual.»	«Me está sentando bastante mal lo mucho que estás levantando el tono de voz al hablar conmigo. Me gustaría que intentaras hablar de otra manera, porque estos gritos no los voy a consentir más veces.»
«Papá, no voy a seguir trabajando en la empresa familiar. Me da igual lo que pienses y lo que te suponga esto. Debería preocuparte lo mucho que me has jodido la vida con esto, porque es culpa tuya que yo no sea feliz.»	«Papá, no voy a seguir trabajando en la empresa familiar. Ahora necesito formarme en algo que me guste y encaminar mi vida laboral como yo necesito.»
«Ana, el otro día me ridiculizaste delante de tus otras amigas. Yo de ti me sentiría como lo peor, no sé cómo eres capaz de hacerle eso a una amiga, qué decepción... Ya te lo puedes ir currando conmigo de ahora en adelante u olvídate de nuestra amistad.»	«Ana, no me ha gustado cómo me trataste el otro día delante de tus otras amigas. Me sentí muy ridícula cuando contaste esa anécdota privada sobre mí. Me gustaría que, de ahora en adelante, tengas más cuidado con lo que cuentas de mí delante de gente a la que acabo de conocer.»

Pongo límites sanos, pero no me funcionan: ¿por qué?

No sería raro que, llegados a este punto estés pensando: «pero si yo ya hago todo eso, ¿por qué no me funcionan los límites? ¿Por qué, aun poniéndolos, sigo recibiendo tantas faltas de responsabilidad afectiva?». Tranquila, te entiendo, porque poner límites en realidad no es nada fácil y, a veces, sin darte cuenta, hay algo que está fallando en la manera de establecerlos. Esto sucede a causa de todos los patrones tóxicos que posiblemente has aprendido en relaciones pasadas y que han hecho que, a veces, hayas tenido que flexibilizar tanto algunos límites que estos han acabado diluyéndose, lo que a veces propicia que empieces a normalizar la falta de límites sanos en determinados puntos donde es muy necesario establecerlos para que la relación sea sana.

Otras veces, el hecho de que tus límites sanos no se respeten ni se tengan en cuenta para hacer acuerdos, no tiene nada que ver contigo, solo con que la persona que tienes delante se comporta sin el mínimo rastro de responsabilidad afectiva, y quizás se siente cómoda así. En ese caso, poco más puedes hacer que irte. Mereces estar en un lugar donde la comodidad esté en que ambos os cuidéis, no solo en que tú cuides a la otra persona del vínculo.

Sin embargo, en consulta he visto muy a menudo que los límites sanos fallan a causa de miedos y trabas propias que, sin querer, podrías estar poniéndote a ti misma. Por eso quiero enumerar los motivos de fallo que más veces he visto en terapia. La idea es que puedas identificar si te encuentras en alguna de estas circunstancias y que, así, sepas dónde actuar para revertir la situación y que tus límites sanos empiecen a funcionar. Puede que tus límites sanos no estén funcionando porque:

- Sientes que eres responsable de cómo los demás reaccionan ante ellos. Y, cuando esto pasa, los acabas quitando o suavizando porque te sientes culpable. Y, la realidad es que tú solo eres responsable de comunicar tus límites de manera asertiva, como te explicaré en el próximo apartado. Si una persona con la que tienes una relación cercana no es capaz de, al menos, escuchar dicho límite, el problema no está en el límite, sino en la calidad del vínculo.
- Sientes que el «buen rollo» de la relación se acabará por mantenerte firme en tu límite. Esto hace que termines «aguantando un poco más», sin insistir en ese límite, para que la relación se mantenga. Y, en realidad, en un vínculo sano no hay que «aguantar» ni tampoco se «lucha».
- Te sientes en deuda por todo lo que hizo la otra persona por ti. Y, por eso, terminas asumiendo que no estás en posición de pedir nada. Pero recuerda que los límites no son solo «pedir para ti» como un acto egoísta, son «pedir para el vínculo», para que ambas partes estéis lo más a gusto posible. Relacionarte desde la

deuda no es una base relacional sana. Es importante ser consciente de que todo lo que das y te dan en los vínculos es por voluntad propia, de manera altruista, no por obligación y, si lo sientes así, quizás necesitas tener una conversación al respecto, ya que en el momento en el que se genera una situación de deuda, aparece el riesgo de que no se pueda hablar abiertamente de las necesidades propias sin miedo.

- Sientes que no mereces respeto. Esto hace que termines asumiendo que las faltas de respeto, de cuidado, de atención, etcétera son intrínsecas a los vínculos. Sin embargo, debo decirte que todos merecemos respeto, ¡como mínimo! Si sientes que tú no, te recomiendo que busques ayuda profesional para descubrir qué heridas están causando que te sientas así y poder sanarlas.
- Te sientes egoísta poniendo límites. Eso hace que entiendas que los límites no son tan importantes y que debes priorizar a la otra persona para que todo vaya bien. Sin embargo, egoísmo no es lo mismo que amor propio, y debes saber que lo principal para construir relaciones responsables afectivamente es priorizarse sin dañar a los demás, y esto no es egoísmo, es cuidarse y cuidar el vínculo.

CONSTRUIR EL VEHÍCULO DEL AMOR: COMUNICACIÓN PARA RELACIONES SANAS

Llegados a este punto, ya hemos hablado muchísimo sobre la comunicación, pero me interesa que termines este libro sabiendo ponerle nombre, para que te resulte mucho más sencillo detectar cuándo te hablan con responsabilidad afectiva y cuándo no, y también para que sepas crear y terminar vínculos con responsabilidad afectiva, poner límites sanos, resolver conflictos o gestionar las emociones.

Una parte esencial de la comunicación es la escucha, por lo que también quiero que sepas qué es que alguien te escuche activamente y cómo puedes hacerlo tú si sientes que tienes dificultades para ello. Así podréis entrenarlo y os ahorraréis una gran cantidad de conflictos innecesarios.

Por último, como sabemos que las faltas de responsabilidad afectiva, por desgracia, están a la orden del día, también quiero que sepas cómo responder a ellas sin acarrear culpas que no te corresponden y darte la oportunidad de priorizarte y cerrar vínculos que no te están haciendo ningún bien.

Los vehículos que funcionan y los que no: estilos de comunicación

Para identificar faltas de responsabilidad afectiva y hacerles frente, es esencial detectar qué estilo de comunicación utilizas tú y cada una de las personas de tus vínculos. Esto te permitirá encaminarlo, si no es así ya, hacia un estilo de comunicación asertivo que es el que te permitirá expresar lo que necesitas y que esto sea tenido en cuenta, sin pisar los derechos de la otra persona.

Para que te hagas una idea, el estilo de comunicación es nuestra tendencia a la hora de comunicarnos, que nos sitúa en una posición concreta respecto a la otra persona. Como te puedes imaginar, no todas las posturas son igual de sanas ya que, si te paras a pensar, seguro que tú no te sientes de la misma manera si alguien te habla a gritos y mirándote desde varios escalones por encima de ti, que si alguien se sienta contigo, te mira a los ojos y te pregunta «¿cómo estás?». Dicho esto, voy a explicarte los cuatro principales estilos de comunicación que existen.

Estilo pasivo

Atenta, porque este estilo de comunicación es el blanco perfecto para recibir faltas de responsabilidad afectiva. Para las personas con este estilo de comunicación es muy complicado expresar sus necesidades, ya que, o no les dan la misma importancia que a las de los demás, o porque «quedar bien» con los demás está por encima de atender al resto de sus necesidades en su escala de prioridades. Precisamente por eso, no se mantienen firmes en sus ideas y, a veces, ni siquiera las expresan. Su discurso se caracteriza por las dudas: sobre qué expresar y qué no, sobre si lo que ha dicho «está bien» según el criterio de quien le esté escuchando, etcétera. Y todas estas dudas están dirigidas a un único fin: evitar el conflicto a cualquier precio. Así, la comunicación de estas personas, de primeras, puede resultar incluso agradable, porque nunca ponen pegas a nada, se adaptan, etcétera. Pero a la larga es probable que te desquicien un poquito, ya que notarás que no suelen tomar la iniciativa y buscan complacerte todo el tiempo y, al final, esto no te parecerá sincero.

Las personas con un estilo de comunicación pasivo permanecen mucho tiempo en silencio o responden con monosílabos, cambian mucho de opinión para adaptarse a lo que tú expresas, bajan la mirada constantemente, tienen un discurso poco fluido y un tono de voz bajo, y muestran una postura corporal tensa y encogida, que transmite preocupación y nerviosismo. Además, como las personas con este estilo de comunicación tratan de evitar el conflicto a toda costa, no les queda otra que reprimir muchas de sus emociones, lo que es probable que les provoque problemas de salud física o mental y, además, que de vez en cuando experimenten explosiones de ira, lo que les hace exponerse a su mayor miedo: un conflicto desproporcionado que no van a tener ni idea de cómo manejar.

Estilo agresivo

Este estilo está muy relacionado con las irresponsabilidades afectivas, ya que se basa en entender que las necesidades propias son mucho más importantes que las de nadie, por lo que la comunicación se basará principalmente en atacar a la otra persona para defender los derechos propios. Así, el único recurso que utilizan estas personas para comunicarse es la intimidación, que entienden como sinónimo de «hacerse respetar». Solo saben pedir lo que necesitan provocando miedo en la otra persona y, además, este estilo de comunicación suele ir de la mano de la manipulación, ya que estas personas, a veces, tienen cierto sentimiento de culpa por no saber expresarse de otro modo, lo que les genera más ira y, por tanto, más agresividad. Cuando esto sucede, como no saben regularse de otro modo, la manipulación les permite dar la vuelta a la tortilla a las necesidades de los demás para que acepten las suyas.

Así, las personas con un estilo de comunicación agresivo tienden a utilizar un tono de voz muy elevado y a no escuchar en absoluto a la otra persona, hablando por encima de ella, si es necesario. Se expresan desde el «sincericidio», miran de manera desafiante e intensa, siempre con tensión muscular y postura corporal impositiva, invadiendo tu espacio personal.

Estilo pasivo-agresivo

Debes prestar mucha atención a este estilo, porque también es el vehículo perfecto para las faltas de responsabilidad afectiva, pero de una manera mucho más sutil que hace que, a veces, sea difícil de identificar. Este patrón de comunicación se basa en expresar hostilidad, pero de forma totalmente velada, lo que propicia que sea difícil de detectar rápidamente. En su fondo hay una gran agresividad, pero va maquillada con un tono de voz suave y pausado, una postura corporal amigable y cercana o una sonrisa. Básicamente, las personas que utilizan este estilo de comunicación quieren lo mismo que quienes utilizan un estilo agresivo: defender sus necesidades a toda costa y por encima de las de cualquier otra persona, pero, para hacerlo, no son tan directas como alguien con un estilo agresivo, sino que aprietan hasta el fondo el botón de la manipulación, lo que repercute directamente en un mayor poder de convicción sobre ti.

Como este estilo de comunicación es el más difícil de reconocer, quiero que conozcas algunas características en las que puedes fijarte para reconocer si una persona se está comunicando contigo de manera pasivo-agresiva:

- Invalida tus emociones para eliminar su culpa o malestar cuando sus actos estaban dirigidos a generarte precisamente ese mismo estado emocional. «¿No crees que te estás alterando demasiado por lo que te estoy diciendo? Te lo digo por tu bien, eh, porque yo te estoy hablando bien.»

- Te hablan desde el victimismo, con un mensaje confuso que pretende hacerte sentir culpable. «No pasa nada porque no puedas ayudarme, tranqui. Ya me las apaño yo solo, como siempre.» Ese «como siempre» lleva implícito un «porque tú nunca me ayudas», destinado a activar tu culpa.
- Cometen errores intencionadamente para «sacarte de quicio» y hacer que «pierdas la razón». Por ejemplo: llegan tarde a propósito a algo que es importante para ti, tardan en contestarte a algo urgente aunque lo hayan visto y hayan tenido tiempo para contestar, etcétera.
- Fingen que no te entienden para extinguir la conversación a base de cansarte. «Ay, no estoy entendiendo nada de lo que me dices. A ver, explícate mejor.»

Estilo asertivo

Este estilo es el que más te interesa, porque es la herramienta perfecta para desmontar y responder a actos de irresponsabilidad afectiva y, a la vez, ser responsable afectivamente tanto contigo como con los demás. La asertividad se basa en expresar tus deseos y necesidades de manera directa, abierta, empática, firme y honesta, sin pisar los derechos de la otra persona, con respeto hacia ti misma y hacia los demás.

El estilo asertivo se expresa mediante un contacto visual directo, pero no fijo (para que no resulte invasivo); una postura corporal erguida y natural; escucha activa de la otra persona; y respondiendo siempre en primera persona: yo siento, yo pienso, yo hago, en lugar de en segunda: tú me haces sentir, tú me haces, tú te comportas. Un recurso que ayuda mucho para comunicarse de manera asertiva es conocer tus derechos asertivos universales, es decir, todo aquello a lo que tienes derecho por el simple hecho de ser humano. Es importante que todo el mundo respete estos derechos y, cuando lo hagas tú, no estarás siendo egoísta, solo humana. Los encontrarás en un anexo al final del libro para que los tengas siempre presentes a la hora de relacionarte, expresar tus necesidades y comunicarte con cualquier otra persona.

En el último apartado del capítulo verás muchos ejemplos de respuestas asertivas para que empieces a entrenar como comunicarte desde ahí y conozcas cómo te protege este estilo de comunicación de las irresponsabilidades afectivas de otras personas.

La gasolina: escuchar activamente

Como te decía en el apartado anterior, la escucha es un elemento central de la comunicación asertiva que, a veces, olvidamos, porque damos por hecho que comunicarse es solo hablar. Pero para saber cómo hablar y responder hay que escuchar adecuadamente, y para tener relaciones responsables afectivamente es totalmente imprescindible saber escuchar activamente.

¿Qué es la escucha activa? Es esa escucha en la que no solo se presta atención a lo que te cuenta la otra persona, sino que también le haces saber que estás presente, que te importa lo que te está diciendo y que la estás comprendiendo o haciendo todo lo posible por comprenderla. El psicólogo Carl Rogers, que es quien propuso el término de «escucha activa», la definía en su libro *Psicoterapia centrada en el cliente* con una frase que siempre me ha encantado: «Escuchar activamente no es escuchar solo con las orejas, sino también con los ojos, la mente, el corazón y la imaginación».

¿Cómo puedes entrenar tu escucha activa o valorar si tus personas cercanas te escuchan así? Atiende a los siguientes aspectos:

- Escuchar activamente es que te miren a los ojos de manera frecuente cuando estás hablando. No lo es que miren el móvil, la televisión, el suelo, la pared o a cualquier otro lugar diferente a ti.
- Escuchar activamente es que te hagan preguntas que puedan ayudarte a expresarte emocionalmente. Por ejemplo, «¿cómo te hizo sentir eso?», «¿cómo te sientes ahora?». No que te hagan preguntas morbosas que no te van a aportar nada («¿Y es guapa la nueva novia de tu ex?»), cambiar continuamente de tema cuando estás contando algo importante para ti o que te interrumpan al

distraerse con otras situaciones totalmente irrelevantes («Buah, fíjate en como vuela esa mosca»).

– Escuchar activamente es mostrar tranquilidad, con una postura relajada y asentir de vez en cuando, materializando la atención que te están prestando. Así, tú no sentirás que estás molestando o que debes hablar rápido por si la otra persona se aburre. No es que estén esperando a que termines de hablar para hacerlo ellos o para contarte su propia historia («pues a mí me pasó que…»).
– Escuchar activamente es que, a veces, te abracen cuando no saben qué decirte, y que te acompañen dejándote tiempo y espacio para que te expreses como necesites. No darte lecciones de vida o juzgar y cuestionar continuamente lo que estás contando.

POR MUY BIEN QUE CONDUZCAS, EL VEHÍCULO NO AVANZA: CÓMO RESPONDER A FALTAS DE RESPONSABILIDAD AFECTIVA

Hasta ahora, a lo largo del libro, hemos hablado de cómo reconocer las faltas de responsabilidad afectiva: ahora ha llegado el momento de que te explique qué hacer frente a estos comportamientos para empoderarte y, si ninguno de los dos quiere trabajar en el vínculo, zanjarlo y a vivir, que la vida es demasiado interesante como para perderla aguantando estos comportamientos.

Voy a darte algunas herramientas para ayudarte a comunicarte con asertividad y las voy a dividir en cinco grupos según el tipo de irresponsabilidad afectiva que identifiques en la otra persona. Sin embargo, quiero que recuerdes que, cuando estos comportamientos son la norma, lo mejor siempre es cortar ese vínculo. Sé que eso no es fácil, por eso también te voy a dejar algunas reflexiones para cuando empieces a dudar sobre si hacerlo o no. ¡Vamos allá!

Técnicas asertivas para hacer frente a irresponsabilidades afectivas en la comunicación

Técnica sándwich

Resulta muy útil cuando quieres dejar muy claro tu punto de vista sin herir ni dejarte pisar por la otra persona. Recuerda que, cuánto más clara y directa seas en tu comunicación, más difícil será que puedan rebatirte o tergiversarte. Esta técnica se llama así porque consta de tres partes, como un sándwich, con sus dos rebanadas y su relleno. La primera parte consiste en adoptar el punto de vista de la otra persona y validarlo: «Menuda faena que se te haya estropeado el coche». La segunda se basa en exponer tu punto de vista de forma clara y concisa: «... pero ahora mismo yo no puedo prestarte el mío». Y la tercera parte consiste en un mensaje positivo o sugerencia: «Gracias por contar conmigo cuando necesitas ayuda. Se me ocurre que quizás podrías utilizar el transporte público, al menos mientras te lo arreglan». Es importante no liarse mucho a dar explicaciones, ya sabes, cuanto más concisa, menos margen de manipulación.

Técnica del banco de niebla

Puede resultarte muy útil cuando la otra persona te está presionando de forma muy explícita para hacer algo. Se basa en aceptar en parte los argumentos que te expone la otra persona, pero manteniéndote firme en tu postura. Por ejemplo: «Estoy de acuerdo en que es importante que nos comuniquemos cuando tenemos un conflicto, pero yo necesito algo de tiempo para mí antes de poder expresarte cómo me siento».

Técnica del aplazamiento asertivo

Esta técnica puede servirte cuando notes que las demandas de la persona con la que estás hablando te están sobrepasando y, al final, vas a explotar en ira y no sacaréis nada útil de la conversación. Se basa en aplazar una conversación cuando ya no encuentras ninguna salida asertiva que te valga para expresarte. Por ejemplo: «Ahora mismo ya te digo que, por más que me lo pidas, no quiero tener una relación no monógama. Sé que no lo entiendes y ahora mismo yo no sé explicártelo mejor, así que ¿te parece si lo seguimos hablando en otro momento cuando estemos más calmados?».

Disco rayado y procesar el cambio

Aunque son dos técnicas diferentes, te las planteo juntas porque pueden resultarte útiles cuando no te ha servido ninguna de las técnicas anteriores y la persona sigue ahí erre que erre tratando de imponerte su punto de vista. Así, el disco rayado consiste en repetir una y otra vez tu punto de vista en tono calmado hasta que la persona se canse, y procesar el cambio consiste en desplazar el foco de atención hacia lo que está ocurriendo realmente en la conversación para desengancharos del motivo en sí de la misma: «Llevamos ya un buen rato con este tema y siento que no aceptas lo que te estoy expresando. Creo que no tiene sentido seguir dándole vueltas».

Respuestas asertivas frente a la comunicación pasivo-agresiva

- Normaliza lo que la otra persona trata de invalidarte: «Creo que es natural que me altere, como tú dices, con un tema que es tan importante para mí. Soy un ser humano, no una piedra, y tengo sentimientos».
- Aclara lo que la otra persona está intentando decirte de forma indirecta mediante la ambigüedad o el victimismo: «Cuando dices que "te apañas tú sola, como siempre", ¿quieres decir que te sueles sentir desatendida por mi parte? Cuéntame».
- Demuestra que estás identificando perfectamente lo que quiere conseguir la otra persona, y expresa la necesidad de hablarlo directamente: «Tengo la sensación de que no quieres hablar de esto de manera clara. Me ayudaría mucho saber por qué, te escucho».

Respuestas asertivas frente a la luz de gas

Lo principal en este caso es demostrar a la otra persona que eres perfectamente consciente de lo que pretende, y que no vas a tolerarlo.

- «Esa no es, para nada, mi experiencia.»
- «No voy a seguir con esta conversación porque siento que tú ves una realidad muy diferente a la que veo yo y, si de algo estoy segura, es de que los actos no engañan y yo sé lo que viví.»
- «Mis emociones están libres de juicio, solo yo sé lo que siento.»
- «Creo que estás tratando de invalidarme y no lo voy a permitir.»
- «Veo que recordamos las cosas de una manera muy diferente.»
- «Sé perfectamente lo que vi.»
- «No voy a permitir que me hables así.»

Recuerda que el *gaslighting* o luz de gas es un patrón de conducta, por lo que no se basa en una mentira aislada, en que la persona piense diferente a ti sobre un tema en concreto o en que tengáis valores diferentes, sino en que la tendencia habitual de esa persona sea hacerte dudar e invalidar tu percepción y sentimientos, que es algo que solo tú conoces. Nadie nunca lo sabrá mejor que tú, no lo olvides.

Respuestas asertivas frente a la ley del hielo

Como ocurre con la luz de gas, ante la ley del hielo, lo mejor que puedes hacer es hablar tú, y hacerlo muy claro, sobre lo que está sucediendo. Verbalizar que eres consciente de las intenciones de la persona al castigarte con su silencio y qué quieres hacer tú respecto a esa situación.

- «Estoy notando que tratas de evitarme e ignorarme, y me gustaría saber por qué. Esto me está haciendo daño y creo que no nos permite afrontar qué está pasando en realidad, y buscar soluciones. Sea lo que sea, yo estoy abierta a hablarlo con tranquilidad y escucharte, porque de verdad que me gustaría resolverlo.»

- «Veo que estás haciéndome el vacío. No sé si eres consciente de lo que esto genera en mí, pero puedo decirte que bastante angustia e incertidumbre. Esto no es lo que yo quiero en una relación y creo que tú tampoco, porque no pareces estar muy cómodo. ¿Qué te parece si nos sentamos a hablarlo? Si, al final, imagino que los dos queremos lo mismo: estar bien juntos.»
- «Veo que no me estás hablando y puedo entender que necesites un tiempo solo, pero me gustaría saber por qué, ya que esto me está afectando. Más allá de eso, respetaré que necesites ese tiempo, pero también me gustaría que, después, podamos hablar de lo que ha pasado para buscar soluciones, ¿te parece bien?»

Cómo aplicar el «contacto cero» cuando las faltas de responsabilidad afectiva son continuas

Como ya he contado cuando hablamos sobre rupturas y estilos de apego, el contacto cero es una herramienta excelente para sanarte y recuperarte tras el final de vínculos que fueron importantes para ti, pero es todavía más útil y necesaria cuando el vínculo finalizado fue muy tóxico y recibiste muchas faltas de responsabilidad afectiva en él o, incluso, después, en forma de *breadcrumbing*, por ejemplo.

Sin embargo, establecer contacto cero no es nada fácil, ya que implica desengancharte completamente de algo a lo que estás muy enganchada (recuerda que el refuerzo intermitente genera esa adicción a los vínculos sin responsabilidad afectiva). Para seguir con el enganche, es habitual que tu cerebro quiera autoengañarte, diciéndote que «seguro que podéis ser amigos», que «hablar de vez en cuando no te va a hacer daño», que «prefieres perdonar y no perder el vínculo», etcétera. Pero siento decirte que todos estos autoengaños mezclados con los sentimientos que aún albergas por esa persona solo te llevarán una y otra vez al mismo punto: tolerar sus faltas de responsabilidad afectiva y continuar el vínculo tóxico de la misma manera que hasta ahora.

Por eso, creo que es importante que te comente qué puedes hacer para establecer el contacto cero de manera adecuada, ya que es la única forma de cortar vínculos irresponsables afectivamente cuando ni toda la asertividad del mundo te ha servido para que acepten tus límites sanos.

Para aplicar el contacto cero debes tener en cuenta los siguientes puntos.

- Es imprescindible cortar todo contacto. Esto implica borrar a la persona de todas tus redes, bloquearla en WhatsApp y llamadas, dejar de frecuentar los lugares que sabes que esa persona visita a menudo, etcétera. Sí, sé que suena muy radical y difícil de hacer, pero créeme que es la única manera de que tu cerebro desconecte realmente de esa persona, y esta desconexión no sucederá ni al segundo día ni a la semana siguiente, por lo que también es muy relevante que intentes por todos los medios mantenerte firme en tu decisión, por muchas ganas que tengas de hablar con esa persona. Recuerda que retomar el contacto con ella cuando todavía no estés recuperada de la relación y tengas sentimientos solo te llevará una y otra vez al mismo lugar que ya conoces.

  Si tienes hijos en común con esa persona, sé que esto puede resultar mucho más complicado, porque siempre será necesario un mínimo de contacto por vuestros hijos, pero, en la medida de lo posible y en todo lo que no sea imprescindible para que vuestros hijos estén bien, es importante que reduzcas al máximo el contacto.
- Intenta no preguntar por esa persona y pide a tus allegados que no te comenten nada sobre ella. Cortar todo contacto incluye el indirecto a través de terceros. Otra cosa que debes tener en cuenta es que, seguramente, cuando estés a solas contigo, pensarás mucho en esa persona, por lo que es importante que, cuando pase, intentes entretenerte con alguna tarea que te guste y requiera tu atención. Por eso, cuando estás viviendo una ruptura es muy buen momento para iniciar actividades y aficiones nuevas que mantengan tu mente ocupada y motivada en otras cosas.

- Como no eres un robot y no puedes olvidarlo todo de un plumazo, te recomiendo terapia. Al final, el contacto cero te obliga a «borrar» de tu cabeza todo rastro de esa persona, sin embargo, sabemos de sobra que eso es imposible y, desde mi punto de vista, no es saludable hacerlo del todo, porque creo que eso hace que no termines de transitar adecuadamente el duelo por la ruptura. Por eso, mi recomendación es que tengas un espacio semanal para ti en una terapia, donde puedas recordar a esa persona y todas las emociones que necesitas drenar sobre la ruptura en un espacio seguro como es el marco terapéutico de una terapia psicológica.

Por otro lado, siempre que en mis consultas hablo de contacto cero con alguna de las personas a las que acompaño, suele surgir la pregunta del millón: ¿y si en algún momento me doy cuenta de que quiero volver a intentarlo con esa persona? Por eso creo que es bueno dedicar un espacio a hablar de ello, porque esa pregunta es muy humana. No obstante, creo que antes de dar el paso de retomar el contacto con esa persona y plantearos retomar la relación sentimental, si fuese el caso, es importante tener presentes ciertas cosas:

- Que haya pasado un tiempo considerable desde la ruptura. No tengo una respuesta universal sobre cuánto tiempo debe haber pasado, lo que está claro es que no son unos días ni unas pocas semanas. Es relevante que sientas que el dolor por la ruptura y lo ocurrido en el vínculo ya no está tan presente y que te apetece retomar el contacto con esa persona por cómo es ella y no por lo mucho que echas de menos tener a alguien al lado o para evitar el sentimiento de soledad, por ejemplo.
- Que ambos queráis lo mismo y estéis dispuestos a trabajar juntos lo que sea necesario para poder establecer un vínculo sano. Y, con esto, me refiero a que es relevante que ambos estéis en el mismo punto en cuanto a sentimientos y expectativas sobre la relación. Tratar de retomar un vínculo por presión de una de las partes, por evitar el sentimiento de soledad, por probar o por pena no tiene ningún sentido y solo

os hará más daño. Así que, si después de una buena conversación analizando lo que queréis, veis que coincidís, el siguiente paso es ver qué ha fallado en vuestra relación pasada, qué límites necesitáis poner ahora, qué queréis que sea diferente, etcétera. En otras palabras, deberéis tener presente qué cosas hay que trabajar conjuntamente para que la relación vaya bien esta vez.

- Que la ayuda profesional os puede evitar muchos dolores de cabeza. Una vez que tengáis todo lo anterior identificado y muy claro, es hora de ponerse a trabajar y quizás no sepáis cómo, porque no es fácil. Con lo cual, igual que pedís ayuda al fontanero cuando no os funciona un grifo en casa o vais al dentista cuando tenéis una caries para empastar, para reconstruir vuestra relación de manera sana y saber cómo proceder individualmente y en conjunto es necesario un profesional de la salud mental especializado en terapia de pareja que sepa guiaros en el proceso de manera segura y responsable.

MÁS PUNTOS QUE HAY QUE TENER EN CUENTA PARA CERRAR UN VÍNCULO IRRESPONSABLE AFECTIVAMENTE

Hay vínculos en los que sufres irresponsabilidades afectivas y no los cierras tú, sino que lo hace la otra persona de manera ambigua, sin palabras y sin conversaciones finales. A veces, esta es la primera irresponsabilidad afectiva que percibes en la relación. Ya sabes, el famoso *ghosting* del que tanto hemos hablado en este libro.

Cuando alguien te hace *ghosting*, lo más probable es que esa persona tuviese la intención de cortar el vínculo de manera unilateral, pero eso tú no lo sabes, porque no tienes ni idea de si la persona está enfadada por algo que has hecho, si volverá o si se ha acabado para siempre. Por eso, no es raro que tú necesites darle un final y, para ello, te propongo dos opciones que pueden ayudarte.

Contacto cero y la carta de todo lo que nunca te dije

Esta es la opción más sana *a priori*, ya que, en ocasiones, seguir dejando abiertas posibles vías de comunicación también deja abierta tu esperanza e incrementa tu incertidumbre, por no hablar de si la persona vuelve a aparecer y desaparecer varias veces más, lo que aumentaría tu sentimiento de humillación. Por eso, cuando alguien desaparezca del mapa durante varias semanas, quizás sea el momento de que seas tú quien comience a cerrar todas las vías que podría usar esa persona para volver, para poder cerrar esa relación mentalmente y, así, seguir adelante. No obstante, suele ser difícil cerrar algo sin haberte podido expresar. Por eso, un ejercicio que utilizamos mucho en consulta en estos casos consiste en escribir una carta a esa persona con todo lo que nunca le dijiste y no enviársela, sino quemarla. Esto te permitirá poner en palabras todas tus emociones, todo lo que esa persona no te dio oportunidad de decir, y generar cierto orden mental que te ayudará en el proceso de duelo.

Mensaje de cierre

Otra opción que te puedes plantear, si es posible, consiste en enviarle un mensaje a esa persona para cerrar tú el vínculo. Esta alternativa entraña riesgos, porque podrías reilusionarte con la relación si esa persona contesta o que su respuesta te remueva todas las emociones y te deje un sabor de boca amargo. Por eso, es importante que tengas claro que ese mensaje lo envías como «final de algo», y no como «principio de». Te dejo un ejemplo para inspirarte a la hora de escribirlo si decides hacerlo.

«Hola X. No he sabido de ti en mucho tiempo a pesar de que las cosas parecían ir bien entre nosotros [pones de manifiesto la situación en la que estáis]. Esto me ha dolido mucho y me ha hecho sentir muy desvalorizada, como si mis sentimientos no significasen nada para ti, y necesitaba decírtelo [le expresas cómo esto te ha impactado emocionalmente]. No busco ninguna explicación por tu parte con este mensaje, solo busco cerrar algo que me merezco cerrar. Te deseo lo mejor [cierras el vínculo].»

Ghostings aparte, soy consciente de lo complicado que es romper un vínculo que es importante para ti, tenga la duración y la calidad que tenga. Por eso quiero dedicar esta última parte del libro, con la que me voy a despedir después de este viaje juntas por tantas emociones, miedos, dudas y heridas, a tu amor propio, el primer amor del bueno que debes construir en tu vida, porque te lo mereces y porque hará que ya no te conformes con menos.

Y, precisamente, uno de los mayores ejercicios de amor propio que puedes hacer es comprometerte contigo a sacar de tu vida todos esos vínculos que ni te quieren bien ni te permiten quererte bien tú. Sé que eso duele, porque has puesto mucha ilusión, ganas y esfuerzo en esas relaciones, que se materializan en lo más valioso que tienes: tiempo. Por eso, si sigues en esos vínculos, en el futuro solo pensarás en todo el tiempo que has perdido.

Sé que te cuesta cortar esos vínculos porque crees que será un esfuerzo sobrehumano salir de ellos, pero ¿no crees que ya estás haciendo un esfuerzo sobrehumano decidiendo quedarte ahí todos los días?

Sé que sientes que debes demostrar continuamente que vales la pena, pero quizás lo que debes demostrarte es que lo que no vale la pena son esos vínculos si solo te hacen sentir que nunca eres suficiente. Sé que piensas que todo lo que ocurre en esos vínculos ocurre por amor, pero si todo lo que ocurre duele, no es amor, es dolor.

Sé que sientes que no es nada fácil salir de ahí, pero quizás sea porque estar tampoco lo está siendo. Y, en cambio, ahí estás. Entonces, quizás también seas mucho más capaz de salir de lo que crees. Recuerda que las heridas no pueden cerrarse cuando el cuchillo sigue en ellas y que no puedes quererte en un entorno que te daña. También sé que cuando quererte implica la decisión de cerrar una relación, esta decisión no solo te libera, sino que también te da miedo por todos los cambios en tu vida que eso conlleva; culpa por priorizarte a ti después de mucho tiempo priorizando a los demás; tristeza porque se termina una parte de tu vida. Y todo este cóctel de emociones te hará dudar de si estás tomando la decisión correcta o no, pero créeme que transitarlo entendiéndolo como una parte del proceso te aportará el empoderamiento más grande que hayas sentido nunca.

Sé que querías un amor de película, de esos que te enseñaron que se basaban en aguantar, luchar, sacrificar, sufrir... Pero ahora sabes que esos amores, lejos de acercarte a un amor intenso y bello, solo te alejan del amor más importante de tu vida: el propio. Y ese amor propio es la única carretera con salida hacia todo lo que he querido que aprendieses a reconocer mediante las páginas de este libro. Hacia todo aquello que espero que vivas de ahora en adelante en tus vínculos. Así que, te deseo que, si es..., que sea amor del bueno.

AGRADECIMIENTOS

A mamá, que me regalaba libros todos mis cumpleaños y con quien soñaba ver algún día el mío en las librerías. Ojalá alcances a verlo desde donde estés.

A papá, que siempre sabe estar. A todas las personas de mi familia que sé que esbozarán una sonrisa al encontrarse con este libro.

A mi pareja, que siempre pone fácil construir un amor del bueno día a día. A Arra, que me lo da sin esperar nada a cambio.

A mis amigos, la columna vertebral que me sostiene y me empuja en cada proyecto que emprendo. Gracias por celebrar, gracias por aportar.

A todas las profesoras que me alentaron siempre a escribir; que dedicaban parte de su tiempo libre a leer las historias que yo escribía en mi libreta; que me recomendaban libros que me descubrieron nuevos mundos.

A Berta, a Carolina y a Eugenia, que me acompañan en esta primera aventura editorial. A todas y cada una de las personas que, con sus conocimientos, esfuerzo, trabajo e ilusión hacen posible que este libro esté hoy en tus manos.

A mi psicólogo, que me enseñó a sentirme a salvo conmigo misma. A mis pacientes, que me permiten acompañarlos y aprender de ellos mucho de lo que plasmo en este libro. A la maravillosa comunidad que hemos creado en redes sociales, porque estar cumpliendo este sueño se debe a la confianza que ponéis en mí cada día, al decidir leerme, al decidir acompañarme.

A todas las profesionales que dedicaron lo más valioso que tienen, su tiempo, a enseñarme todo lo que sé hoy sobre relaciones, psicoterapia y salud mental.

A todas las personas que se repiensan cada día y que no pierden la ilusión de ir poco a poco construyendo una sociedad más responsable afectivamente, una sociedad que cuide su salud mental y emocional como lo más preciado.

DICCIONARIO DE EMOCIONES:

A
Abatimiento
Aburrimiento
Admiración
Agobio
Agradecimiento
Alarma
Alegría
Alivio
Amor
Angustia
Ansiedad
Añoranza
Apatía
Aprensión
Armonía
Arrepentimiento
Arrojo
Asco
Asombro
Atracción
Aversión

B
Benevolencia

C
Calma
Cansancio
Cariño
Celos
Cólera
Compasión
Confianza
Confusión
Culpa
Curiosidad

D
Decepción
Desamparo
Desamor
Desánimo
Desasosiego
Desconcierto
Desconfianza
Desconsuelo
Deseo
Desesperación
Desgana
Desidia
Desolación
Desprecio
Dolor

E
Empatía
Enfado
Entusiasmo
Envidia
Espanto
Esperanza
Estupor
Euforia
Excitación
Extrañeza

F
Frustración
Furia

G
Gozo

H
Hastío

Histeria
Horror
Hostilidad
Humillación

I

Ilusión
Impaciencia
Impotencia
Indiferencia
Indignación
Inquietud
Insatisfacción
Inseguridad
Interés
Intriga
Ira
Irritación

J

Júbilo

L

Lástima
Lujuria

M

Melancolía
Miedo
Molestia
Motivación

N

Nostalgia

O

Obnubilación
Obstinación
Odio
Omnipotencia
Optimismo
Orgullo

P

Paciencia
Pánico
Pasión
Pavor
Pena
Pereza
Pesimismo
Placer
Plenitud
Preocupación
Pudor

R

Rabia
Recelo
Rechazo
Regocijo
Rencor
Repudia
Resentimiento
Resignación
Resquemor

S

Satisfacción
Seguridad
Serenidad
Sobresalto
Solidaridad
Sorpresa
Sosiego

T

Temor
Templanza
Ternura
Terror
Tranquilidad
Tristeza
Turbación

V

Vacío
Valentía
Vergüenza
Vulnerabilidad

Z

Zozobra

DERECHOS ASERTIVOS UNIVERSALES

1. Tengo derecho a que me traten con respeto y dignidad.
2. Tengo derecho a equivocarme y a hacerme responsable de mis propios errores.
3. Tengo derecho a tener mis propios valores y opiniones.
4. Tengo derecho a tener mis propias necesidades y que estas sean tan importantes como las de los demás.
5. Tengo derecho a que no me juzguen, a experimentar y a expresar mis propios sentimientos.
6. Tengo derecho a cambiar de opinión, idea o línea de acción.
7. Tengo derecho a protestar cuando me tratan de manera injusta.
8. Tengo derecho a cambiar lo que no es satisfactorio para mí.
9. Tengo derecho a pensar antes de actuar.
10. Tengo derecho a pedir lo que necesito.
11. Tengo derecho a ser independiente.
12. Tengo derecho a decidir qué hacer con mi cuerpo, tiempo y propiedades.
13. Tengo derecho a hacer menos de lo que humanamente soy capaz de hacer.
14. Tengo derecho a ignorar los consejos de los demás.
15. Tengo derecho a rechazar peticiones sin sentirme culpable o egoísta.

16. Tengo derecho a estar solo aun cuando otros deseen mi compañía.
17. Tengo derecho a no justificarme ante los demás.
18. Tengo derecho a no responsabilizarme de los problemas de otros.
19. Tengo derecho a no anticiparme a las necesidades y deseos de otros.
20. Tengo derecho a no estar pendiente de la buena voluntad de los demás.
21. Tengo derecho a elegir responder o no hacerlo.
22. Tengo derecho a hacer cualquier cosa mientras esta no viole los derechos de otra persona.
23. Tengo derecho a sentir y expresar dolor.
24. Tengo derecho a hablar sobre un problema con la persona implicada y, en los casos extremos en los que los derechos de cada uno no estén del todo claros, llegar a un acuerdo viable.

BIBLIOGRAFÍA

Ainsworth, Mary, y Main, Mary, *Situación extraña y teoría del apego*, Salvat, 2018.

Bauman, Zygmunt, *Amor líquido: acerca de la fragilidad de los vínculos humanos*, Paidós, 2003.

Bower, Gordon H., y Hilgard, Ernest R., *Teorías del aprendizaje*, Trilas, 1966.

Bowlby, John, *El apego: el apego y la pérdida*, Paidós, 1993.

Easton, Dossie, y Hardy, Janet W., *The ethical slut*, Greenery Press, 1997 (trad. cast.: *Ética promiscua*, Melusina, 2013).

Ekman Paul, *Emotion in the Human Face*, Malor Books, 1972 (trad. cast.: *El rostro de las emociones*, RBA Bolsillo, 2017).

Lipovetsky Gilles, *La era del vacío*, Anagrama, 2006.

Marrone, Mario, *La teoría del apego: un enfoque actual*, Psimática, 2009.

Plutchik, Robert, *Emotions and Life: Perspectives from Psychology, Biology and Evolution*, American Psychological Association, 2002.

Rogers, Carl, *Psicoterapia centrada en el cliente*, Paidós, 1972.

Stevens, Bruce, *Narcissism: a nine headed Hydra?*, Psycotherapy in Australia, 2000.

De este libro me quedo con...